Das Pariser Abkommen und die Industrie

Wie kann Österreich die Chancen der Energiewende nützen?

Bildnachweise:
S.66-67: REN 21, 2017, Global Status Report
S.124: IWI, 2017 auf Basis der Statistik Austria
S.128-131: Technisches Museum Wien
S.214: US National Archives
S. 215: George Bentham Baines Collection
S.219: Fronius International GmbH.
S.226: Infineon
S.252-255: „market“ Institut
S.270: Reinhard Haller

Die verwendeten Bilder sind nach unseren Recherchen zur freien Verwendung zugelassen.

Bibliografische Information der Deutschen Nationalbibliothek
Die Deutsche Nationalbibliothek verzeichnet diese Publikation in der Deutschen Nationalbibliografie; detaillierte bibliografische Daten sind im Internet über http://dnb.de abrufbar.

www.newacademicpress.at

ISBN: 978-3-7003-2051-7

Umschlaggestaltung: www.b3k-design.de
Satz: Peter Sachartschenko
Druck: Primerate, Budapest

Theresia Vogel, Patrick Horvath (Hg.)
Vorwort von Generaldirektor Li Yong (UNIDO)

Das Pariser Abkommen und die Industrie

Wie kann Österreich die Chancen der Energiewende nützen?

nap new academic press

Inhalt

Anhang: sozialwissenschaftliche Daten, Bibliografie

Vorworte

Li Yong

"LEAVE NO ONE BEHIND"

I would like to contribute to this publication by putting the Paris Climate Agreement in the broader context of global industrial trends and concepts, as well as the 2030 Agenda for Sustainable Development and its Sustainable Development Goals. I see a need for a global business model that makes it possible to produce more of the goods and services required by a growing world population, while using fewer resources and producing less waste and pollution. We also need to make sure that no one is left behind in this process. To make this model a success and ensure its sustainability, we must make sure that this industrial growth is inclusive and that prosperity is shared. Let me elaborate on the basis of four observations.

First, we see a revival of the industrial agenda in countries of all income levels. History shows that industrialization has an enormous potential to reduce poverty and stimulate social mobility. Millions of people were lifted out of poverty as a result of the industrial revolutions in England and the United States in the 19th and 20th centuries. More recently, industrialization again played the central role for the booming growth enjoyed by South and East Asian economies.

In the wake of the recent recession and sluggish economic growth, policymakers worldwide are increasingly recognizing the merits of industrialization in terms of job and income creation. The European Union, Japan, the United States of America and other countries have given great prominence to reindustrialization in their economic policies in recent years, while both middle-income and developing countries have cited industrialization as vital for their future prosperity.

With the adoption of the 2030 Agenda, industry, innovation and infrastructure have moved to the forefront of the development discourse as Sustainable Development Goal 9. A recent resolution by the United Nations General Assembly declared the period 2016-2025 as the Third Industrial Development Decade for Africa. In addition, in 2016 the G20 adopted an initiative on supporting industrialization in Africa and least developed countries, which has been supported by the United Nations Industrial Development Organization (UNIDO).

Second, we observe an increasing trend towards automatization, robotization and digitalization of industrial processes and global value chains. Several advanced economies have already started manufacturing based on the concept of Industry 4.0, also known as the Fourth Industrial Revolution. Increasingly, companies are applying innovative solutions, including through the so-called Internet of Things, cloud computing, miniaturization, and 3D printing, that will enable more interoperability, flexible industrial processes, and autonomous and intelligent manufacturing. The physical components of industrial production are being transformed by smart, digital networking into cyber-physical systems, allowing for the management of manufacturing processes for customized products in real time and across far distances.

Third, we see a trend towards circular economy concepts in industry against the background of the increasing scarcity and price volatility of raw materials, including fossil fuels, as well as the need to internalize the costs of environmental externalities, such as air, soil and water pollution and climate change caused by global greenhouse gas emissions. The climate change mitigation targets of the Paris Agreement and other environmental agreements, such as the Montreal Protocol (on ozone-depleting substances), the Stockholm Convention (on persistent organic pollutants) and the Minamata Convention (on mercury) are examples for international commitments in this context.

In a circular economy the inputs for production, and waste and emissions are minimized. Materials for new products come from old ones and better design enables longer life cycles. As much as possible, everything is reused, remanufactured or, as a last resort, recycled back into a raw material or used as a source of energy. Energy comes from domestic or neighbouring renewable energy sources and is used efficiently in line with the latest standards of energy management and systems optimisation. Taken together, these developments lead to the emergence of more sustainable production and consumption patterns.

The aim to achieve a circular economy has found its way into the international and national policy agendas. For example, in 2015 the G7 Summit Leaders' Declaration underscored the need for "sustainable supply chains" that protect workers and the environment. The European Union also adopted an ambitious circular economy policy, including goals for food, water, plastics reuse and sustainable energy.

Fourth, while the circular economy and Industry 4.0 are closely linked to two pillars of sustainable development, namely environmental and economic performance, we shall not forget the third pillar: inclusiveness. There is a risk that the two concepts could exclude poorer countries from global supply chains. As wealthy countries learn to extend their resource use and automatize processes, they will reduce their dependency on imported raw materials as well as other (labour-intensive) products manufactured abroad.

The consequences of Industry 4.0 on employment, wealth creation and distribution are not fully understood yet. Increasing automation of production processes and the replacement of workers by machines could eliminate routine types of jobs and decrease the demand for labour in low-end manufacturing. A net decrease in jobs could be especially challenging for developing countries where, unlike developed economies, millions of young people are entering the job market every year.

At the same time, the global drive towards low-carbon standards and circular economies could increase the dependence of developing countries on advanced countries in terms of transfer of technologies and knowledge. This offers opportunities, but also bears the risk that the local value and job creation effects of such investments remain low and are not sustained in the long-run. The renewable energy and energy efficiency sector provides a good example. In a number of developing countries the lack of domestic sustainable energy entrepreneurs and of a servicing and manufacturing industry has led to a failure of projects and is hindering the further uptake of the sector.

Therefore, Industry 4.0, circular economy concepts, and international agreements, such as the Paris Agreement, can only be successful if they are integrative, create domestic value and jobs, and share prosperity among all. To take full advantage of the opportunities, advanced economies and industries need to help strengthening the capacities of developing countries, so that they can benefit from global value chains.

In this context, the United Nations Industrial Development Organization has an important role to play. Since its establishment in 1966, UNIDO has paid special attention to the needs and development challenges of the world's poorest regions and most vulnerable countries. In 2013, the 172 Member States of UNIDO renewed the mandate of the Organization to be the central entity in the United Nations system that supports Member States in achieving inclusive and sustainable industrial development.

The achievement of inclusive and sustainable industrial development represents UNIDO's vision for an approach that balances the imperatives of economic growth, social cohesion and environmental sustainability. In our work we support developing countries and economies in transition to build their key industries, participate in global value chains, and adapt to economic changes – for the benefit of all. We also help them ensure that economic growth does not happen at the expense of the environment or climate. On this note, I would like to encourage Austrian industry and institutions to make use of our platforms and networks, and join us in our mission.

Theresia Vogel, Patrick Horvath

Das Pariser Abkommen und die Industrie – Vorwort der Herausgeber

Auf der Pariser Klimaschutzkonferenz (COP21) im Dezember 2015 konnten sich 195 Länder erstmals auf ein allgemeines, rechtsverbindliches weltweites Klimaschutzübereinkommen einigen.

Das Übereinkommen lag vom 22. April 2016 ein Jahr lang zur Unterzeichnung auf. Damit es in Kraft treten konnte, mussten mindestens 55 Länder, die für mindestens 55 % der weltweiten Emissionen verantwortlich sind, ihre Ratifikationsurkunden hinterlegen. Dies ist mittlerweile geschehen. Am 5. Oktober ratifizierte auch die EU formell das Pariser Übereinkommen.[1]

Mittlerweile erkennen – bis auf einzelne Ausnahmen – sämtliche Staaten der Erde das Abkommen an. Der Ausstieg der USA unter Präsident Trump aus dem Abkommen verursachte weltweit Schlagzeilen und kontroverse Diskussionen. Die langfristigen Auswirkungen dieses Schrittes sind noch ungewiss. Einerseits sind die USA einer der größten Emittenten von CO_2 weltweit, eine Mitwirkung für funktionierenden Klimaschutz unverzichtbar.[2] Andererseits hat gerade der jüngste G20-Gipfel in Hamburg das Ausmaß der Isolation der USA in dieser Frage deutlich gezeigt.

Deutschland, Frankreich und Italien lehnen eine Neuverhandlung strikt ab und sogar das vielerorts mit Recht oder Unrecht als „Klimasünder" geltende China spricht von einem „globalen Rückschlag".[3] Fakt ist, dass gegenwärtig keine elaborierte Alternative mit einem vergleichbar breiten internationalen Konsens zum Pariser Abkommen vorliegt und zudem auch Österreich das Abkommen ratifiziert hat und somit völkerrechtlich daran gebunden ist.[4]

Wir gehen im vorliegenden Buch davon aus, dass kontroverse Diskussionen legitim sind, aber ein Rechtsstaat seine freiwillig eingegangen Verpflichtungen erfüllen wird. Der Weg zur Erfüllung der strengen klimapolitischen Vorgaben erfordert allerdings große Anstrengungen.

1 https://ec.europa.eu/clima/policies/international/negotiations/paris_de
2 vgl. auch http://www.spiegel.de/wissenschaft/natur/trump-die-folgen-des-ausstiegs-der-usa-aus-dem-klimavertrag-a-1150556.html
3 http://derstandard.at/2000058627945/Donald-Trump-kuendigt-Pariser-Klimaschutzabkommen-auf
4 https://www.parlament.gv.at/PAKT/AKT/SCHLTHEM/SCHLAG/J2016/166Klimavertrag.shtml

Das Buch widmet sich der Frage nach diesen zu leistenden Anstrengungen.

Um eine Zielvorgabe der vollständigen Dekarbonisierung der Wirtschaft zu erreichen sind Beiträge aller gesellschaftlichen Teilbereiche notwendig – auch die der österreichischen Industrie. Wie aber kann die Industrie bei strengeren ökologischen Vorgaben weiterhin wettbewerbsfähig bleiben, ausreichend Wertschöpfung generieren und genügend qualitätsvolle Arbeitsplätze bereitstellen? Der einzig gangbare Weg zur Lösung dieser „Quadratur des Kreises" ist die Innovation.

Das Buch sammelt anlässlich des zehnjährigen Bestehens des Klima- und Energiefonds Visionen prominenter und sachkundiger Autorinnen und Autoren sowie Best-Practice-Beispiele der „green industry".

Wir sind stolz und dankbar, dass es gelungen ist, zahlreiche prominente Autorinnen und Autoren aus dem In- und Ausland für das Buchprojekt zu gewinnen. Vertreter/-innen aus Politik, Interessensvertretungen, Sozialpartnerschaft, Wissenschaft, aber auch zahlreiche Wirtschaftstreibende aus der Praxis bereichern das Buch mit Ihren Reflexionen. Eine ähnlich umfassende Sammlung der verschiedenen relevanten gesellschaftlichen Standpunkte ist uns nicht bekannt und liefert eine wesentliche Legitimation zur Veröffentlichung dieses Bandes.

Unserer demokratischen Überzeugung folgend ließen wir unterschiedliche Meinungen zu und begnügten uns lediglich mit der Vorgabe einer Grobstruktur in sieben Kapiteln:

I. Das Pariser Abkommen und die österreichische Industrie – die Ausgangsituation
II. Diskussion: Wie kann die Dekarbonisierung des Wirtschaftssystems zur Chance werden?
III. Industrie im Wandel – die historische Dimension der aktuellen Umbrüche
IV. Welche Energieinfrastruktur für die Industrie von morgen?
V. „Green Industry" – Welche neuen Technologien können wegweisend sein?
VI. „Energie- und Klimazukunft Industrie" – Best Practice-Beispiele
VII. Die neue Industrie: Neue Arbeitswelten, Soziales sowie die Sicht der Bevölkerung

Die Brisanz des Themas, an der die wirtschaftliche und ökologische Zukunft unseres Landes hängt, wird in den Beiträgen deutlich ersichtlich. Wir wünschen uns, mit diesem Sammelband eine öffentlichkeitswirksame Plattform zur Verfügung stellen zu können, die sich den wahren Problemen unserer Zeit widmet in deutlichem Kontrast zu manchen innenpolitischen und medial „irrlichternden" Scheinproblemen.

Wir wünschen den Leserinnen und Lesern wertvolle Einsichten, nicht zuletzt aber auch Vergnügen bei der Lektüre!

Die Herausgeber
Wien 2018

I. Das Pariser Abkommen und die österreichische Industrie – die Ausgangsituation

Josef Lettenbichler

Die Umsetzung der Pariser Klimaziele vor dem Hintergrund der besonderen wirtschaftlichen Situation Österreichs.

Österreich ist ein Industrieland. 21,6 Prozent des heimischen Bruttoinlandsprodukts (BIP) werden laut Wirtschaftskammer Österreich von der Industrie erwirtschaftet. Damit liegt Österreich im Vergleich sowohl über dem EU- (19,3 Prozent) als auch über dem Schnitt der Eurozone (20 Prozent), allerdings weit hinter Spitzenreiter Irland (38,9 Prozent) und auch hinter dem Schnitt Deutschlands (25,7)[1].

Diese Zahlen zeigen, dass die österreichische Wirtschaft also noch durchaus Potential zur Entfaltung hat. Vor allem im Jahr 2017 scheint jedoch die heimische Wirtschaft wieder stärker anzuziehen. So kommt die Österreichische Nationalbank in ihrer aktuellen Konjunkturprognose auf ein erwartetes BIP-Wachstum von knapp zwei Prozent für das Jahr 2017. Die Güterexporte lagen im Jänner um 18,4 Prozent über dem Vorjahresmonat, die Kfz-Neuzulassung stieg um 12,9 Prozent.[2] Diese Zahlen verbergen aber, dass die heimische Industrie gerade erst beginnt, sich von der Wirtschaftskrise zu erholen. Im Gegensatz etwa zum Dienstleistungssektor konnten die Industriebetriebe erst im Jahr 2016 die Trendwende bei den Beschäftigungszahlen schaffen, die Zunahme blieb jedoch das ganze Jahr über im niederen 4-stelligen Bereich.[3]

Dass die Politik versucht, diese Entwicklung durch konjunkturfördernde Maßnahmen bestmöglich zu unterstützen, wird ihr von manchen NGOs immer wieder vorgehalten. Der Vorwurf lautet, wirtschaftliche Interessen würden dem Klimaschutz vorangestellt werden. Dabei ist jedoch zu beachten, dass die Herausforderungen des Klimawandels nur in Einklang mit den österreichischen Unternehmen gemeistert werden können. Eine allzu strenge Gesetzgebung würde dazu führen, dass viele Betriebe ins EU-Ausland abwandern würden, der Verlust an Innovationskraft und Know-How würde eine Verschlechterung für die Bewältigung des Klimawandels in Österreich bedeuten.

---

1 http://wko.at/statistik/eu/europa-wertschoepfung.pdf, 19.6.2017

2 https://www.oenb.at/Publikationen/Volkswirtschaft/konjunktur-aktuell.html, Mai 2017, S. 18f., 19.6.2017

3 https://www.oenb.at/Publikationen/Volkswirtschaft/konjunktur-aktuell.html Mai 2017, S. 19, 19.6.2017

Bisherige Anstrengungen Österreichs im Bereich Klimaschutz

Österreich konnte in den vergangenen Jahren einige weitreichende Erfolge im Bereich des Klimaschutzes und der Energieeffizienz verbuchen. Die Treibhausgasemissionen sind in den vergangenen Jahren erheblich gesunken (von 92,8 Mio. Tonnen 2005 auf 78,9 Mio. Tonnen im Jahr 2015). Im gleichen Zeitraum ist der Bruttoinlandsverbrauch um 30 Petajoule (PJ) von 1.439 PJ auf 1.409 PJ gesunken, der Primärenergieverbrauch um 37 PJ von 1.365 PJ auf 1.329 PJ, sowie der Endenergieverbrauch um 15 PJ von 1.102 PJ auf 1.087 PJ.

Das Wirtschaftswachstum und der Energieverbrauch konnten in diesem Zeitraum entkoppelt werden, gekennzeichnet ist dies durch eine um 13% verringerte Primärenergieintensität in den Jahren von 2005 bis 2015. Weiters wurde in diesen zehn Jahren der Anteil Erneuerbarer Energien von 23,9% auf 32,8% erhöht. In absoluten Zahlen entspricht das einem Zubau von 103 PJ in den Jahren 2005 bis 2015. Konkret stieg die Energiegewinnung um 30 PJ bei der Stromerzeugung, um 46 PJ bei der Wärmegewinnung sowie um 26 PJ bei den Biokraftstoffen.

Tabelle 1: Treibhausgasausstoß nach Wirtschaftssektoren in den Jahren 1990, 2005 und 2015[4]

	1990	2005	2015	Änderung 2005-2015	
	Mio. t CO_2-Äquivalent			in Mio. t	in %
Energie & Industrie	**36,5**	**42,1**	**35,7**	-6,4	
*Energie & Industrie (exkl. EH)**		6,3	6,2	-0,1	-1%
*Energie & Industrie Emissionshandel***		35,8	29,5	-6,3	-18%
Verkehr*	**13,8**	**24,6**	**22,0**	-2,6	-10%
Gebäude*	**13,2**	**12,5**	**8,0**	-4,5	-37%
Landwirtschaft*	**9,5**	**8,2**	**8,0**	-0,2	-2%
Abfallwirtschaft*	**4,0**	**3,4**	**3,0**	-0,4	-10%
F-Gase *	**1,7**	**1,8**	**2,0**	**+0,2**	**+12%**
Treibhausgase (nach KSG)		**56,8**	**49,3**	-7,5	-13%
davon energetisch		43,2	37,5	-5,7	-13%
davon nicht-energetisch		13,6	11,8	-1,8	-13%
Treibhausgase (gesamt)	**78,8**	**92,6**	**78,9**	-13,8	-15%
davon energetisch					
davon nicht-energetisch					

** Sektoreinteilung nach Klimaschutzgesetz (KSG)*
*** Daten für 2005 bis 2012 wurden entsprechend der ab 2013 gültigen Abgrenzung des EH angepasst.*

4 http://www.umweltbundesamt.at/fileadmin/site/presse/news_2017/Treibhausgas-Bilanz_2015_fin.pdf S. 9, 14.5.2017

Im Jahr 2015 stammten insgesamt 37,4 % der Emissionen aus den Sektoren, welche dem EU-Emissionshandel (EU-ETS) unterliegen. Die restlichen 62,6% der THG-Emissionen (non-ETS), sind in Österreich durch das Klimaschutzgesetz geregelt.

Die Entwicklung in den Jahren seit 2005 muss daher durchaus beachtet werden, wenn es um die Ziele geht, die sich die Staatengemeinschaft im Dezember 2015 im Übereinkommen von Paris gesetzt hat, um das Ziel einer maximalen Erderwärmung von 2° Celsius gegenüber den vorindustriellen Werten zu erreichen. Die 28 EU-Staaten waren hier mit Abstand am ambitioniertesten, sie wollen die Treibhausgasemissionen bis 2030 um 40 Prozent gegenüber dem Basisjahr 1990 senken. Im globalen Kontext könnte aber selbst ein europäischer Erfolg zu wenig sein. Bereits heute tragen nämlich die EU-Staaten nur mehr zehn Prozent zu den globalen Treibhausgasemissionen bei. Die USA – deren Präsident mittlerweile verkündet hat, aus dem Übereinkommen aussteigen zu wollen – sind immerhin für 15 Prozent des weltweiten Ausstoßes verantwortlich. Im Vergleich zu 1990 war das Ziel auch unter der Obama-Administration nur eine Reduktion von 13 Prozent bis 2025. Die Sorgenkinder sind allerdings die Entwicklungsländer China (30 Prozent) und Indien (sieben Prozent). Beide Länder haben sich keine Reduktion vorgenommen, sondern wollen die CO_2-Intensität senken, China will zudem ab dem Jahr 2030 seinen Ausstoß nicht weiter steigern.

Dies bedeutet auch eine Herausforderung für Europa. Durch die seit 2005 in den Betrieben implementierten Effizienzsteigerungen und Verbrauchsreduktionen befindet sich die heimische Industrie bereits heute auf einem Stand, der weltweit seinesgleichen sucht. Diesen in den kommenden Jahren durch staatlich verordnete Maßnahmen weiter steigern zu wollen, könnte sich als sehr schwierig und letztendlich auch als standortschädigend erweisen. Im Gegensatz dazu zeigt ein Blick in die Statistik, dass eine sehr vorsichtige Zielsetzung bei der Treibhausgasreduktion nicht unbedingt ein Schaden sein muss. So sind die CO_2-Emissionen im Energiesektor in den USA im Jahr 2016 um 1,7 Prozent gesunken. Und das bei einem Wirtschaftswachstum von 1,6 Prozent.[5]

Während also der Rest der Welt seine Klimaziele sehr vorsichtig austariert hat, haben sich die EU-Staaten einen sehr ambitionierten Plan vorgelegt, um den Klimawandel einzudämmen. Dies mag aus einer ehrlichen und optimistischen Grundstimmung heraus passiert sein, allerdings ist durchaus auch Kritik an den Zielen der EU angebracht. Vor allem für den europäischen Wirtschaftsraum kann es in den nächsten zehn Jahren mitunter schädlich sein, wenn allzu strenge Effizienzvorgaben die Unternehmen immer weiter einschränken, während etwa in Nordamerika die Fabriken weiterarbeiten können wie bisher, ohne etwa In-

5 https://www.eia.gov/todayinenergy/detail.php?id=30712 , 17.5.2017

vestitionen im Bereich Energieeffizienz und Abgasreduktion machen zu müssen. Dies kann dazu führen, dass in den 2020er Jahren viele Firmen ernsthafte Überlegungen anstellen, ihren Produktionsstandort in Gebiete zu verlagern, die nicht dem strengen europäischen Korsett unterworfen sind. Das wäre das absolute Worst-Case-Szenario, hätten doch die oben beschriebenen ambitionierten Ziele das genaue Gegenteil von dem erreicht, was den EU-Staaten im Sinn lag, es würden nämlich letztendlich mehr und nicht weniger Treibhausgase in die Atmosphäre geblasen werden.

Vor diesem Hintergrund muss erwähnt werden, dass in den USA innovative Unternehmen, wie etwa Google, Tesla oder auch SpaceX nicht gerade Mangelware sind. Dasselbe gilt für China. So waren Produkte aus chinesischer Produktion in den Jahren 2008 bis 2013 dafür verantwortlich, dass die Preise am Weltmarkt für Photovoltaikmodule um 80 Prozent gesunken sind. Dieser Erfolg war nur durch enorme staatliche Subventionen und Steuererleichterungen möglich, ein Umstand, der im zentral und straff regierten „<" China kein Hindernis ist, wenn die politische Führung sich ein Ziel in den Kopf gesetzt hat[6]

Erfolge, wie sie die USA oder China feiern, wären auch für Europa möglich. Das Beispiel China steht hier symbolhaft dafür, was erreicht werden kann, wenn sich eine Volkswirtschaft als Ganzes einem Ziel verschreibt. Die enorme Dichte an innovativen Unternehmen in den USA zeigt die Möglichkeiten eines umfassend liberalisierten Marktes auf. Für Europa und auch Österreich wird wohl ein Mittelweg die richtige Richtung sein. Das europäische Modell steht dafür, dass der Staat durch Regulierungen auf der einen und Förderungen auf der anderen Seite in den Markt eingreift und so neuen Schlüsseltechnologien zur Marktreife und zum Durchbruch verhilft. Allerdings besteht dabei immer die Gefahr, dass die Regulierung zu weit geht und die Unternehmen in ihrer Innovationskraft nicht unterstützt sondern hindert.

Eine Lösung in dieser Frage kann sein, hin und wieder den umgekehrten Weg zu gehen und dem Markt mehr Freiheiten bei der Erreichung der Klimaziele zu geben. Anstatt jedem Unternehmer bis ins Detail vorzuschreiben, welche Maßnahmen er wann umzusetzen hat, könnte ein stärkeres Vertrauen in die Innovationskraft der Unternehmen dazu führen, dass mitunter auch neue bisher nicht getestete Maßnahmen schneller marktreif werden.

Schließlich kann die Energiewende durchaus ein vielversprechendes Geschäftsmodell sein. Die Internationale Energieagentur (IEA) hat im November 2015 die Auswirkungen der bisher für Paris gemeldeten Klimaschutzziele bewertet. Die IEA schätzt das globale Investment in die zukünftig wichtigste Stromquelle Erneu-

6 https://www.scientificamerican.com/article/why-china-is-dominating-the-solar-industry/ 10.6.2017

erbare bis zum Jahr 2040 auf sieben Billionen Dollar – über 60 Prozent des globalen Investments in die Energieerzeugung gehen somit in Erneuerbare.

Österreichische Unternehmen, die innovative Energietechnologien produzieren, haben besonders hohe Exportquoten, wie zum Beispiel bei Photovoltaikmodulen (47%), Wechselrichtern (89%), Solarthermie (82%), Wärmepumpen (35%) und Biomasse (75%).

Dabei muss beachtet werden, dass Österreich bereits heute zu den Innovationsführern im Energie- und Umwelttechnologiebereich zählt: Eine Studie des BMLFUW aus dem Jahr 2016 kam zu dem Schluss, dass Österreich unter den EU-28 Platz zwei im Bereich der Energieeffizienz einnimmt, Platz fünf im Bereich integrierte Technologien und Platz eins im Bereich Verkehr/Mobilität.[7]

Mit dem Einsatz von effizienten und kostengünstigen Batterien für Ökostrom würden die Spannungsschwankungen im Netz wegfallen. Auch auf Energie aus kalorischen Kraftwerken könnte im Winter weitgehend verzichtet werden. Der Vorstandsdirektor der Energieversorgung Niederösterreich (EVN), Peter Layr, rechnet allerdings damit, dass diese Technologie erst ab dem Jahr 2030 oder noch später zur Verfügung stehen wird. Derzeit betragen die Verluste bei längerer Speicherung noch 20 bis 30 Prozent. Mit diesem Problem haben auch E-Autos zu kämpfen. Die Batterien sind zu schwer, zu teuer und haben verglichen mit konventionellen Autos eine sehr lange Ladezeit. Abgesehen von technischen Problemen gibt es einen weiteren Grund, warum die CO_2-Emissionen steigen: Die Bevölkerung wächst. Mehr Menschen verbrauchen nun mal mehr Energie.

Generell bewirken Innovationen im Bereich der Erneuerbaren Energien auch über die Energie- und Umweltbranche hinaus einen Entwicklungsschub in traditionelle Branchen und helfen den Unternehmen Vorreiter bei der Implementierung neuer Fertigungsweisen und Technologien zu sein. Zum Beispiel verknüpft das Passivhaus Energie- und Umwelttechnik mit klassischem Know-How aus der Bauwirtschaft. Bei der öko-effizienten Bauweise nimmt Österreich laut IHS bereits heute eine weltweit führende Rolle ein.

Wie bereits eingangs beschrieben, hat Österreich im EU-Vergleich eine relativ hohe Industriequote. Zudem werden derzeit über 18,4 Prozent des heimischen Energieverbrauchs für die sehr starke energieintensive Industrie verbraucht. Dennoch ist es in den Jahren 2005-2015 gelungen, die Treibhausgasemissionen von über 42 Millionen Tonnen CO_2-Äquivalent auf 35,7 Millionen Tonnen zu senken, und damit unter den Ausgangswert von 1990. Dieser Hohe Entwicklungsgrad bedeutet natürlich auch, dass weitere Effizienz- und Regulierungsmaßnahmen nur zu sehr hohen Kosten umgesetzt werden können. Hier tritt vor

7 *Economica (2016) im Auftrag des BMLFUW. EU28+EFTA, Datenbasis: EP/PCT Veröffentlichungen 2006-2015. S. 9*

allem die Carbon-Leakage-Problematik in Erscheinung, das heißt die mögliche Abwanderung von Unternehmen in jene Länder, welche weniger scharfe Klimaschutzmaßnahmen haben als Österreich. Unter dem Strich könnte das global zu einem erhöhten Treibhausgasausstoß führen.

Ein weiteres Spezifikum des Österreichischen Energiemarktes ist, dass in Österreich 77% der ETS-Emissionen aus der Industrie stammen und nur 23% der ETS-Emissionen aus Stromerzeugung. Dies liegt zum einen an der starken energieintensiven Industrie und zum anderen der stark vorangeschrittenen Dekarbonisierung der Stromerzeugung. Im EU-Durchschnitt ist der Vergleich hingegen umgekehrt, es stammen nur etwa 33% der ETS-Emissionen aus der Industrie und 67% der ETS-Emissionen aus Stromerzeugung.[8]

Für den Standort Österreich ist zudem hinderlich, dass die Gratiszuteilungen der ETS-Zertifikate hierzulande besonders restriktiv ist. Eine durchschnittliche EU Industrieanlage erhält derzeit eine um 20 Prozentpunkte höhere Gratiszuteilung als eine durchschnittliche österreichische Industrieanlage gemessen an den verifizierten Emissionen. (Zuteilung in Österreich etwa 85 Prozent der Emissionen, im EU-Schnitt 105 Prozent).[9] Diese Differenz ist vor allem darauf zurückzuführen, dass die österreichischen Industrieunternehmen relativ gut durch die Wirtschaftskrise gekommen sind. Während andere EU-Staaten Zeit Maßnahmen ergriffen haben um den Industriesektor zu unterstützen und daher die Zuteilungen auf ein Niveau über den tatsächlichen Emissionen angehoben haben, müssen die österreichischen Unternehmen weiterhin Zertifikate zukaufen, um ihre Produktion zu stützen.

Auch im Bereich der E-Mobilität hat sich in den vergangenen Jahren einiges getan. Mit dem Steuerreformgesetz 2015/2016 wird die E-Mobilität weiter unterstützt, so wurde etwa der Sachbezug für die Privatnutzung eines arbeitgebereigenen Kraftfahrzeugs mit einem Ausstoß über 130g/km auf zwei Prozent erhöht. Bei einem geringeren Ausstoß liegt der Sachbezugswert bei 1,5 Prozent, wobei der Grenzwert von 2017 bis 2020 jährlich um drei Gramm sinken wird. Für Kraftfahrzeuge ohne CO_2-Ausstoß, etwa Elektro- oder Wasserstoffautos entfällt der Sachbezug. Des Weiteren erhalten unternehmerisch genutzte Personenkraftwagen oder Kombinationskraftwagen ohne CO_2-Ausstoß das Recht auf einen Vorsteuerabzug (Nur bis Anschaffungskosten von maximal 80.000 Euro). Die Steuerreform zeigt hier bereits Wirkung: Die Zahl der Neuzulassungen von E-Autos hat sich im Jahr 2016 um 128,2 Prozent gegenüber dem Vorjahr erhöht, sprich, sich mehr als verdoppelt. Insgesamt wurden 2016 3.826 neue Elektroautos angemeldet, insgesamt waren 9.073 Elektroautos auf Österreichs Straßen unterwegs.

8 WIFO/UBA/WegCenter, Jänner 2016; Daten 2014
9 WIFO/UBA/WegCenter, Jänner 2016; Daten 2014

Zusammenfassend lässt sich sagen, dass der Bereich der Energie- und Klimapolitik sicher noch einige Herausforderungen für die zuständigen Entscheidungsträger bereithalten wird. Weiterhin wird es darum gehen, einen europäischen Kurs in der Energiewende zu finden und dabei nicht durch zu wenig Förderung neue, vielversprechende Technologien verkümmern zu lassen. Die Folge wäre, dass sich andere Wirtschaftsräume auf diesen Feldern breit machen würden. Zum anderen darf aber der Weg durch zu viele Regulierungen und ein zu starres Konzept nicht verbaut werden, so dass die gesamte Industrie blindlings in eine Sackgasse läuft.

Insgesamt hat Österreich in den nächsten Jahren eine große Chance, vom globalen Klimaabkommen und den daraus zu erwartenden Investitionen in Erneuerbare Energien langfristig zu profitieren. Die heimische Industrie ist bereits heute bestens gerüstet, um auf die Herausforderungen des Klimawandels und der Energiewende zu reagieren. Es liegt an den Entscheidungsträgern in Österreich selbst, in den zuständigen Ministerien, in den Ländern und selbstverständlich auch im Nationalrat diese verantwortungsbewusst und mit dem nötigen Problembewusstsein zu meistern.

II. Diskussion: Wie kann die Dekarbonisierung des Wirtschaftssystems zur Chance werden?

Astrid Bonk

Grenzen überschreiten, um neue Wege zu gehen

Österreich, 2030 – eine Vision

Die Energiewende und Dekarbonisierung sind nicht mehr nur klingende Schlagworte, sondern gelebte Realität: Österreichische Haushalte, Unternehmen und öffentliche Einrichtungen beziehen ihre Energie zu 100% aus erneuerbaren Energiequellen, ein großer Teil aus Solarenergie. Der Energiemarkt ist durch Smart Grids mittlerweile dezentral organisiert, die Energie wird also dort erzeugt, wo sie tatsächlich verbraucht wird. Österreichs Straßen sind bereits teilweise zu sogenannten Solarwegen umgerüstet worden und produzieren Strom für Straßenbeleuchtung, Verkehrsleitsysteme und öffentliche Ladestationen. Neubauten werden bereits bei der Planung als Smart-Homes mit optimiertem Energieverbrauch und integrierter Photovoltaik konzipiert. Auch ein großer Teil der bereits gebauten Ein- und Mehrfamilienhäuser in Österreich wurden inzwischen zu „intelligenten" Häusern aufgerüstet, die sich mit PV-Anlagen mit ihrem eigenen, emissionsfreien Strom versorgen. Leistungsstarke Speichertechnologien ermöglichen eine Speicherung der Energie und was nicht selbst verbraucht wird, wird in das Stromnetz eingespeist. Gewerbe- und Industriebetriebe sind mit Großsolaranlagen ausgestattet und decken ihren Energiebedarf zu großen Teilen selbst oder beziehen ihn von anderen Stromproduzenten in der unmittelbaren Umgebung. Darüber hinaus hat Industrie 4.0 in heimischen Betrieben Einzug gehalten. Antriebe, Prozesssteuerungen, Beleuchtung, Klimatisierung und andere Anwendungen sind so intelligent vernetzt, dass sie nur mehr ein Minimum an Energie benötigen.

Auch im Bereich Mobilität ist der Wandel vollzogen: Auf Österreichs Straßen sind (mit Ausnahme ausländischer Fahrzeuge) zu 100% Elektrofahrzeuge unterwegs. Die meisten Häuser sind mit eigenen Ladestationen ausgestattet, die den Strom direkt aus der hauseigenen PV-Anlage beziehen. Außerdem ist ein großer Teil der Fahrzeuge auf den Straßen bereits autonom ohne Fahrer unterwegs. Nach anfänglicher Skepsis haben die Menschen schnell die Vorteile der selbstfahrenden E-Fahrzeuge erkannt. Nicht nur Feinstaub- und Lärmbelastung ist kein Thema mehr, sondern auch die Unfallrate auf Österreichs Straßen ist dadurch drastisch gesunken. Viele Menschen besitzen selbst gar kein Auto mehr, sondern nehmen Fahrservices in Anspruch. Auf Knopfdruck kommt ein Fahrzeug und bringt einen stressfrei von A nach B, die Fahrzeit kann nun für andere Dinge wie zum Beispiel Lesen oder Schlafen genutzt werden. Durch zentrale Koordination und optimierte Routenberechnung können Fahrservices außerdem die Anzahl der Sitzplätze pro Auto optimal nutzen, das heißt die Zahl der Fahrzeuge auf den Straßen ist auf ein Minimum gesunken. In den Städten bestimmen deshalb vor allem Radfahrer und klimaneutrale Öffis das Bild. Gewerbe- und Industrietransporte passieren zu 100% durch E-Trucks, die auch zu einem großen Teil autonom ohne Fahrer unterwegs sind.

Österreich, 2017 – Think Big!

So oder so ähnlich könnte die Vision der erfolgreichen Energiewende in Österreich aussehen. An dieser Stelle werden kritische Stimme sagen: „Das ist doch reine Utopie! All diese Veränderungen sind in den knapp zwölf Jahren bis 2030 niemals möglich!“ Sie mögen vielleicht recht haben, aber wenn wir die Ziele von Paris – den globalen Temperaturanstieg auf deutlich unter 2 Grad Celsius im Vergleich zum vorindustriellen Niveau zu begrenzen beziehungsweise Anstrengungen zu unternehmen, möglichst unter 1,5 Grad Celsius zu bleiben – tatsächlich erreichen möchten, braucht es radikale Veränderungen und ambitioniert Ziele. Hie und da ein bisschen Energie einsparen beziehungsweise die Effizienz zu steigern, wird nicht reichen. *„Think little goals and expect little achievements. Think big goals and win big success“*, riet schon der amerikanische Professor, Motivationscoach und Autor David Joseph Schwartz, in seinem Bestseller „The Magic of Thinking Big” aus dem Jahr 1959.[1]

Dass große Veränderungen durchaus innerhalb einer kurzen Zeit möglich sind, illustriert das nachfolgende Beispiel aus der Vergangenheit eindrucksvoll:

Jänner 2007, San Francisco, Steve Jobs präsentiert der Welt das erste iPhone.[2] Die wenigsten konnten damals wohl vorstellen, wie sehr dieses kleine Gerät innerhalb einer Zeitspanne von gerade einmal zehn Jahren unser Leben verändern wird. Heute sind Smartphones und Apps aus dem Alltag der meisten Menschen nicht mehr wegzudenken und haben enormen Einfluss darauf, wie wir kommunizieren, lernen, einkaufen und uns fortbewegen. Ganze Branchen haben sich im letzten Jahrzehnt verändert. Telekomprovider, Softwareunternehmen und (Soziale) Medien sind kaum noch mit dem zu vergleichen, was sie Anfang 2007 waren und auch traditionelle Bereiche wie Industrie, Tourismus und Gesundheitswesen befinden sich in starkem Wandel.

Wenn Erfindungen zu tatsächlichen Innovationen werden, ist es also nicht völlig utopisch, dass auch innerhalb einer relativ geringen Zeitspanne große Verände-

1 Schwartz, David Joseph 1959: The Magic of Thinking Big
2 Siehe https://www.youtube.com/watch?v=9hUIxyE2Ns8

rungen in Wirtschaft und Gesellschaft stattfinden. Daraus lässt sich schlussfolgern, dass Österreichs Industrie Innovationen braucht, um die in Paris gesetzten Ziele erreichen zu können beziehungsweise wenn man die Sache von der anderen Seite her betrachtet: Die Dekarbonisierung kann die Entstehung neuer Innovationen fördern.

Dekarbonisierung als Potenzial für Innovation

Denken wir an die Vision vom Beginn zurück, gibt es dort zahlreiche Chancen für Innovation und in weiterer Folge Beschäftigung und Wertschöpfung: Technische Innovationen wie Solarwege, leistungsstarke Speichertechnologien und Elektroautos benötigen noch Forschungs- und Entwicklungsarbeit, um massentauglich und rentabel werden, dezentrale Energieversorgung und autonome Fahrservices bieten Möglichkeiten für völlig neue Geschäftsmodelle und rund um Smart Homes und Ladestationen könnten neuartige Services entstehen. Ganz „nebenbei" würden auch die Umwelt und Bevölkerung enorm durch weniger Emissionen, Verkehrslärm, und so weiter profitieren.

Was aus der Vision jedoch auch hervorgeht, ist, dass es für die Energiewende beziehungsweise Dekarbonisierung eine tiefgreifende Transformation von Gesellschaft und Wirtschaft braucht. Der Weg, um Neues zu schaffen und etwas zu verändern, ist oft unbequem, anstrengend und mit Schwierigkeiten, Rückschlägen oder sogar Angst verbunden. Nichtsdestotrotz muss er gegangen werden, denn auf lange Sicht kann es wesentlich schmerzhafter sein, auf Veränderung zu verzichten. In diesem Fall bedeutet Nicht-Handeln, nichts gegen das Fortschreiten des Klimawandels und seine negativen Auswirkungen zu unternehmen beziehungsweise diesen unter Umständen sogar noch zu beschleunigen.

Derartige Veränderungen sind jedoch nichts, was eine Akteurin beziehungsweise ein Akteur (wie beispielsweise die Industrie) alleine bewerkstelligen kann. Vielmehr braucht es laufenden Austausch, Interaktion und Kooperation zwischen einer Vielzahl an Akteurinnen und Akteuren, um neues Wissen und neuartige Lösungsansätze zu generieren. Man könnte auch sagen: Es braucht Open Innovation.

Gezielter und systematischer Wissensaustausch über alle Grenzen hinweg

Zum ersten Mal verwendet wurde der Begriff Open Innovation von US-Wirtschaftswissenschaftler Henry Chesbrough im Jahr 2003.[3] Grundsätzlich versteht

3 Chesbrough, Henry 2003: Open Innovation: The New Imperative for Creating and Profiting from Technology

man unter Open Innovation *„[...] die gezielte und systematische Überschreitung der Grenzen von Organisationen, Branchen und Disziplinen, um neues Wissen zu generieren und neue Produkte, Services oder Prozesse zu entwickeln.“*[4]

Durch die Einbeziehung verschiedenartiger Wissensquellen (insbesondere sogenannter „unusal suspects“) steigt die Wahrscheinlichkeit tatsächlich neuartigere Ergebnisse zu generieren. Der Wissensfluss kann grundsätzlich in beide Richtungen stattfinden, also entweder wenn eine Organisation externes Wissen für sich nutzbar macht (zum Beispiel Lieferantinnen beziehungsweise Lieferanten oder Kundinnen beziehungsweise Kunden in den Innovationsprozess einbinden) oder bewusst unternehmensinternes Wissen ausströmen lässt (zum Beispiel Auslizenzierung von Patenten). Mittlerweile geht das Verständnis von Open Innovation jedoch über die reine Organisationsperspektive hinaus in Richtung eines vernetzten, multi-kollaborativen Innovationsökosystems.[4] Die EU-Kommission bezeichnet dies als Open Innovation 2.0:

> *“Open Innovation 2.0 (OI2) is a new paradigm based on a Quadruple Helix Model where government, industry, academia and civil participants work together to co-create the future and drive structural changes far beyond the scope of what any one organization or person could do alone”.*[5]

Kernelement dieses neuen Innovationsparadigmas sind dynamische, wechselseitige Beziehungen und Abhängigkeiten zwischen unterschiedlichen Akteurinnen und Akteuren wie in einem Ökosystem. Entsprechend dem Quadruple Helix Modell finden Wissensflüsse und Co-Creation quer über alle vier Stakeholdergruppen statt:

- Wirtschaft
- Wissenschaft und Bildung
- Politik und Verwaltung
- Zivilgesellschaft

Die Diversität der unterschiedlichen Akteurinnen und Akteure fördert die Entstehung neuen Wissens und damit (radikaler) Innovation. Vor allem Online-Tools und -Plattformen erleichtern den Austausch und die Zusammenarbeit und das voneinander Lernen der verschiedenen Stakeholdergruppen, aber auch Offline-Formate, wie zum Beispiel Co-Creation-Workshops oder Hackathons bieten neuartige Möglichkeiten zur Kollaboration. Insbesondere die Einbindung

4 BMWFW und BMVIT, 2016: Open Innovation Strategie für Österreich, http://openinnovation.gv.at/wp-content/uploads/2016/08/Open-Innovation-barrierefrei.pdf

5 Europäische Kommission, 2013: Open Innovation, https://ec.europa.eu/digital-single-market/en/policies/open-innovation

der Zivilgesellschaft in Innovationsprozesse von Unternehmen, Wissenschaft und öffentlicher Verwaltung wird bei Open Innovation 2.0 zunehmend wichtiger. Neue Lösungen können häufig schneller und kostengünstiger entwickelt werden und auch die Akzeptanz des Marktes ist höher, wenn User, User Crowds und User Communities Bedürfnisse, Problemstellungen und Lösungen in die Innovationsprozesse einbringen.

Mit der Weisheit der Vielen gegen den Klimawandel

Gerade bei komplexen Herausforderungen, wie beispielsweise dem Klimawandel, eröffnet Open Innovation die Chance, das Wissen vieler kluger Köpfe zu bündeln, um gemeinsam zu neuen, innovativen Lösungsansätzen zu kommen. Aus diesem Grund initiierte das MIT Center of Collective Intelligence 2009 das Climate CoLab. Dabei handelt es sich um eine offene Online-Plattform, auf der Lösungen für komplexe soziale und ökologische Herausforderungen im Zusammenhang mit dem Klimawandel gesucht werden. Mittlerweile besteht die stetig wachsende Community aus über 80.000 Personen und setzt sich aus Wissenschaftlerinnen und Wissenschaftler, Politikerinnen und Politiker, Unternehmerinnen und Unternehmer, Investorinnen und Investoren sowie engagierten Bürgerinnen und Bürgern zusammen. Auch über 300 führende Expertinnen und Experten für Klimawandel und verwandte Bereiche beteiligen sich aktiv. Gemeinsam arbeitet die Community an effektiveren Lösungen für Probleme rund um den Klimawandel, wie zum Beispiel *„What initiatives, policies, and technologies can significantly reduce greenhouse gas emissions from the energy sector?"*. [6]

Mehr Wissensaustausch und Zusammenarbeit durch Open Innovation

Klug genutzt kann Open Innovation also einen wesentlichen Beitrag zur Lösung großer gesellschaftlicher Herausforderungen leisten. Open Innovation erfordert jedoch auch eine entsprechend Innovationskultur sowie methodische Kompetenzen bei den Beteiligten. Dies hat auch Österreich bereits erkannt und im vergangenen Jahr als erster EU-Mitgliedsstaat eine eigene nationale Open Innovation Strategie veröffentlicht.[7] Erste Schritte in Richtung eines Innovationsökosystems entsprechend des Quadruple Helix Modells, das auf den Austausch über sämtliche Stakeholdergruppen hinweg abzielt, sind also getan.

6 MIT Center of Collective Intelligence, 2017: https://climatecolab.org
7 BMWFW und BMVIT, 2016: Open Innovation Strategie für Österreich, http://openinnovation.gv.at/wp-content/uploads/2016/08/Open-Innovation-barrierefrei.pdf

Ein verstärkter sektoren- und disziplinenübergreifende Wissensaustausch könnte auch die Energiewende und Dekarbonisierung einen wichtigen Schritt voranbringen. Einige Beispiele: Eine engere Zusammenarbeit von Industrie und Wissenschaft könnte beispielsweise dazu beitragen, dass die Forschung sich genau jenen Themenfeldern widmet, in denen besonders hoher Forschungsbedarf besteht, aber auch, dass Forschungsergebnisse schneller zur Umsetzung in die Praxis gelangen. Auch das Angebot des Bildungssektors, insbesondere der Hochschulen, könnte sich verstärkt an den Erfordernissen der Industrie, v.a. hinsichtlich der neuen Berufe im Zuge der Digitalisierung entstehen, orientieren. Ein engerer Austausch mit Politik und Verwaltung könnte zu einer rascheren Umsetzung notwendiger Rahmenbedingungen und gesetzlicher Vorgaben (wie zum Beispiel Zulassung autonomer Fahrzeuge) führen, aber auch eine schnellere Anpassung der öffentlichen Infrastruktur an Elektromobilität und dezentrale Stromversorgung ermöglichen. Nicht zuletzt könnte die gezielte und systematische Zusammenarbeit mit Unternehmen in anderen Branchen und Start-ups, aber auch NGOs und Usern wichtige Erkenntnisse und neues Wissens in Industriebetriebe bringen, die das Entstehen von radikalen Innovationen vorantreiben.

Fazit

„Wenn der Wind der Veränderung weht, bauen die einen Mauern und die anderen Windmühlen“, lautet ein chinesisches Sprichwort. Unbestritten weht der Wind der Veränderung durch den fortschreitenden Klimawandel, das Pariser Abkommen und seine Zielvorgaben auch in Österreich. Die Chancen, die sich dadurch bieten, gilt es nun zu ergreifen und Windmühlen (oder besser noch: Windräder) zu bauen, anstatt Mauern aufzuziehen. Denn die Energiewende beziehungsweise Dekarbonisierung birgt Potenzial für Innovationen, die die österreichische Wirtschaft und Gesellschaft voranbringen können. Doch fest steht ebenfalls: Alleine geht es nicht, es braucht Austausch und Zusammenarbeit der verschiedenen Player im Sinne von Open Innovation, um gemeinsam die Zukunft zu gestalten und die Vision der Energiewende Wirklichkeit werden zu lassen.

Christiane Brunner

Das Zeitalter der fossilen Energie ist zu Ende!

Die wahre Großzügigkeit der Zukunft gegenüber besteht darin,
in der Gegenwart alles zu geben.

Albert Camus

Am 11. Dezember hat die Staatengemeinschaft in Paris den ersten Weltklimavertrag beschlossen. Ein historisches Ereignis, denn dieser Vertrag ist nicht nur ein Klimavertrag, sondern auch und vor allem eine Friedens- und Gerechtigkeitsvertrag. Mit diesem Beschluss steht fest: Das Zeitalter der fossilen Energie ist zu Ende!

Die Industrienationen werden ihre Treibhausgasemissionen bis 2050 auf Netto Null reduzieren. Unser gesamtes Gesellschafts-, Wirtschafts- und Energiesystem wird 2050 vollständig auf Basis erneuerbarer Energie funktionieren. Zugegeben, das ist eine große Herausforderung, aber es ist eine noch viel größere Chance für diejenigen, die jetzt in die Energiewende investieren.

Die Dekarbonisierung bedeutet nicht nur ein bisschen erneuerbare Energie und ein bisschen Energiewende, sondern die Transformation unseres Gesellschaftssystems und unserer Lebensweise, vielleicht die größte Transformation der Menschheitsgeschichte. Nach der landwirtschaftlichen und der industriellen Revolution kommt jetzt die Energie-Revolution.

„Wir sind die erste Generation, die den Klimawandel spürt und die letzte die etwas dagegen tun kann“, (Barack Obama).

Das ist eine große Verantwortung, der sich unsere Generation stellen muss. Die Leistung, die wir zu stemmen haben, ist vergleichbar mit dem Wiederaufbau nach dem Zweiten Weltkrieg, wahrscheinlich sogar größer.

Es wird sich also vieles ändern, und zwar grundlegend. Ob es einem gefällt oder nicht, Veränderung findet statt. Entweder wir verändern die Welt durch die Transformation zu einer dekarbonisierten Gesellschaft oder der Klimawandel wird die Welt verändern – so dass wir sie nicht wieder erkennen. Wir haben die Wahl: lassen wir die Veränderung beziehungsweise den Klimawandel über uns herein brechen oder gestalten wir die Veränderung und nutzen auch die Chancen die sie mit sich bringt.

Wer in zehn Jahren dabei sein will, setzt jetzt auf Klimaschutz

Eine ambitionierte Klima- und Energiepolitik geht nicht zu Lasten der Wettbewerbsfähigkeit der europäischen Wirtschaft. Im Gegenteil. Eine verringerte Abhängigkeit von Energieimporten führt zu größerer Versorgungssicherheit. Eine ambitionierte Klimapolitik schafft ein attraktives Umfeld für Investitionen in saubere Technologien. Hier entstehen die neuen Wachstumsbranchen und Arbeitsplätze der Zukunft.

Erneuerbare Energien sind bereits ein zentraler Wirtschafts-Faktor. Der erneuerbaren Energiebranche in Österreich sind 2014 36.000 Vollzeitarbeitsplätze und ein Umsatz 6,7 Mrd. Euro zuzuordnen. Allein durch einen konsequenten Ausstieg aus der Ölverbrennung in Haushalten und der Strom- und Fernwärmeerzeugung aus Kohle und Öl können die jährlichen Treibhausgas-Emissionen um 9 Millionen Tonnen gesenkt werden und bis 2030 60.000 neue Arbeitsplätze geschaffen und Investitionen von 88 Milliarden Euro ausgelöst werden. Um die Chance des Weltklimavertrags nutzen zu können, braucht es aber dringend sichere, langfristige Rahmenbedingungen für Investoren, Industrie und Wirtschaftstreibende.

Viele Länder schaffen diese Rahmenbedingungen bereits. Schweden wird den Klimavertrag bis 2045 umsetzen, in Frankreich gibt es 2040 keine Verbrennungsmotoren mehr, auch Länder außerhalb Europas haben bereits Strategien zur Umsetzung des Klimavertrags vorgelegt. Viele Länder, Regionen und Städte haben die Energiewende bereits gestartet. Europa ist keineswegs alleine. Mittlerweile haben 66 Länder Einspeisetarife für Strom aus erneuerbaren Energien eingeführt. Weltweit werden Effizienzprogramme im Gebäude- und Industriebereich umgesetzt und Effizienzstandards beispielsweise im Verkehrsbereich formuliert. Treibhausgasemissionsreduktionen werden in vielen Ländern und Regionen inzwischen durch CO_2-Preise unterstützt.

Die Energiewende rollt – weltweit. China übertraf 2016 die erwarteten Treibhausgasreduktionen und hat 12,4 GW geplanter Kohlekapazitäten gestrichen. In den USA gab es 2016 erstmals mehr Jobs durch erneuerbare Energie als durch fossile, nicht zuletzt deswegen gibt es nicht nur Umwelt-, sondern auch an Donald Trump gerichtete Wirtschaftsinitativen für mehr Klimaschutz. Präsident Obama hat am Ende seiner Amtszeit große Teile der arktischen Gewässer für Ölbohrungen gesperrt. In Indien und Südafrika ist Solarenergie mittlerweile billiger als Kohle (ohne Förderungen). 2,8 Millionen Menschen arbeiten weltweit in der Solarindustrie, das entspricht einer Verdoppelung in den letzten fünf Jahren. Der Zubau an erneuerbaren Energiekapazitäten überholte 2016 weltweit erstmals den neuer konventioneller Energieerzeugungsanlagen. Diese Beispiele ließen sich lange fortsetzen.

Diese Entwicklungen spiegeln sich auch auf den Finanzmärkten wieder. Bereits vor der Klimakonferenz in Paris haben 436 institutionelle und tausende private AnlegerInnen, die ein Gesamtvolumen von 2,6 Billionen US-Dollar repräsentieren, sich dazu bekannt, sich aus Investitionen in fossiler Energie zurückzuziehen Erfolgsbeispiele für die internationale Divestment-Bewegung sind unter anderem die Rockefeller-Stiftung, die Universitäten Stanford, Washington, Glasgow, die Church of England, Städte wie Stuttgart, Örebro und Lidköping und eine Reihe US-amerikanischer Städte und der norwegische Staatsfonds. Gerade für Investitionsentscheidungen ist die Klimapolitik relevant. Zwei Drittel aller bekannten fossilen Reserven müssen im Boden bleiben, wenn wir die Ziele des Klimavertrags erreichen wollen. Investitionen in fossile Ressourcen werden also stranded asstes. Wer heute klug investieren will, tut das im Einklang mit dem Klimavertrag und nicht (nur) aus ökologischen Überlegungen heraus.

Die Energiewende ist der Markt der Zukunft

Die Dynamik in der internationalen Klimapolitik und Energiewende ist sehr hoch. Das zeigt sich gerade seit der Ankündigung von Donalt Trump aus dem Klimavertrag auszusteigen. Hatte früher schon ein Zögern der USA das Aus oder zumindest eine massive Schwächung internationaler Klimabemühungen bedeutet, ist jetzt klar, ein Mensch kann die Energiewende nicht aufhalten – auch wenn er Präsident der USA ist. China, Europa und viele andere Staaten, insbesondere die US-Bundesstaaten, Städte und Unternehmen wie Google, Apple, Tesla und Co haben klar gemacht: wir setzen weiter auf Klimaschutz und wir wollen mehr Klimaschutz!

Ich bin seit 2008 bei den Klimakonferenzen dabei. Es ist schön, zu sehen, dass immer mehr Länder und immer mehr Unternehmen dort ihre Klimaschutzlösungen, Ideen und Innovationen präsentieren. Das heißt aber auch, wer vorne dabei sein will, muss jetzt handeln. Wer in zehn Jahren wirtschaftlich vorne sein will, setzt jetzt auf den Klimavertrag, Klimaschutz und Dekarbonisierung.

Der Klimavertrag von Paris kann den Weg aus der Finanz- und Wirtschaftskrise weisen. Keine Branche boomt wie die Erneuerbaren – trotz massiver Subventionen für fossile Energie. Der Ausbau erneuerbarer Energie ist eine Erfolgsgeschichte, die die kühnsten Erwartungen immer wieder übertrifft. Jahr für Jahr korrigiert die Internationale Energieagentur ihre Wachstumsprognosen für Erneuerbare nach oben. Erstmals wurde 2015 auch der Kohleanteil vom ersten Platz bei der weltweit installierten Energiekapazität nach hinten gedrängt. An erster Stelle liegen nun Wind und Sonne. Im Gegenzug warnen immer mehr Ökonomen, dass ein Beharren auf dem Status quo der Wirtschaft mehr schadet als nutzt. Mehr noch, ein Verfehlen der Klimaziele bedeutet wirtschaftlichen Schaden, der heute überhaupt nicht kalkulierbar ist.

Wer die Chance des Klimavertrags nutzen will, muss jetzt handeln

Es geht also jetzt darum, die Weichen richtig zu stellen und entsprechende Entscheidungen zu treffen. Alle Entscheidungen, die heute getroffen werden, insbesondere Infrastruktur- und Investitionsentscheidungen, müssen an den Zielen des Klimavertrags ausgerichtet werden. Denn Entscheidungen, die wir heute treffen, wirken bis 2050 und die nächsten Jahre werden entscheiden, ob wir die Transformation in eine erneuerbare Zukunft rechtzeitig schaffen und die Chancen dieser Transformation nutzen können. Investitionen die in die falsche Richtung gehen, sind stranded assets.

Welche Infrastruktur brauchen wir 2050? Welche Arbeitsplätze wird es 2050 geben und welche Qualifikationen werden dafür notwendig sein? Welche Technologien müssen wir entwickeln? Diese Fragen müssen wir heute beantworten. Und dafür müssen wir Rahmenbedingungen setzen, damit Investitionen in die richtige Richtung gehen, damit in die richtige Richtung geforscht wird und die richtige Ausbildung angeboten wird.

Ich sehe es als Aufgabe der Politik Rahmenbedingungen und Planungssicherheit für Industrie, Wirtschaft und einen attraktiven Standort zu schaffen. Mit Klimazielen, die in Einklang mit dem Klimavertrag von Paris sind, können sich Unternehmen rechtzeitig orientieren und entscheiden, in welchen Bereichen sie forschen, investieren und produzieren. Je früher wir handeln, umso leichter ist die Transformation.

Bei einem Weiter-wie-bisher ist das Treibhausgas-Budget Österreichs in vierzehn Jahren aufgebraucht. Eine abrupte Reduktion von hundert auf null, ist sozial wohl nicht verträglich und volkswirtschaftlich nicht sinnvoll. Es ist daher entscheidend jetzt bereits bekannte, relativ leichte und schnell wirkende Maßnahmen zu setzen um den Zeithorizont für die Transformation der schwierigeren Sektoren wie die Industrie verlängern zu können.

Bei Unternehmen, die im globalen Wettbewerb stehen, ist sicher auch darauf zu achten. Klar ist aber, dass mögliche kurzfristige Ausnahmeregelungen die Zielsetzungen des Klimavertrags nicht unterlaufen dürfen. Der Klimavertrag ist außerdem ein globaler und wird daher auch in anderen Ländern umgesetzt. Wer vorne dabei sein will, setzt also auf diesen Klimavertrag – das gilt auch für die Industrie. Umweltauflagen haben immer für Innovationen gesorgt, der Wettbewerbsvorteil der europäischen Industrie ist die Innovationsführerschaft. Wenn man sieht, dass in den letzten Jahren die Investitionen in erneuerbare Energie zum Beispiel in China steigen, während sie in Europa rückläufig sind, ist das nicht nur aus Umweltsicht besorgniserregend. Wenn die europäische Industrie vorne dabei bleiben will, setzt sie auf Innovation und Klimaschutz.

Wir haben die Wahl: fossil oder Zukunft

Wir haben die Wahl: Wollen wir die begonnene Transformation zu sauberer Energie vorantreiben und uns bestmöglich in den Märkten der Zukunft positionieren? Oder wollen wir weiter Milliarden dafür vergeuden, das alte, fossile Energiesystem mehr schlecht als recht am Leben zu erhalten? Wie sinnvoll wäre es gewesen, kurz vor dem Durchbruch des Autos alles in Pferdekutschen zu investieren oder Arbeitssuchenden eine Hufschmiedlehre nahe zu legen?

Österreich ist wie kein zweites Land aufgestellt, von dieser großen Transformation wirtschaftlich und gesellschaftlich zu profitieren. Kaum ein Land der Welt ist so gesegnet mit erneuerbaren Ressourcen, hohem Bildungsstand, Wohlstand und Innovationsfreude. Wir müssen die Dekarbonisierung aber jetzt angehen.

Wir können den Klimawandel in den Griff bekommen, wenn wir jetzt entschlossen handeln. Aktive Klimapolitik ist nicht mehr Gegner der Industrie und Wirtschaft, sondern die Basis dafür. Die Transformation zu einer dekarbonisierten Gesellschaft ist ein Friedens-, Sozial- und Wirtschaftsprojekt für die ganze Welt. Dieses Projekt anzugehen, ist eine moralische und klimavertragliche Verpflichtung, aber auch eine große Chance für diejenigen, die voran gehen.

Claudia Kemfert

Wie Österreich die Chancen der Energiewende nutzen kann

Der weltweite Klimaschutz wird immer bedeutsamer (IPCC 2014). Das Klimaschutzabkommen von Paris ist ein wichtiger Meilenstein und Startschuss für den weltweiten Klimaschutz hin zu einer vollständigen Transformation und Dekarbonisierung des Wirtschaftssystems- auch wenn die aktuelle Entscheidung der USA, aus dem Abkommen auszusteigen, weniger erfreulich ist. Die Dekarbonisierung der Wirtschaft, das heißt die Senkung der Treibhausgase um 80-90 % bis zur Mitte des Jahrhunderts, hat zur Folge, dass das gesamte Energie- und Mobilitätssystem umgestellt werden muss. Der Stromsektor wird in erster Linie auf erneuerbaren Energien basieren und die Mobilität auf Nachhaltigkeit umgestellt werden müssen.

Die Finanzmärkte antizipieren diese Entwicklung schon heute und sprechen von einer „Carbon Bubble“, einer deutlichen Überbewertung der Unternehmen der fossilen Energien. Immer mehr Investoren suchen nachhaltige Kapitalanlagen, die auf zukunftsweisende Märkte setzen. Zahlreiche Investoren ziehen ihr Geld aus fossilen Energien ab und investieren es in erneuerbare Energien und nachhaltige Technologien. Von dieser „Divestment“ – Strategie machen auch immer mehr Fonds oder Universitäten Gebrauch.

Auch der Gouverneur der britischen Notenbank, Mark Carney, hat darauf hingewiesen, dass sich Vermögenswerte fossiler Energien in den kommenden Jahrzehnten deutlich vermindern können und so die Finanzmarktstabilität gefährden könnten (Bank of England (2015)).

Die wirtschaftliche Stabilität kann somit gefährdet werden, wenn nicht rechtzeitig Klimaschutzmaßnahmen umgesetzt werden, die Unternehmen in die zukunftsweisenden Märkte investieren. Die Konflikte verlagern sich somit: Zu den Gefechten um verbleibende Ressourcen kommen wirtschaftliche Machtkämpfe um den Einsatz nachhaltiger Technologien hinzu. Sehr deutlich wird dies beim Thema Klimaschutz.

Behindert wird eben dieser Umstieg vor allem noch immer durch eine gezielte Subventionierung fossiler Energien. Der IWF hat jüngst veröffentlicht, dass global 5,3 Billionen Dollar allein für die Subventionierung fossiler Energien ausgegeben werden, um die Preise für Kohle, Öl und Gas billig zu halten. „Schockierend“ bezeichnet der IWF das Ergebnis, da sich die Subventionen in fossile Energien auf 6,5 % des globalen Bruttosozialprodukts subsummiert. Würde man diese Gelder in nachhaltige, zukunftsweisende Technologien investieren, könnte sowohl das Ressourcenproblem gelöst als auch der Klimawandel gebremst werden. Die lokalen Schäden durch die Subventionierung der Brennstoffkosten schätzt der IWF auf 2,7 Billionen Dollar, die Kosten des Klimawandels auf 1,3 Billionen Dollar (IMF (2015)). Die Internationale Energieagentur schätzt die jährlichen Subventionen fossiler Energien auf 523 Mrd. Dollar (IEA (2014). Daher sollten Subventionen in fossile Energien global abgeschafft werden, um die richtigen Weichenstellungen für eine nachhaltige Energieversorgung und Mobilität zu setzen.

Die Internationale Energieagentur hat im Rahmen ihrer Energieprognose wiederholt darauf hingewiesen, dass der Umstieg auf klimaschonende Energien, intelligente Netze und Energieeffizienz rasch beginnen müsste (IEA (2015)). Eine sichere Energieversorgung der energieimportierenden Volkswirtschaften kann Konflikte mindern. Deutschland und Europa haben in den vergangenen Jahren es geschafft, das Wirtschaftswachstum von Energieverbrauch und Emissionen zu entkoppeln, auch die USA und China zeigen erste Ansätze (Kemfert et a. (2015)). Allerdings zeigt sich ebenso, dass stark wachsende Volkswirtschaften vor allem in Asien einen weiterhin stark ansteigenden Energiehunger aufweisen werden.

Zwar haben sich die G7-Staaten in der Vergangenheit für mehr Klimaschutz ausgesprochen, vor allem China und Europa senden Signale für mehr Klimaschutz. Wie wenig man jedoch in den letzten bei der Umsetzung konkreter Klimaschutzmaßnahmen und somit realer Emissionssenkung voran gekommen ist, ist ein Zeichen, wie stark geopolitische und wirtschaftliche Interessen insbesondere im Bereich der fossilen Energien dominieren (Kemfert 2017). Ein konsequenter Klimaschutz würde bedeuten, dass Dreiviertel der fossilen Energien im Boden bleiben und nicht verbrannt werden würde. Eine „Dekarbonisierung“ der gesamten Wirtschaft, wie die G7-Staaten es bisher gefordert haben, würde bedeuten, dass vor allem der Anteil von Öl und Kohle an der Energieerzeugung massiv zurückgehen müsste. Die ölexportierenden Staaten haben somit ein Interesse, möglichst lang alles verfügbare Öl zu verkaufen. Die jetzige Situation niedriger Ölpreise verleitet in der Tat zu Verschwendung von fossiler Energien und behindert den Umbau hin zu einer nachhaltigen Energieversorgung. Auch Staaten mit einem hohen Kohleanteil tun sich schwer, den Umbau effektiv zu begleiten, wie man derzeit beispielsweise in Australien oder letztlich auch in Deutschland beobachten kann.

Komplettumbau der Energie- und Verkehrssysteme notwendig

Zur Erreichung der Klimaschutzziele von Paris wird ein Komplettumbau des Energie- und Verkehrssystems notwendig sein. Das „alte“ Stromsystem, basierend in erster Linie auf konventionellen Großkraftwerken, muss somit transformiert werden in ein neues, auf erneuerbaren Energien basierendes, dezentrales, intelligentes und dynamisches Energiesystem. Der Transportsektor muss auf Nachhaltigkeit ausgerichtet sein, das erfordert vor allem alternative und nachhaltige Antriebsstoffe und -technologien. Überflüssiger Verkehr ist ebenso wie Feinstaub, Lärm und Staus zu vermeiden, mehr Effizienz ist im Verkehr vor allem durch eine intermodale Verknüpfung der verschiedenen Verkehrsmittel und durch eine stärkere Förderung der aktiven Mobilität – also des nicht-motorisierten Verkehrs – zu erreichen. Das neue Energie-, und Mobilitätssystem wird mit dem alten nicht mehr viel gemeinsam haben (Kemfert et al. 2015).

Dass eine derartig tiefgreifende Transformation nicht ohne Kontroversen und Konflikte und auch kaum ohne temporäre technologische wie politische Ineffizienzen von statten gehen kann, liegt auf der Hand. Die Pfadabhängigkeiten sind groß und die Bestrebungen sind entsprechend stark, das bisherige System möglichst lang aufrecht zu erhalten. Dies schafft hohe Transaktionskosten und führt zu suboptimalen Lösungen. Neben Gewinnern gibt es auch Verlierer in diesem Strukturwandel. So werden teils aus Unsicherheit über die eigene Rolle im künftigen Energiesystem gezielt Ängste geschürt.

Im Zuge der Energiewende ist es ebenso notwendig, dass der Anteil konventioneller Energien kontinuierlich sinkt. Kohlekraftwerke produzieren nicht nur klimagefährliche Treibhausgase und behindern damit die Erreichung der Klimaschutzziele, sie produzieren auch Umweltschäden wie beispielsweise Quecksilber- und Feinstaubemissionen. Der Abbau von Kohle geht nur mit erheblichen Umweltschädigungen einher. Diese negativen externen Effekte sind ungleich höher als die der erneuerbaren Energien.

Die Investitionen in neue Technologien schaffen Innovationen, Wertschöpfung und Arbeitsplätze. Die Energiewende vermeidet gigantische Kosten der Atom- und Kohleenergie. In der Kostenbilanz stehen die erneuerbaren Energien, und die Windenergie ohnehin, deutlich besser da als konventionelle Energien. Um die Ziele der Energiewende erreichen zu können, wird es notwendig sein, die erneuerbaren Energien, und vor allem die Windenergie deutlich auszubauen. Die Potentiale von Windenergie sind global riesig, immer mehr Länder setzen auf den konsequenten Ausbau von Windenergie. Da sollten Österreich und Deutschland in keinster Weise zurückstehen.

So können hunderttausende zusätzliche Arbeitsplätze entstehen, wenn Unternehmen in die entscheidenden Zukunftsmärkte investieren (Blazejczak et al 2013). Wenn sie die Chancen nicht ergreifen, können sie von den wirtschaftlichen Chancen nicht profitieren, wie kürzlich das unrühmliche Beispiel des VW-Abgasskandals eindrücklich gezeigt hat. Positive Beispiele findet man trotzdem, die beispielsweise in nachhaltige Infrastrukturprojekte und erneuerbare Energien in Europa investieren. Ein Ranking von 500 global agierenden Konzernen hat offenbart, dass all jene Konzerne für Kapitalanleger besonders attraktiv sind, die sich der Herausforderung nachhaltiger Energieversorgung und Mobilität erfolgreich stellen (Carbon Disclosure Project (2014).

Die Energiewende bringt enorme wirtschaftliche Chancen, schafft Innovationen und stärkt die Wettbewerbsfähigkeit. Durch die Investitionen entstehen Wertschöpfung und Arbeitsplätze. Das konsequente Energiesparen führt zu einer massiven Verbesserung der volkswirtschaftlichen Wettbewerbsfähigkeit. Die Kosten für Solar- und Windstrom sinken, die Atomkosten steigen.

Dabei sind die Investitionen in Zukunftsmärkte aus ökologischen wie ökonomischen Gründen vor allem aus Sicht der Importländer fossiler Energien lohnend: ob im Bereich der nachhaltigen Mobilität, erneuerbarer Energien, klimaschonende Antriebstechniken, Ressourcen und Materialeffizienz, Abfallverwertung oder intelligente Infrastruktur: in keinen Markt werden in den kommenden Jahrzehnten mehr Investitionen fließen als in die zukunftsweisenden Energie- und Mobilitätsmärkte (Kemfert et al 2015) und Kemfert (2017)). Anbieterländer fossiler Energien haben hingehen wenig Interesse, eine Abkehr fossiler Energien zu fördern. Aus diesem Grund bieten sie verstärkt fossile Energien auch zu sehr niedrigen Preisen an.

Chancen für Österreich

Österreich hat die besten Ausgangsvoraussetzungen, ein Land mit „100 Prozent erneuerbarer Energien" zu werden, da neben einem hohen Anteil von Wasserkraft und Biomasse auch die Windenergie an Bedeutung gewinnt und das Energiesparen konsequent vorangebracht wird. Ein wesentlicher Baustein der Energiewende ist die Windenergie, sie wird im Rahmen der Energiewende mit Anteilen der erneuerbaren Energien von über 80 Prozent eine zentrale Rolle spielen. Windenergie kann kombiniert werden mit Solarenergie, Biomasse-Kraft-Wärme-Kopplung (KWK) und mittelfristig Speichertechnologien wie beispielsweise „power to gas". Deutschland und Österreich verbinden sich hier zu einer Einheit, nicht nur, weil die Märkte ohnehin schon stark miteinander verzahnt sind, sondern weil die Ziele zur Erreichung der Energiewende ähnlich sind. Windenergie an Land ist im Vergleich zu anderen erneuerbaren Energien sehr kosteneffizient, die Kosten werden auch weiter noch sinken. Kaum eine andere Technologie hat derartige Lernkurveneffekte und Kostensenkungspotentiale erzielt.

Besonders erfreulich ist die Tatsache, dass einer der größten Stromnachfrager in Österreich, der Stahlhersteller VOEST in Aussicht gestellt hat, die Stromherstellung auf Ökostrom umzustellen und so das Ziel einer „100 % Vollversorgung mit erneuerbaren Energien" einen wichtigen Schritt näher zu kommen (VOEST 2017). Zudem setzt der Stahlhersteller auch auf Innovationen in der Kraftstoffproduktion und Speicher mittels Wasserstoff und macht so deutlich, dass Klimaschutz und Wirtschaftskraft keine Gegensätze, sondern eine Seite der Medaille sind.

Um die wirtschaftlichen Chancen zu heben, ist es notwendig, dass die politischen Rahmenbedingungen und Zielvorgaben eindeutig und nachhaltig sind. Der Klimaschutzplan muss konkrete Emissionsminderungsziele von 95 % bis 2050 umfassen. Nur so werden verlässliche Rahmenbedingungen für Investoren gegeben.

Fazit

Wenn das Klimaschutz-Ziel ernst genommen wird, muss neben dem Gebäudeenergie- und Mobilitäts- vor allem der Stromsektor einen erheblichen Beitrag zur Emissionsminderung leisten. Dies kann nur geschehen, wenn vor allem alte ineffiziente Kohle-Kraftwerke ersetzt werden – durch erneuerbare Energien und auch Kraft-Wärme-Kopplung sowie in der Übergangszeit Gas-Kraftwerke. Alte, ineffiziente Kohle-Kraftwerke sorgen nicht nur für einen enormen Strom-Angebots Überschuss sondern sie produzieren zu viele Treibhausgase. Zudem sind sie zu inflexibel in der Kombination mit erneuerbaren Energien. Anders als von den Kohle- Befürwortern behauptet eignen sich Kohle- Kraftwerke nicht als Brückentechnologie für eine nachhaltige Energiewende. Gas- Kraftwerke sind viel besser geeignet, da sie flexibler sind als Kohle-Kraftwerke und weniger klimaschädliche Treibhausgase verursachen. Doch diese neuen, effizienten und für die Energiewende so wichtigen Gas-Kraftwerke stehen immer öfter still, da sie sich nicht rechnen.

Statt neue Subventionen für fossile Energien zu zahlen, sollte besser der Strommarkt aufgeräumt werden. Nur mit einer Marktbereinigung wird man wieder ausreichende Knappheitspreise an der Börse erreichen können, damit sich diese Situation wieder verbessert. Würden die ältesten, ineffizientesten Kohle-Kraftwerke aus dem Markt verschwinden, könnte eine doppelte Dividende erzielt werden: der Markt wäre bereinigt, die Strompreise an der Börse könnten steigen, zudem würden die Klima-Ziele erreicht werden können.

All diese Entwicklungen werden enorme Innovationen hervorbringen, durch Investitionen werden Zukunftsmärkte erschlossen. Schon heute gibt es deutlich mehr Beschäftigte im Bereich der erneuerbaren Energien als in der konventionellen Energie. Wenn man nicht nur den Bereich der erneuerbaren Energien sondern auch der Energieeffizienz hinzunimmt, würden es weitaus mehr Beschäftigte sein. Es ist wichtig, heute den Strukturwandel hin zu einem Umbau der Energieversorgung mit erneuerbaren Energien und mehr Energieeffizienz einzuleiten und in den kommenden Jahrzehnten zu begleiten. Das Energiesystem muss flexibler, intelligenter und ganzheitlicher werden. Dazu werden intelligente Netze und mittelfristig auch Speicher mehr benötigt, als fossile Energien und alte Strukturen.

Das Geschäftsmodell im Energiesektor ändert sich somit grundlegend. Dazu bedarf es Innovationen, neuer Technologien und neuer Geschäftsfelder. In der Vergangenheit haben vor allem mittelständische Unternehmen, Bürger und Stadtwerke in die Energiewende in Deutschland investiert. Gerade letzteren bietet sie künftig enorme wirtschaftliche Chancen. Schließlich gilt auch für die Energiewende: Die Märkte gehören denen, die sie sehen. Und wer nicht mit der Zeit geht, geht mit der Zeit.

Literatur

Bank of England (2015): Breaking the tragedy of the horizon – climate change and financial stability – speech by Mark Carney http://www.bankofengland.co.uk/publications/Pages/speeches/2015/844.aspx

Blazejczak, J., Diekmann, J., Edler, D., Kemfert, C., Neuhoff, K., Schill, W.-P. (2013): Energy Transition Calls for High Investment. In: DIW Economic Bulletin 9 / 2013, S. 3-14

Carbon Disclosure Project CDP (2014) CDP Leaders and Data 2014 , https://www.cdp.net/en-US/Pages/disclosure-analytics.aspx

IEA, International Energy Agency (2014): Energy Subsidies http://www.worldenergyoutlook.org/resources/energysubsidies/

IEA (2015): Internationale Energieagentur World Energy Outlook 2015

IPCC (2014): Climate Chance 2014, Synthesis Report, Fifth Assessment Report 2014 http://ar5-syr.ipcc.ch/

IMF (2015): Counting the Costs of Energy Subsidies, IMF Survey , 17.7.2015 http://www.imf.org/external/pubs/ft/survey/so/2015/new070215a.htm

Kemfert, C., Opitz, P., Traber, T., Handrich, L. (2015) Deep Decarbonization in Germany A Macro-Analysis of Economic and Political Challenges of the 'Energiewende' (Energy Transition) DIW Berlin Politikberatung Kompakt 93 /2015

Kemfert, C. (2017): Das fossile Imperium schlägt zurück. Warum wir die Energiewende jetzt verteidigen müssen. Hamburg: Murmann

VOEST (2017): ÖÖ Industrie und VOEST wurden von einem stärkeren Ökostrom Ausbau profitieren http://www.voestalpine.com/metalforming/Kundensegmente/Erneuerbare-Energie

Angela Köppl

Neue Perspektiven für das Energiesystem

Die Nutzung von fossilen Energieträgern seit der industriellen Revolution hat die vorherrschenden Konsum- und Produktionsprozesse geprägt und die Voraussetzungen für breiten Wohlstand geschaffen. Gleichzeitig sind fossile Energieträger für eine Reihe von Umweltbelastungen verantwortlich und tragen maßgeblich zum Klimawandel bei. Das Wissen um den Effekt der Treibhausgasemissionen auf die Klimaerwärmung ist unumstritten. Daher erfordert eine Eindämmung des Klimawandels eine radikale Reduktion der Treibhausgasemissionen und des Einsatzes fossiler Energie. Klimawissenschaftler unterstreichen, dass eine Begrenzung des globalen Temperaturanstiegs auf deutlich unter 2°C im Vergleich zum vorindustriellen Niveau, wie im Pariser Klimavertrag vereinbart, Karbonneutralität voraussetzt.

Das Klimaabkommen von Paris betont, dass Maßnahmen zur Begrenzung des Klimawandels und zur Treibhausgasreduktion unmittelbar zu setzen sind. Eine Verzögerung von Reduktionsmaßnahmen setzt wegen der kumulativen Wirkung von Treibhausgasemissionen letztlich deutlich höhere Anstrengungen in der Zukunft voraus. Entgegen dem dringlichen Handlungsbedarf zeichnen sich jedoch gesellschaftliche Strukturen, Verhaltensmuster und Prozesse durch ein auffallend hohes Beharrungsvermögen aus, nicht zuletzt, weil die Beurteilung von ökonomischem Erfolg und Prosperität vor allem auf Wirtschaftswachstum als Indikator beruht. Dabei geht es weitgehend um die Messung des Umsatzes von Gütern und Dienstleistungen in einer bestimmten Zeitperiode. Dies geht mit einem sozialen System einher, das vor allem materiellen Konsum als erstrebenswert definiert.

Eine Wirtschafts- und Gesellschaftsentwicklung, die an etablierten fossilen Strukturen festhält, in Pfadabhängigkeiten verhaftet bleibt und die Erkenntnisse aus der Klimaforschung nicht (ausreichend) berücksichtigt, würde in der längerfristigen Perspektive wohl mehr Probleme schaffen als lösen und zwar nicht nur in ökologischer Hinsicht, sondern letztlich auch ökonomisch und sozial.

Inkrementelle (technologische) Verbesserungen entlang der bestehende Entwicklungsmuster können den Herausforderungen einer Dekarbonisierung nicht gerecht werden, vielmehr setzt ein solcher Prozess weitreichende Umbrüche im Energiesystem und ein Aufbrechen von technologischen und ökonomischen Pfadabhängigkeiten voraus. Ansätze zu grundlegenderen Veränderungen im Energiesystem sind bereits erkennbar. Der kritische Punkt um eine Dekarbonisierung zu erreichen, ist, eine Beschleunigung dieser Schritte und eine entscheidende Steigerung der Energieproduktivität auf allen Ebenen des Systems zu erreichen. Dafür ist eine systemische Betrachtung des gesamten Energiesystems, ausgehend von energierelevanten Funktionalitäten[1], dienlich.

Ein Perspektivenwechsel ist notwendig, da das konventionelle Verständnis von Energie bei der Abbildung weitreichender Transformationsprozesse und technologischer Veränderungen an Grenzen stößt. Die meisten Analysen bauen auf einer Fortschreibung historischer Zusammenhänge auf, nehmen in der Regel die Energiebereitstellung als Ausgangspunkt und legen für ökonomische Entscheidungen den Fokus schwerpunktmäßig auf die Investitionsphase. Für eine Transformation des Energiesystems und die Entwicklung der Treibhausgasemissionen ist hingegen ein Zeithorizont relevant, der die Betriebsphase gleichermaßen mit in die Analyse einschließt. Die Betonung der Betriebsphase ist entscheidend, weil die Nachfrage nach Energieflüssen und der Ausstoß an Treibhausgasen aus fossilen Energieträgern über die gesamte Lebensdauer von Technologien anfallen. Neben Gebäuden sind insbesondere auch Investitionen in die Infrastruktur der Energiebereitstellung sehr langlebig, wodurch Entscheidungen heute die Emissionen für Jahrzehnte bestimmen und beziehungsweise sich als stranded investments herausstellen können. Eine alternative Perspektive auf das Energiesystem fokussiert für eine gesamtwirtschaftliche Bewertung daher auf einer integrierten Betrachtung der Investitions- und Betriebsphase und stellt Funktionalitäten in den Mittelpunkt.

Motiviert wird dieser Zugang mit der Überlegung, dass es letztlich die Funktionalitäten des Energiesystems sind, wie zum Beispiel angenehmes Raumklima, Mobilität oder Beleuchtung, die wohlstandsrelevant sind. Das heißt, die Bereitstellung relevanter Funktionalitäten und nicht die Nachfrage nach Energieflüssen beziehungsweise der Fokus auf die Energiebereitstellung sollte daher im Mittelpunkt des Energiesystems stehen. Funktionalitäten als Ausgangspunkt für eine integrierte Betrachtung werden näherungsweise durch Indikatoren, wie die Fläche der zu temperierenden Räume, die zu transportierende Anzahl an Personen und Menge an Gütern, oder die zu beleuchtenden Flächen beschrieben. Sie sind das Resultat aus der Interaktion von Beständen (stocks) und Strömen (flows). Bestände beschreiben Kapitalstöcke wie Gebäude, Fahrzeuge oder Verkehrsinfrastruktur, Ströme entsprechen den erforderlichen Energieflüssen. Der Grundgedanke der Interaktion von Beständen und Strömen ist entscheidend, da eine spezifische Funktionalität durch unterschiedliche Kombinationen von stocks und flows bereitgestellt werden kann, die sich in ihrer Energieproduktivität und Emissionswirkung unterscheiden.

1 Im Projekt ClimTrans2050 (Köppl et al., 2016) wurden Funktionalitäten als Grundlage für die Analyse des Energiesystems definiert und ein Modellierungsrahmen entwickelt.

Dieser Zusammenhang wird in folgendem Beispiel und Abbildung 1 illustriert. In Abbildung 1 ist entlang der Kurve die Funktionalität Raumklima in jedem Punkt der Kurve gleich. Punkt A würde einem Gebäude mit schlechter thermischer Qualität entsprechen, für das ein spezifisches Raumklima nur mit einem hohen Energieeinsatz erreicht werden kann, während Punkt B etwa einem Gebäude mit Passivhausstandard entsprechen würde, bei dem nur noch eine geringe Menge an Energieflüssen zur Raumtemperierung notwendig ist. Dieses Beispiel verdeutlicht, dass unterschiedliche Kombinationen von stocks und flows aus der Sicht des Nutzens von Energie zur gleichen Funktionalität führen. Strebt man nun eine radikale Reduktion der Treibhausgasemissionen an, setzt dies einen veränderten Kapitalstock voraus, der über die gesamte Lebensdauer den geringstmöglichen Energiebedarf und die höchste Treibhausgasreduktion mit sich bringt. Daher bedarf es der Spezifikation expliziter Technologien auf allen Ebenen des Energiesystems, beziehungsweise eine Erhöhung der damit verbundenen Energieproduktivität, sowie eine Veränderung im Energiemix um ein dekarbonisiertes Energie- und Wirtschaftssystem erreichbar zu machen. Technologischer Wandel und Innovationen spielen für die Transformation demnach eine herausragende Rolle. Als Leitlinien für die Transformation und Kern des skizzierten neuen Verständnisses des Energiesystems können (1) der Fokus auf den Zweck der Energienutzung, (2) der Fokus auf die Rolle von Anwendungs- und Transformationstechnologien, (3) der Fokus auf die Erhöhung der Energieproduktivität und (4) die Rolle von erneuerbaren Energieträgeren im Energiemix identifiziert werden.

Abbildung 1: Stocks und Flows für die Bereitstellung von Funktionalitäten des Energiesystems

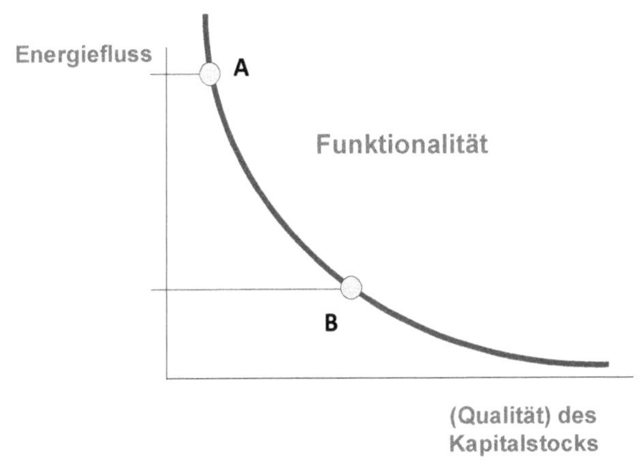

Quelle: Nach Köppl et al. (2016).

Drei-Ebenen-Analyse

Die Transformation des Energiesystems hat noch kein ausreichendes Momentum erreicht, um mit den globalen klimapolitischen Zielen im Einklang zu sein. Um das Potential technologischer Innovationen und ihrer Verbreitung effizient nutzen zu können, ist jedoch ein Verständnis über das Zusammenwirken der unterschiedlicher Ebenen des Energiesystems und eine Überwindung einer isolierten, meist angebotsorientierten Sichtweise erforderlich. An diese Stelle sollte eine integrative Perspektive treten, die in einem Gesamtsystem Synergien[2] durch eine Verbindung von Komponenten aus der Energieverwendung und -bereitstellung nutzt. Dies setzt ein vorausschauendes und umfassendes Bild eines zukünftigen Energiesystems voraus. Innovationen beziehen sich im Kontext von Energie daher nicht nur auf technologische Neuerungen und ihre Implementierung, sondern auch auf energiepolitische Planung und die Schaffung von entsprechenden Rahmenbedingungen, die die Transformation ermöglichen und unterstützen.

Mit den radikalen Veränderungen im Energiesystem gehen auch veränderte Investitions- und Konsumströme einher. Transformationsprozesse gehen daher über ein detailliertes Verständnis der Strukturen des Energiesystems, also der physischen Ebene, hinaus und schlagen sich auch im ökonomischen und institutionellen System nieder, beziehungsweise zeichnen sich durch Wechselwirkungen zwischen diesen Ebenen aus. Ausgehend von Funktionalitäten, als letztlicher Zweck von Energie, kann man strukturiert analysieren, welche Wirkungen sich aus einer bestimmten Funktionalität auf der physischen, ökonomischen und institutionellen Ebene entfalten. Dieses Mindset bildet die Grundlage für eine systemorientierte Herangehensweise im Dekarbonisierungsprozess.

Die physische Ebene

Die physische Ebene des Energiesystems beschreibt die Anwendung und Bereitstellung von Energie und bildet auch ab, welche neue Anforderungen und Möglichkeiten etwa durch die zunehmende Bedeutung von Erneuerbaren oder dezentralen Strukturen im Energiesystem entstehen. Verdeutlicht wird, wie unterschiedliche Entwicklungspfade und Optionen in der Bereitstellung von Funktionalitäten den Bedarf an Energieflüssen und damit verbundene Emissionen bestimmen. So kann zum Beispiel eine bestimmte Gebäudefläche, je nach Qualität

2 Auch die IEA (2017) betont, dass eine systemische Sicht des Energiesystems unumgänglich ist.

des Gebäudekapitalstocks, stark nach dem Energiebedarf divergieren. Die detaillierte Abbildung von Technologien und ihrer Wirkung im Energiesystem erlaubt auch die Erfassung disruptiver Technologien.

Die ökonomische Ebene

Die ökonomische Ebene adressiert die sozio-ökonomische und techno-ökonomische Ebene des Systems. Diese übersetzt die physische Ebene in ökonomische Aktivitäten und Kosten, wie Investitionen in Technologien und Infrastruktur, sowie Ausgaben für Energieflüsse. vice versa illustriert die ökonomische Ebene, welche langfristigen Effekte ökonomische Entscheidungen auf Energieflüsse und Emissionen haben. Die ökonomische Evaluierung setzt Kenntnis über die Qualität des Kapitalstocks und der Infrastruktur voraus. Erst dies ermöglicht eine Bewertung unterschiedlicher Dekarbonisierungsstrategien, wobei dafür eine integrierte Darstellung der Kosten in der Investitions- und Betriebsphase als relevante Entscheidungsbasis heranzuziehen sind. Diese Perspektive der Wechselwirkungen zwischen ökonomischer und physischer Ebene unter Einbeziehung einer langfristigen Perspektive, spiegeln sich in den gegenwärtigen Entscheidungsstrukturen nicht wider, sind aber für eine Systemänderung hin zu dekarbonisierten Strukturen unumgänglich. Konkrete Transformationsoptionen lösen in der Regel Investitionen aus, die in der Folge weitere ökonomische Effekte hervorrufen, wobei dies wiederum die Investitions- und Betriebsphase umfasst. Unterschiedliche Kombinationen von Ressourcen und Kapital sind mit unterschiedlichen Umweltwirkungen und Emissionen verbunden. Im ökonomischen System bewirken sie unterschiedliche Investitionsimpulse und resultierende Ausgaben in der Betriebsphase, die sich gegebenenfalls in veränderten sektoralen Wirtschaftsverflechtungen niederschlagen können.

Die institutionelle Ebene

Ökonomische Aktivitäten sind in einen institutionellen Rahmen eingebettet, der auch die regulatorischen Rahmenbedingungen umfasst. Ausgehend von der Definition einer Zielvorstellung und der Entwicklung einer Transformationsstrategie ist die Identifikation von Marktversagen und der Einsatz von Korrekturmechanismen Gegenstand der institutionellen Ebene. Das schließt sowohl preisliche als auch nicht-preisliche Politikinstrumente, also das gesamte regulative Umfeld, ein. Neben Politikinstrumenten der öffentlichen Hand geht es zum Beispiel aber auch um die Etablierung innovativer Business Modelle.

Ökonomische Ebene	Energiesystem	Institutionelle Ebene
Investitionen Betriebsphase	Stocks and Flows	Koordinierungsmechanismen

Abbildung: Drei-Ebenen Ansatz

Wo stehen wir heute?

Veränderungen im Energiesystem betreffen alle Bereiche: Gebäude, Mobilität, Energiebereitstellung und Produktion. In manchen Bereichen stehen Technologien mit hoher Energieproduktivität bereits zur Verfügung. Dazu zählen Gebäude mit höchster Energieeffizienz, Elektrofahrzeuge oder Technologien zur Nutzung erneuerbarer Energien. In anderen Bereichen zeichnen sich weitere Innovationen bereits deutlich ab, wie im Fall autonom fahrender Autos. Insgesamt hat der Mobilitätssektor durch einen vermehrten Einsatz von Elektrofahrzeugen ein hohes Potential zur Produktivitätssteigerung. Aus einer Systemperspektive könnten Elektrofahrzeuge zudem eine Speicherfunktion übernehmen. Eine Nutzung des gesamten Einsparungspotenzials im Mobilitätsbereich setzt jedoch weitere strukturelle und institutionelle Veränderungen voraus, die eine Integration aller Verkehrsträger erleichtert und die Anzahl an Verkehrswegen und Entfernungen verringert.

In manchen Bereichen kommt zu den technologischen Veränderungen hinzu, dass neue Marktakteure auftreten und sich gewohnte Strukturen grundlegend verändern, wie im Falle der dezentralen Stromerzeugung, oder wenn Gebäude oder Fahrzeuge im Energiesystem eine Speicherfunktion ausüben. Unterstützt und ermöglicht werden Transformationsschritte und die Integration unterschiedlicher Ebenen des Energiesystems auch durch die zunehmende Digitalisierung. Radikale technologische Veränderungen im Produktionsbereich hingegen haben bis zur Marktreife teilweise noch wesentliche Innovationsstufen zu durchlaufen.

Die bereits beobachtbaren Veränderungen im Energiesystem, wie hocheffiziente Gebäude, autonome Fahrzeuge, dezentrale Strukturen bei der Energieerzeugung oder erneuerbare Energieträger geben zwei Hinweise: (1) unterschiedliche Bereiche des Energiesystems interagieren und (2) für eine Transformation des Energiesystems spielen erneuerbare Energieträger eine wichtige Rolle, Dekarbonisierung heißt aber mehr als die Substitution von fossilen Energieträgern.

Die Orientierung an Funktionalitäten (Wohnen, Mobilität, Produktion ...) ermöglicht eine Systemsicht die die Argumentationsrichtung umdreht. Für langfristige Transformationsprozesse haben radikale Innovationen einen wichtigen

Stellenwert. Ebenso wichtig ist es auch, die Diffusion von Technologien in Einklang mit ihrem Potential und in Hinblick auf ihren Beitrag zur Steigerung der Energieproduktivität und Emissionsreduktion voranzutreiben. Dies setzt klare Politiksignale voraus, die Innovationen anreizen und in der Folge entsprechende ökonomische Aktivitäten auslösen. Entwicklungen wie zum Beispiel im Bereich der Photovoltaik wären ohne entsprechende politische Rahmensetzungen wohl kaum möglich gewesen. Dekarbonisierung setzt eine langfristige Vision und Strategie anstelle von kurzfristigen nicht abgestimmten Eingriffen voraus.

Zusammenfassung

Die Transformation des Energiesystems zeichnet sich bereits in vielen Bereichen ab. Für die Erreichung der ambitionierten klimapolitischen Zielsetzungen ist jedoch eine Beschleunigung der Transformationsschritte dringend notwendig.

Auch für Österreich stellt sich die Aufgabe einer grundlegenden Transformation des Energiesystems, die schon in wenigen Jahrzehnten einen radikalen Ausstieg aus fossilen Energieträgern ermöglicht. Diese Perspektive setzt heutiges Handeln voraus, da Investitionen in langlebige Infrastruktur die daraus erwachsenden Emissionen auf Jahrzehnte bestimmen. Politikstrategien sollten daher der Rolle von Beständen und ihrer langfristigen Wirkung eine größere Bedeutung zumessen. Eine tiefgreifende Auseinandersetzung mit Transformationsstrategien, welche Rolle Technologiepolitik, neue Finanzierungs- und Businessmodelle spielen, sind Themen, die hohe Politikrelevanz haben.

Die Entwicklung einer Vorstellung vom Energiesystem, die nicht auf Einzeltechnologien setzt, sondern die Integration unterschiedlicher Bereiche des Energiesystems ermöglicht, stellt eine wichtige Vorbedingung dar. Die Formulierung langfristiger Pfade wird durch eine neue Perspektive auf das Energiesystem, das Funktionalitäten als zentrale Zielsetzung des Energiesystems definiert, erleichtert. An die Stelle der Frage „Wie viel Energieflüsse brauchen wir?“ sollte konsequent die Frage „Für welchen Zweck benötigen wir Energie?“ rücken. Der Fokus liegt dabei immer auf Strukturen, die sich durch eine hohe Energieproduktivität und integrierte Systeme auszeichnen, wie wenn höchst-effiziente Gebäudetechnologien ergänzt werden um die Rolle als Speicher im Energiesystem. Ähnliches gilt für den Mobilitätsbereich.

Dekarbonisierung bedarf eines gemeinsamen Verständnisses für einen grundlegenden Transformationsprozess mit entsprechenden strukturellen Änderungen auf vielen Ebenen sowie der Nutzung unterschiedlicher Instrumente.

Referenzen

IEA (2017), Energy Technology Perspectives 2017 Catalysing Energy Technology Transformations, Paris.

Köppl, A., Schleicher, S., Steininger, K., (2017), Policy Brief: Energie radikal verändern – Die Niedrig-Strukturen: Energie, Emissionen und Netze, Wien.

Köppl, A., Kettner-Marx, C., Schleicher, S., Hofer, C., Köberl, K., Schneider, J., Schindler, I., Krutzler, T., Gallauner T., Bachner, G., Schinko, T., Steininger K., Jonas, M., Zebrowski P., (2016), ClimTrans2050 – Modelling Low Energy and Low Carbon Transformations. The ClimTrans2050 Research Plan, Vienna.

Köppl, A., Schleicher , S., Steininger K., (2016), Policy Brief: Energie umfassend verstehen – Die energetische Wertschöpfungskette: Von den Funktionalitäten zur Primär-Energie, Vienna.

Köppl, A., C. Kettner, D. Kletzan-Slamanig, S.Schleicher, A. Damm, K. Steininger, B. Wolkinger, H. Schnitzer, M. Titz, H. Artner, A. Karner, (2014), Energy Transition in Austria: Designing Mitigation Wedges, Energy&Envirionment, Volume25/2/2014 pp281-304.

Köppl, A., Kettner, C., Kletzan-Slamanig, D., Schleicher, S., Schnitzer, H., Titz M., Damm, A., Steininger, K., Wolkinger B., Lang, R., Wallner G., Artner, H., Karner, A., (2010), EnergyTransition 2012\2020\2050. Strategies for the Transition to Low Energy and Low Emission Structures.

Peter Koren

Leitlinien für eine chancenreiche Transformation des Energiesystems

Ein funktionierendes, zukunftsfähiges Energiesystem ist für eine gesunde Wirtschaft und intakte Gesellschaft von zentraler Bedeutung. Umfassende geopolitische, technologische, wirtschaftliche und gesellschaftliche Umbrüche verändern derzeit sowohl die Rahmenbedingungen als auch die Funktionsweise des Energiesystems und der Anwendung von Energie in der Mobilität, bei Gebäuden sowie in der Produktion und in Haushalten. Die Vereinigung der Österreichischen Industrie (IV) beschäftigt sich intensiv mit diesem epochalen Wandel, um die Chancen und Herausforderungen dieser disruptiven Entwicklungen besser zu verstehen und strategische Grundlagen zu entwickeln um damit die Transformation zu gestalten.

Viele aktuelle Studien wie auch politische Papiere zum Thema Energie befassen sich hauptsächlich mit Prognosen zur Entwicklung des Energieverbrauchs und der Energiepreise, zum Anteil erneuerbarer Energie im Energiemix oder zu den Energieeffizienzpotenzialen und deren Entwicklung in den nächsten Jahren bis Jahrzehnten. Bei all diesen Aktivitäten wird übersehen, dass die Vorhersagbarkeit komplexer Systeme, die im Umbruch sind, nur eine sehr eingeschränkte ist. Verschärft wird dieses Prognose-Dilemma durch die für Prognosen notwendigen Annahmen wie Wirtschaftswachstum oder Energiepreise, die unmöglich für längere Zeiträume im Voraus abgeschätzt werden können. Die Basierung politischer Entscheidungen auf solchen Prognosen führt schließlich in der Regel zu suboptimalen Entscheidungen die sich auf Scheingenauigkeiten stützen.

Der gegenständliche Beitrag ist daher nicht auf eine quantitative Prognose zur Entwicklung des Energiesystems ausgelegt. Vielmehr geht es darum, aus dem bereits laufenden Umbruch Folgerungen zu ziehen, die es der österreichischen Gesellschaft und Wirtschaft erlauben, die langfristig ausgelegte Transformation als Chance für die wirtschaftliche Entwicklung und gleichzeitig für eine hohe Lebensqualität zu nutzen.

Die weitreichende Transformation des Energiesystems hat bereits begonnen

Zahlreiche Entwicklungen zeigen, dass eine weitreichende Transformation des Energiesystems bereits voll im Gange ist. Neue Geschäftschancen und -modelle entstehen, weil bestimmte Technologien rasch wirtschaftlich und breit verfügbar werden (zum Beispiel Windgeneratoren, Photovoltaik, Batteriespeicher, intelligente Sensoren, Wasserstoff). Diese sind wesentliche „game changer" für die Transformation.

Alte Akteure kommen unter Druck, etwa traditionelle Energieversorgungsunternehmen mit konventionellen Kraftwerkparks, wie in Deutschland sichtbar. Schon die von der EU forcierte Liberalisierung der Energiemärkte hat für die Elektrizitätswirtschaft massive Herausforderungen gebracht, für deren Bewältigung zum Teil immer noch die Strategien fehlen. Dies gilt auch für den Umgang mit den Auswirkungen des, durch exorbitante Subventionen forcierten, raschen Anstiegs der erneuerbaren Energie. Insgesamt erhöht diese Entwicklung aber auch den Druck, grundlegend die Perspektiven zu wechseln: von der „supply side" zur „demand side", von der Versorgungssicht hin zu den sich ändernden Kundenbedürfnissen.

Aufgrund der bereits erwähnten Eigenschaft komplexer Systeme durch disruptive Veränderungen, in ihrer Entwicklung nur sehr eingeschränkt prognostizierbar zu sein, bedarf es umso mehr einer Orientierung an qualitativen Zielen und somit einer klaren Vision, die als handlungsleitend für politische Maßnahmen gelten soll – weniger jedoch einer komplexen Struktur scheingenauer quantitativer Zielsetzungen für verschiedene Ziele, Sektoren der Volkswirtschaft, Branchen oder geografischen Räumen. Alle diese Zielsetzungen erfordern ein hohes Maß an Aufmerksamkeit und Aktivität von politischen Entscheidungsträgern aber auch von Interessengruppen jeglicher Provenienz.

Eine solche qualitative Vision sollte motiviert sein von der Einsicht, dass die Strukturen eines neuen nachhaltigen Energiesystems viele der derzeitigen und absehbaren Konflikte im Umgang mit Energie auf verschieden Ebenen reduzieren. Diese Konfliktpotenziale reichen von geopolitischen Machtinteressen um fossile Energie bis zu den klimapolitischen Absichten, eine bedrohliche Klimaänderung abzuwenden.

Eine solche qualitative Vision kann wie folgt formuliert werden:

Bewusst wird in allen Entscheidungen eine Transformation zu einem innovationsorientierten Energiesystem angestrebt, das mit höchster Effizienz die wohlstandsrelevanten Energiedienstleistungen bereitstellt. Ein solches System nähert sich konsequent einer vollständig dekarbonierten Energiebereitstellung.

Ein klares Commitment zu einem auf Energiedienstleistungen fokussierten Energiesystem, das höchste Effizienz bei der Verwendung und Transformation von Energie mit immer höheren erneuerbaren Anteilen anstrebt, unterstützt durch eine klare Positionierung, alle Entscheidungsabläufe auf Innovation auszurichten. Von den Unternehmungen bis zu den Haushalten und den politischen Prozessen bringt eine solche handlungsbegleitende Positionierung zahlreiche Vorteile:

- Investitionsentscheidungen sind abgesichert gegenüber falschen Lock-ins, weil konform mit den angestrebten Transformationen.
- Infrastrukturinvestitionen, von Gebäuden über Mobilität bis zur Energiebereitstellung, bekommen eine Orientierung bezüglich ihrer langfristigen Wirkung und gewinnen dadurch Sicherheit in den Entscheidungen.
- Planbarkeit für Unternehmen ermöglicht auch klare zielorientierte Anreize, zum Beispiel die Förderung von „First Movern" und die Verpflichtung für „Late Follower".
- Die gesetzlichen Rahmenbedingungen können schrittweise mit entsprechenden Fristen angepasst werden, um eine entsprechende Reaktion für die Betroffenen zu ermöglichen.
- Ein Kompetenzaufbau in der heimischen Wirtschaft durch zielgerichtete Forschungs- und Innovationsförderung bis hin zur Technologieführerschaft stärkt die nationale und internationale Wettbewerbsfähigkeit.
- Wirtschaftsimpulse, die nicht zuletzt zur Überwindung der anhaltenden Wirtschaftskrise gesucht werden, entstehen durch Neubau und Sanierung des Gebäudebestandes, durch Auf- und Ausbau der Infrastruktur für Mobilität und Energiebereitstellung und durch die Erneuerung der Produktionsanlagen in Industrie und Gewerbe.
- Die gesellschaftliche Akzeptanz für die Unterstützung der Transformation des Energiesystems wird durch die Involvierung breiter Teile der Gesellschaft und durch eine klare Orientierung erhöht.

Ein neues Mindset für Energie: Inversion, Innovation und Integration

Die absehbare Transformation des Energiesystems kann proaktiv durch ein Mindset unterstützt werden, das durch die Qualitäten Inversion, Innovation und Integration markiert ist:

Inversion – Das bewusste Umdenken wagen.

Die neue Denkweise macht das bisherige Ende der Umwandlungskette zum Ausgangspunkt des Systemdesigns: die benötigten Energiedienstleistungen. Die optimale Auswahl und Kombination der Anwendungstechnologien reduziert drastisch den Energiebedarf, der durch hocheffiziente Umwandlungs- und Bereitstellungstechnologien gedeckt wird. Das Ergebnis sind Niedrigst-Energiesysteme in allen Bereichen.

Integration – Synergien suchen.

In den neuen, zunehmend dezentralen Strukturen des Energiesystems verschwimmen die Grenzen zwischen Bereitstellung und Verwendung von Energie (Energieproduzenten und -konsumenten verschmelzen zum Prosumer) sowie zwischen den klassischen Sektoren und Bereichen. Energiedienstleistungen, Energieerzeugung und -speicherung sind funktional und räumlich zunehmend integriert. Einzeltechnologien werden zu optimierten Systemen und neuen Wertschöpfungsketten kombiniert. Energieträger werden flexibel und bedarfsorientiert eingesetzt.

Innovation – Die Kraft des Neuen nutzen.

Von den vielversprechenden Breakthrough-Technologien für die Verwendung und Bereitstellung von Energie über neue Regulatorien, Finanzierungsquellen bis zu den neu zu konzipierenden Geschäftsmodellen: überall entwickeln sich neue innovative Ansätze, die den Transformationsprozess wesentlich prägen und vorantreiben.

Im Folgenden sollen die Eckpunkte beziehungsweise Rahmenbedingungen formuliert werden, die die oben skizzierte Vision unterstützen und mit ihr korrespondieren und damit dazu beitragen die Dekarbonisierung des Wirtschaftssystems zur Chance werden zu lassen.

Innovations-, Klima- und Energiepolitik gehören zusammen

Die gegenwärtige politische Diskussion trennt Bereiche, die zusammengehören, um eine maximale Wirkung zu entfalten. Die Diskussion abstrakter Ziele zur Reduktion von Treibhausgasen, die derzeit die Klimapolitik dominiert oder ein

Zahlenpoker um den Anteil erneuerbarer Energie und den Grad der Energieeffizienz ist wenig hilfreich, wenn diese Diskussionen nicht mit konkreten Ansätzen zur *Innovation* verknüpft sind.

Wirksame Strategien zur Energie- und Klimapolitik müssen auf einer Innovations- und Technologiepolitik basieren, die die Rahmenbedingungen für die Entwicklung von zielorientierten Energieinnovationen fördert und den Ersatz fossiler Quellen ermöglicht, weil es wirtschaftlich Sinn macht.

Ohne bezahlbare voll erneuerbare Niedrigst-Energiesysteme wird die Verhandlung von Klimazielen gegen eine ökonomische Wand prallen. Natürlich ist Innovation per se unsicher beziehungsweise es kann nicht vorhergesehen werden, was die Ergebnisse von Forschung und Entwicklung im Einzelnen sind. Aber die Wahrscheinlichkeit, das Tor zu treffen, steigt mit der Anzahl der Schüsse aufs Tor.

Creating Windows of Opportunity: Die Chancen für Wirtschaft und Gesellschaft nutzen

Eine zielorientierte Transformation des Energiesystems stärkt die Wirtschaft und reduziert gesellschaftliche Konflikte. Letztlich kann sie langfristig eine neue ökonomische Dynamik für Europa und Österreich auslösen.

Relevanter als die Preise für Produktionsfaktoren ist eine Standortsicherung und Wettbewerbsfähigkeit durch Realisierung von Innovationspotenzialen. Ein Innovationspaket für Forschung und Wirtschaft kann helfen, dass Europa und Österreich den Anschluss an die USA und Asien in den energierelevanten Teilen der Innovation nicht verlieren. Konkret geht es darum, dass die österreichische Industrie in den jeweiligen Bereichen und Branchen den Anschluss an den internationalen Innovationswettbewerb zu Low-Energy Wirtschaftsstrukturen hält und langfristig eine Leader-Rolle mit Exportchancen wahrnimmt.

Die größten Innovationspotenziale stecken in der Erneuerung der Gebäude und der Mobilitätssysteme. Europa und Österreich können im Rahmen eines Infrastruktur-Pakets durch den Neubau und die Sanierung der Systeme die heimische Industrie und Bauwirtschaft stärken.

Für den Umbau des Energiesystems braucht es im Sinne eines Energie-Pakets eine zielgerichtete Unterstützung durch geeignete Rahmenbedingungen, insbesondere auch innovative Finanzierungsinstrumente, die diesen Umbau wirtschaftlich attraktiv gestalten.

Die heimische Wirtschaft würde durch zielgerichtete Innovations-, Infrastruktur- und Energieprogramme profitieren. Von der größeren Wertschöpfung profitiert die Gesellschaft.

Unterschiedliche Transformationsgeschwindigkeiten akzeptieren

Nicht problemadäquat ist es, gleiche Erwartungen an alle Industrie- und Wirtschaftssektoren zu haben. Die Transformation ist eine der unterschiedlichen Geschwindigkeiten.

In Bereichen mit neuen Geschäftsmodellen und Technologien wie Mobilität und Gebäude können die Veränderungen rascher stattfinden und werden von neuen wie etablierten Akteuren vorangetrieben. In der energieintensiven Industrie wie bei der Produktion von Stahl, Papier oder Zement liegt der Fokus auf der Emissionsreduktion durch Optimierung und neuen integrierten Prozessen. Langfristig können hier ebenfalls weitgehende Innovationspotenziale durch neue Werkstoffe, neue Verfahren und erneuerbare Brennstoffe umgesetzt werden, jedoch sind diese mit längeren Zeitskalen verbunden.

Es braucht differenzierte Erwartungen und Vorgaben für die verschiedenen Sektoren. Dabei kann der Gebäude- und Mobilitätsbereich Vorreiter sein.

Neue Akteure in ihrem Beitrag zur Transformation unterstützen

Es sind alte Akteure in neuer Rolle und neue Akteure, die die Transformation des Energiesystems und der Energiedienstleistungen vorantreiben.

Städte und urbane Regionen haben die besten Voraussetzungen für die Implementierung von integrierten und immer stärker dezentralisierten Energiesystemen. Dazu könnten Energieregionen mit Zielen zu hoher Selbstversorgung durch maximale Ausschöpfung der neuen technologischen Möglichkeiten (Gebäude mit Niedrigst- oder Plusenergie-Standard, dezentrale Bereitstellung und Speicherung von Energie, Elektromobilität) entwickelt werden. Pilotregionen oder Urban Labs dienen dabei, Zusammenarbeiten zwischen Forschung, Wirtschaft und Bevölkerung aufzubauen und im Rahmen von „Leuchtturmprojekten" die Einhaltung von Versorgungs-, Klima- und Kostenzielen zu demonstrieren.

Haushalte und damit weite Teile der Gesellschaft entdecken in den neuen Energiestrukturen ihre Rolle als Prosumer, nämlich als aktive Teilnehmer bei Verbrauch und Bereitstellung von Energie. Neu müssen daher auch partizipative Mechanismen für die Gestaltung der Energiedienstleistungen in den Städten und Quartieren angewendet werden, was auch der gesellschaftlichen Kohäsion zuträglich sein sollte

Unternehmen sind entscheidend für die Nutzung der Chancen für Wettbewerbsfähigkeit und Wertschöpfung durch Innovation des Energiesystems. So können beispielsweise Innovationspartnerschaften für die gezielte Weiterentwicklung von Schlüsseltechnologien unterstützt werden: Ein Anwendungszentrum für vernetzte Fahrzeuge und autonomes Fahren, ein modular aufgebautes Testzentrum für Gebäudemodule sind Beispiele.

Neue Finanzierungsmechanismen sichern Investitionen

Mit den schweren Problemen beim Finanzsektor, die nach 2008 manifest wurden und teilweise noch weiter anhalten, sind gerade die Finanzierungsmöglichkeiten für die Transformation des Energiesystems gefährdet. Vorrangig gilt es die offenen Widersprüche im Finanzbereich zu beseitigen und dafür Finanzierungsmechanismen zu entwickeln.

Finanzdienstleister wie Versicherungen und Pensionsfonds suchen in Zeiten niedriger Zinsen und unsicherer wirtschaftlicher Perspektiven nach sicheren und langfristigen Anlagen. Gleichzeitig sind für geeignete energierelevante Infrastrukturinvestitionen vielfach noch nicht ausreichend Finanzierungsmöglichkeiten zu bekommen. Es ist naheliegend, dafür Finanzierungsinstrumente verfügbar zu machen, die durch eine lange Laufzeit und hohe Sicherheit charakterisiert sind.

Das Regelwerk für das Energiesystem neu aufsetzen

Der Energiesektor ist in vielfältiger Weise einem extremen Reformbedarf ausgesetzt. Sowohl auf nationaler als auch auf europäischer Ebene sollten die separierten Zielsetzungen und Regulierungen nach Energieträgern ersetzt werden, sichtbar beispielsweise in den Vorschlägen für eine EU Energieunion mit einer eher isolierten Behandlung von Elektrizität, Gas und Erdöl. Neue Regulierungen sollen die Transformation zu einem zukunftsfähigen Energiesystem unterstützen. Dabei stehen die zu erfüllenden Energiedienstleistungen im Fokus und die Integration aller Energieträger.

Dem neuen Verständnis des Energiesystems müsste sich deshalb auch die gesetzliche Ebene anpassen. Ein nationales Energie-Rahmengesetz könnte die Ziele der Energiepolitik festlegen, wie die Erfüllung der erforderlichen Energiedienstleistungen, die Wahl von hocheffizienten Technologien bei Anwendung und Transformation sowie den Übergang zur erneuerbaren Energiebereitstellung. Eine Reihe von Energie-Ausführungsgesetzen, wie für Gebäude, Mobilität, Produktion, Energiebereitstellung aber auch Anreizmechanismen, würden die Ziele des Rahmengesetzes operational unterstützen.

Die Transformation muss in einem globalen Kontext stattfinden

Europa und Österreich können bei der Transformation des Energiesystems das globale Umfeld nicht ignorieren. Dieses Umfeld könnte aber anders wahrgenommen und motivierend für eigene Initiativen werden. Österreich hat bei vielen Indikatoren eines zukunftsfähigen Energiesystems, vor allem was den Anteil von Erneuerbarem betrifft, schon eine hervorragende Ausgangsposition. Daher könnten folgende Bereiche besonders geeignet sein, in denen sich Österreich im europäischen Umfeld mit Vorteil positionieren könnte:

- Beim innovativen Bauen hat Österreich eine besondere Kompetenz entwickelt und könnte diesbezüglich eine europäische Technologieführerschaft anstreben.
- Bei der Konzeption zukunftsfähiger Städte könnte anhand österreichischer Städte von unterschiedlicher Größe demonstriert werden, welches Innovationspotenzial im urbanen Bereich durch eine bessere Verknüpfung von Wohnen, Produktion, Mobilität und Energiebereitstellung verfügbar ist.
- Bei der Entwicklung neuer Produktionsprozesse könnte gerade die energieintensive Industrie durch zielorientierte Innovationen ihren Standort festigen.

Der Fokus der energie- und klimarelevanten Politik ist ein globaler

Österreich und die Europäische Union können globale Herausforderungen wie den Klimawandel nicht alleine bewältigen. Diese sind nur global zu lösen. So trägt vor allem die Entwicklung innovativer Technologien auf nationaler Ebene und der weltweite Einsatz von Innovationen dazu bei, die treibhausrelevanten Emissionen insgesamt zu reduzieren – und zwar über eine globale Hebelwirkung. Die Entwicklung innovativer Energieeffizienztechnologien unterstützt gleichzeitig den Export und damit die Chancen österreichischer Unternehmen auf dem globalen Markt. Innovation wird immer stärker zum Wettbewerbs- wie zum Umweltvorteil.

Schlussbemerkung

Das Ziel der Industriellenvereinigung ist es, auf Basis des unzweifelhaft bereits laufenden und aus klimapolitischen Gründen unvermeidbaren Wandels des Energiesystems die richtigen Folgerungen zu ziehen und Positionen zu formulieren die es der österreichischen Gesellschaft und Wirtschaft erlauben, die langfristige und grundlegende Transformation als Chance zu nutzen. Die oben genannten Elemente sollen eine Grundlage dafür sein.

Christoph E. Mandl

Die schöpferische Zerstörung des Kohlenstoffverbrennungskomplexes als Chance

Befürchtungen, dass das Pariser Übereinkommen der Industrie Wettbewerbsnachteile bringt sowie Wertschöpfung und Arbeitsplätze vernichtet, sind nichts grundlegend Neues. Ängste um die Zukunft der Industriegesellschaft kehren in schöner Regelmäßigkeit wieder. Aber sind sie berechtigt?

Zur Erinnerung:

Nach 1945 hatte in London der Verkehr stark zugenommen. Die Londoner konnten sich wieder Kohle für ihre Öfen leisten. Im öffentlichen Personennahverkehr waren die elektrischen Straßenbahnen durch Busse mit Verbrennungsmotoren ersetzt worden. Ende 1952 stellte sich eine Inversionswetterlage ein. Kältebedingt heizten die Menschen kräftig ein. Große Mengen an Kohlenrauch strömten aus den Schornsteinen, Emissionen aus Fabriken und Kraftwerken kamen dazu. Die Schadstoffe konnten aufgrund der Inversionswetterlage nicht entweichen. In Folge erlebte London die schlimmste Smog-Katastrophe der Industriegeschichte. Etwa 12.000 Menschen überlebten den viertägigen Smog nicht. 150.000 weitere mussten sich in Krankenhäusern medizinisch versorgen lassen. Ruß und Schwefeldioxid aus Kaminen und Fabrikschloten sammelten sich am Boden, vermischten sich mit Gasen und Nebel, wurden schließlich so dicht, dass Fußgänger ihre Füße nicht sahen. Als Folge der Smog-Katastrophe wurde im Jahr 1956 der Clean Air Act beschlossen, ein Bündel von Maßnahmen zur Bekämpfung der Luftverschmutzung in London. Vor allem die Zahl der offenen Kamine wurde drastisch reduziert. Das Ende der Kohlenutzung hatte begonnen: Im Dezember 2015 wurde das letzte Kohlebergwerk Großbritanniens geschlossen.

Los Angeles hatte seine erste Smog-Krise während des zweiten Weltkriegs. Der Smog war so stark, dass ein chemischer Angriff der Japaner vermutet wurde. Um 1955 wurde schließlich der Zusammenhang zwischen Autoabgasen und bei Hitzewellen auftretenden Smog nachgewiesen, ein Zusammenhang der von der Öl- und Automobil-Industrie heftig bestritten wurde. Bereits 1950 wurde der erste Abgaskatalysator für Benzinmotoren von Eugene Houdry und seinem Unternehmen Oxy Catalyst Inc. entwickelt und zum Patent angemeldet. Aber erst mit dem Clean Air Act von 1970 waren die gesetzlichen Rahmenbedingen geschaffen, dass Katalysatoren in den USA zwingend wurden. In Deutschland nahmen 1983 die Medien das als Waldsterben genannte Phänomen auf. Waldsterben und saurer Regen wurden Thema im Bundestagswahlkampf. Die Grünen zogen ins Parlament ein. Die Regierung erließ strenge Gesetze zur Luftreinhaltung, bleifreies Benzin wurde eingeführt, der Katalysator für Autos Pflicht. Ende 1984 beschloss Deutschland, den Einbau von Katalysatoren in Neufahrzeugen ab 1989 zur Auflage zu machen und wurde damit zum Vorreiter in der Europäischen Union.

Im Mai 1985 veröffentlichten Forscher in der Fachzeitschrift „Nature" einen Artikel über extrem niedrige Ozonwerte in der Antarktis. Die ausgedünnte Ozonschicht ließ vermehrt ultraviolette Strahlung zum Erdboden durch, welche bei Lebewesen karzinogen wirkt. Dieses so benannte Ozonloch wurde in direkten Zusammenhang mit den Emissionen von Fluorchlorkohlenwasserstoffen (FCKW) gestellt. Zu diesem Zeitpunkt war FCKW eine seit Jahrzehnten weltweit genutzte Stoffgruppe, eingesetzt als Kältemittel in Kältemaschinen, als Treibgas für Sprühdosen und als Reinigungs- und Lösungsmittel. Die Publikation in „Nature" stieß auf Skepsis sowie vehemente Ablehnung seitens der betroffenen Industrie. Trotzdem rückte ein internationales Abkommen zur Beschränkung der FCKW-Produktion auf der Agenda der Politik ganz nach oben. Bereits 1987 wurde das multilaterale Montrealer Protokoll über Stoffe, die zu einem Abbau der Ozonschicht führen, angenommen. 1990 beschloss die internationale Konferenz zum Schutz der Ozonschicht in London, die Herstellung und Anwendung von FCKW ab dem Jahr 2000 zu verbieten. Die Einigung sah vor, den FCKW-Einsatz bis 1995 um 50% und bis 1997 um 85% zu reduzieren. Im Juni 2016 gaben Forscher bekannt, dass sich die Ozonschicht tatsächlich wieder erholt.

Keiner dieser staatlichen Eingriffe hat die Industriegesellschaft oder einen Industriestaat ins Wanken gebracht – im Gegenteil.

Gemeinsam ist solchen Entwicklungen, dass eine Technologie zunächst enormen gesellschaftlichen Nutzen stiftet, dass aber deren zunehmende Verbreitung unvorhergesehene, schädliche Auswirkungen hat, die mit der Zeit so dominant werden, dass auf andere Technologien umgestiegen wird. Ausstiege aus schädlichen Technologien sind selten konfliktfrei. Firmen sowie deren MitarbeiterInnen, Interessensvertretungen und Kunden, die allesamt vom Verkauf und Verwendung einer schädlichen Technologie profitieren, wehren sich gegen den Ausstieg. Selten ist diese Abwehr erfolgreich. Davon profitieren wir noch heute:

Wenn in der zweiten Hälfte des 18. Jahrhunderts die Spinner die Einführung der Spinnmaschine verhindert hätten, wäre der Preis des Garns nicht so enorm gesunken. Arme Leute hätten sich Kleider weiterhin kaum leisten können. Wenn Fuhrwerker im 19. Jahrhundert den Eisenbahnbau nachhaltig verzögerten hätten, wäre das europäische Eisenbahnnetz nicht so engmaschig wie es heute ist. Wenn der Autoabgaskatalysator von Teilen der europäischen Automobilindustrie verhindert worden wäre, hätten wir heute wesentlich höhere Schadstoffbelastungen in den Großstädten. Wenn die Nutzung von Braunkohle in Sachsen in den 1990er Jahren nicht drastisch reduziert worden wäre, dann hätte die abgestorbene Waldfläche im Erzgebirge weiter zugenommen.

Diese Ähnlichkeiten, diese Muster von wirtschaftlichen Entwicklungen beschreibt Joseph Schumpeter, der Professor an der Harvard University und davor in 1919 Staatssekretär der Finanzen in der österreichischen Regierung war, in seinem 1942 erschienenen, bahnbrechenden Werk „Kapitalismus, Sozialismus und Demokratie" so:

„Die Eröffnung neuer, fremder oder einheimischer Märkte und die organisatorische Entwicklung vom Handwerksbetrieb und der Fabrik zu solchen Konzernen wie dem U.S.-Steel illustrieren den gleichen Prozess einer industriellen Mutation – wenn ich diesen biologischen Ausdruck verwenden darf –, der unaufhörlich die Wirtschaftsstruktur von innen heraus revolutioniert, unaufhörlich die alte Struktur zerstört und unaufhörlich eine neue schafft. Diese Revolutionen sind nicht eigentlich ununterbrochen; sie treten in unsteten Stößen auf, die voneinander durch Spannen verhältnismäßiger Ruhe getrennt sind. Der Prozess als ganzer verläuft jedoch ununterbrochen – in dem Sinne, dass immer entweder Revolution oder Absorption der Ergebnisse der Revolution im Gange ist." Schöpferische Zerstörung nennt Schumpeter diesen Prozess und sagt weiter: „Die meisten neuen Firmen werden mit einer Idee und zu einem bestimmten Zweck gegründet. Ihr Leben erlischt, wenn diese Idee oder Zweck erfüllt ist oder veraltet ist oder sogar wenn die Idee aufgehört hat, neu zu sein."

Nicht erst seit dem Pariser Abkommen trifft die schöpferische Zerstörung nunmehr alles, das mit Kohlenstoffverbrennung zu tun hat – der von Naomi Oreskes, Professorin für Wissenschaftsgeschichte an der Harvard University, so genannte Kohlenstoffverbrennungskomplex. Gemäß Oreskes ist dies, „der Komplex aus Unternehmen, die fossile Brennstoffe fördern, raffinieren und verbrennen, eng mit ihnen verflochtene Geldgeber und staatliche Regulierungsinstitutionen, welche die Destabilisierung des Weltklimas im Namen der Schaffung und Sicherung von Arbeitsplätzen, des Wachstums und des Wohlstands ermöglichen und verteidigen".

Da Kohlenstoffverbrennung ein integraler Faktor der industriellen Revolution wurde, beginnend mit Kohle-befeuerten Dampfmaschinen, betrifft dies einen nicht unwesentlich Teil der Wirtschaft. Die Märkte für Gas, Kohle und Öl, für thermische Kraftwerke, für Verbrennungsmotoren, für Öl-, Gas- und Kohleheizungen, für Gasherde und für Maschinen zur Herstellung und Wartung dieser Produkte beginnen langsamer zu wachsen und in manchen Ländern bereits zu schrumpfen. Demgegenüber steht, dass die Märkte für Photovoltaik, für Windkraftwerke, für Batterien, für thermische Solaranlagen, für Kraftwerke ohne fossile Brennstoffe, für Elektroherde, für Elektrofahrzeuge und für Maschinen zur Herstellung und Wartung dieser Produkte beginnen, rasch zu wachsen. Auch die

Nachfrage nach Lithium, welches man zur Erzeugung von Batterien mit hoher Energiedichte benötigt, wächst rasant. Das Wolfsberg Lithium Project der australischen European Lithium Limited hat das Potenzial, mit bis zu 150 Arbeitsplätzen ein bedeutender Produzent von Lithium in Europa zu werden. Mit dem Ende des Verbrennungsmotors ist zu erwarten, dass Lithiumproduzenten für eine Volkswirtschaft wichtiger werden als Mineralölfirmen.

Gleichzeitig wächst auch der Markt für energieeffiziente Gebäude und die dafür benötigten Technologien, wie Wärmedämmung, Passivhausfenster und Wärmeübertrager. Dieser Prozess des Niedergangs eines Wirtschaftszweiges bei gleichzeitig hohem Wachstum eines anderen, neuen Wirtschaftszweiges ist typisch für jede schöpferische Zerstörung.

Ist der Schreibmaschinenhersteller Olympia noch 1969 mit 20.000 MitarbeiterInnern einer der drei größten Büromaschinenhersteller der Welt, so wird dieses Unternehmen 1992 aufgelöst – Personal Computer substituierten Schreibmaschinen. Smartphones ersetzten innerhalb weniger Jahre Mobiltelefone. Dampflokomotiven wurden durch Elektrolokomotiven ersetzt. Kohlebetriebene Dauerbrandöfen wurden durch Gasthermen und Ölheizungen ersetzt. Röhrenbildschirme wurden von Flachbildschirmen substituiert. Fuhrwerkerhäuser wurden von Remisen abgelöst. Diese Liste ließe sich noch lange fortsetzen, sind doch schöpferische Zerstörungen Wesensmerkmale industrieller Revolutionen.

Mit allen diesen technischen Veränderungen gehen Industriebetriebe, Dienstleistungsunternehmen und damit auch Arbeitsplätze verloren. Gleichzeitig entstehen neue Unternehmen und neue Arbeitsplätze. Nicht überraschend bemühen sich die durch diese Entwicklung bedrohten Unternehmen, Geldgeber und Regulierungsinstitutionen, den schöpferischen Zerstörungsprozess zu verzögern oder ganz zu unterbinden. Dieser Schuss geht allerdings, wie die Wirtschaftsgeschichte lehrt, zumeist nach hinten los. Manche Unternehmen, wie etwa der Schreibmaschinenhersteller Olympia versuchten sich der Entwicklung entgegenzustemmen und gingen dabei unter. Andere wiederum, wie etwa IBM, nutzten die Gunst der Stunde und adaptierten sich in Richtung neuer Märkte. Der Schreibmaschinenhersteller IBM stieg zum weltweit größten Hersteller von Personal Computern auf.

Die schöpferische Zerstörung des Kohlenstoffverbrennungskomplexes kommt weder überraschend noch ist sie neu. Bereits in den 1880er Jahren beginnt die Elektrifizierung, also die Bereitstellung der Infrastruktur in Form von Stromnetzen zur Versorgung einer Region oder eines Landes mit elektrischer Energie. Diese Elektrifizierung löste kohlebetriebene Dampfmaschinen bei Eisenbahnen und in der Industrie sowie Öl- und Gasbeleuchtung ab. In Verbindung mit Wasserkraftwerken anstelle kalorischer Kraftwerke blieb Wien und anderen europäischen Großstädten dadurch eine Smog-Katastrophe à la London erspart.

Was jedoch die schöpferische Zerstörung des Kohlenstoffverbrennungskomplexes exponentiell beschleunigt, sind das Pariser Abkommen sowie der rapide Preisverfall bei alternativen Technologien.[1]

Die Folgen davon sind bemerkenswert. In einer Zeit, in der das Weltwirtschaftswachstum sich in einer Bandbreite zwischen 4,3% (2010) und 2,4% (2012) bewegt, wächst die Kapazität von Photovoltaik-Anlagen weltweit um jährlich 42%, von Windkraftwerken um 17% und von thermischen Solaranlagen um 12%. Die schöpferische Zerstörung des Kohlenstoffverbrennungskomplex vor allem durch Photovoltaik-Anlagen, durch Windkraftwerke und durch thermische Solaranlagen nimmt global Fahrt auf.[2]

Noch ist der Anteil dieser jungen Technologien am Gesamtmarkt bescheiden, aber gerade deswegen ist eine Marktsättigung für diese Technologien noch lange nicht zu erwarten.

Estimated Renewable Energy Share of Total Final Energy Consumption, 2015

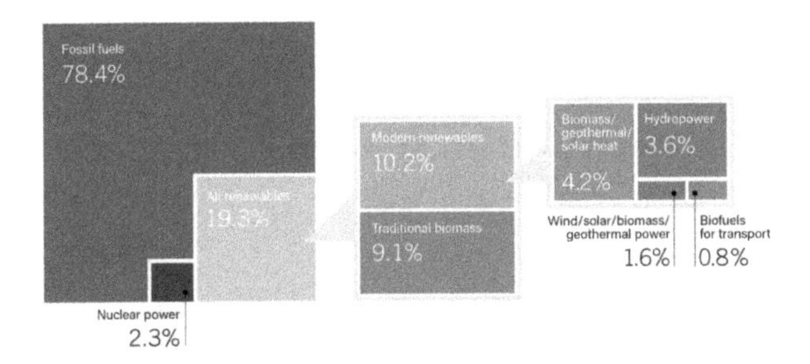

REN21 *Renewables 2017 Global Status Report*

Produktivitäts- und Qualitätssteigerungen auf Grund der Neuheit dieser Technologien verbessern das Preis-Leistungs-Verhältnis und machen das schädliche Kohlenstoffverbrennen obsolet. Die weltweite Entwicklung dieser neuen Schlüsseltechnologien ist jedenfalls beeindruckend und bietet enormes Potential für neue Wertschöpfung und neue Arbeitsplätze:

1 vgl. https://energy.gov/articles/6-charts-will-make-you-optimistic-about-america-s-clean-energy-future

2 vgl. http://www.ren21.net/status-of-renewables/global-status-report/

Solar PV Global Capacity and Annual Additions, 2006-2016

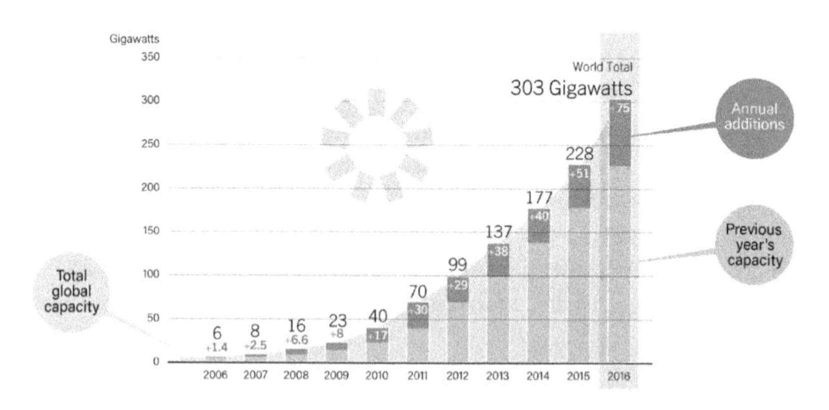

REN21 *Renewables 2017 Global Status Report*

REN21

Quelle: http://www.ren21.net/status-of-renewables/global-status-report/

Wind Power Global Capacity and Annual Additions, 2006-2016

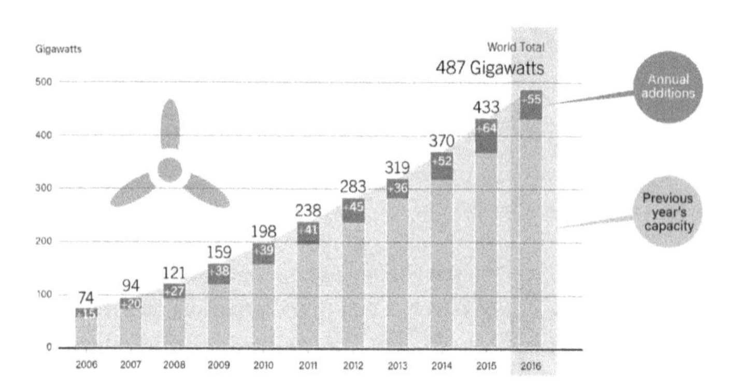

REN21 *Renewables 2017 Global Status Report*

REN21

Quelle: http://www.ren21.net/status-of-renewables/global-status-report/

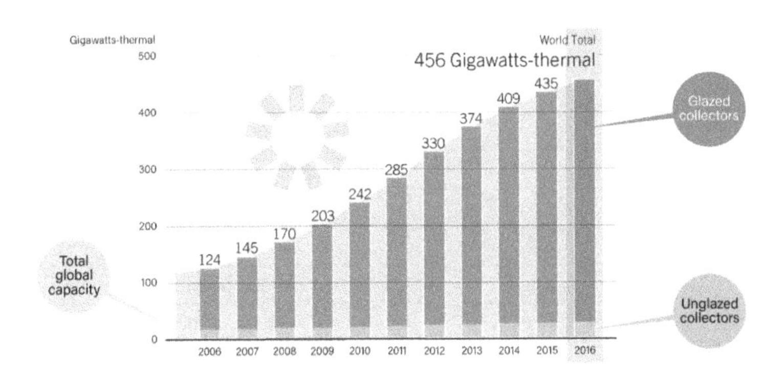

Quelle: http://www.ren21.net/status-of-renewables/global-status-report/

Wie bei schöpferischen Zerstörungsprozessen in der Vergangenheit, geht parallel dazu die Marktkapitalisierung im Kohlenstoffverbrennungskomplex zurück. Ende 2007 waren fünf der zehn, in Bezug auf deren Marktkapitalisierung wertvollsten Unternehmen der Welt aus dem Öl- und Gas-Sektor:

Rang bzgl. Marktkapitalisierung in 2007	Name
1	**Petrochina**
2	**Exxon Mobil**
3	General Electric
4	China Mobile
5	Industrial and Commercial Bank of China
6	Microsoft
7	**Gazprom**
8	**Royal Dutch Shell**
9	AT&T
10	**Sinopec**

Quelle: Financial Times Global 500 Rankings

In der Liste vom März 2017 findet sich hingegen nur ein Unternehmen aus dem Öl- und Gas-Sektor:

Rang bzgl. Marktkapitalisierung in 2017	Name
1	Apple Inc
2	Alphabet
3	Microsoft
4	Amazon.com
5	Berkshire Hathaway
6	**Exxon Mobil**
7	Johnson & Johnson
8	Facebook
9	JPMorgan Chase
10	Wells Fargo

Quelle: Financial Times Global 500 Rankings

Nur aus Sicht des Kohlenstoffverbrennungskomplexes ist Dekarbonisierung bei gleichzeitigem Erhalt industrieller Wettbewerbsfähigkeit die Quadratur des Kreises. Nicht trotz sondern gerade wegen der Dekarbonisierung sind alle diejenigen Industriesektoren wettbewerbsfähig und generieren neue Wertschöpfung sowie Arbeitsplätze, die auf schöpferische Zerstörung, auf neue Technologien setzen. Tesla, erst 2003 gegründet, ist derzeit wertvollster Autobauer der USA. Die dänische Firma Vestas, welche erst 1979 ihre erste Windkraftanlage verkaufte, ist mit rund 22.000 Beschäftigten der größte europäische Hersteller von Windkraftanlagen und einer der größten weltweit. Das österreichische Unternehmen Fronius hat sich mit seinen seit 1992 angebotenen Solarwechselrichtern als Zulieferer für Photovoltaik-Anlagen international positioniert. Die 1991 gegründete GREENoneTEC mit Sitz in Kärnten ist der weltweit größte Hersteller von Flachkollektoren für thermische Solaranlagen. Selbst alteingesessene Öl- und Gaskonzerne beginnen zu diversifizieren, um nicht auf der Verliererseite der schöpferischen Zerstörung zu landen. Shell investiert in erneuerbare Energien, expandiert im Bereich Photovoltaik und betreibt Windparks. Auch BP betreibt Windenergie-Farmen, vor allem in den USA.

Die Frage, wie die Dekarbonisierung des Wirtschaftssystems zur Chance werden kann, ist heute nicht für alle Zukunft und für alle Wirtschaftssektoren beantwortbar. Aber gegenwärtig ist die weltweite Nachfrage nach Technologien, die ohne Kohlenstoffverbrennung auskommen, immens – mit Wachstumsraten, die deutlich über dem Weltwirtschaftswachstum liegen. Der globale Substitutionswettbewerb für die Bereitstellung und Nutzung von Energie ist im Gange und wird, legt man Erfahrungen mit früheren schöpferischen Zerstörungsprozessen zugrunde, sich noch beschleunigen.

In seiner berühmten Rede „Breaking the Tragedy of the Horizon – Climate Change and Financial Stability" warnte Mark Carney, Gouverneur der Bank of England, im September 2015 zu recht davor, dass Investments in fossile Energie zu „gestrandeten Assets" werden können. Gestrandete Assets sind Assets, welche von unvorhergesehenen und vorzeitigen Abschreibungen oder Abwertungen negativ betroffen werden. Wenn etwa die Nachfrage nach fossilen Brennstoffen rückläufig ist, dann verlieren Investments in solche Unternehmen rasch an Wert – die finanziellen Risiken steigen. Die Verbund AG hat dies bereits schmerzhaft erfahren müssen.

Energieversorgungs-unternehmen	Gestrandete Assets in der EU im Jahr 2013 Thermische und Gas-Kraftwerke (in Millionen €)
Vattenfall AB	3.462
Engie SA	2.000
Verbund AG	1.130
RWE AG	800
SSE plc.	693
Statkraft	376

Quelle: Caldecott Ben, McDaniels Jeremy (2014) Stranded generation assets: Implications for European capacity mechanisms, energy markets and climate policy. School of Enterprise and the Environment, University of Oxford

Die rasch wachsenden globalen Märkte für alternative Energien und Energietechnologien sind schon jetzt vorhanden. Um diese Märkte zu bedienen, ist sicherlich ein Wettbewerbsvorteil, wenn auch der Heimmarkt rasch wächst. Allerdings wird gerne übersehen, dass der Heimmarkt für österreichische Unternehmen nicht Österreich sondern die Europäische Union, der größte Wirtschaftsraum der Welt, ist. Vergleichende Statistiken über den österreichischen Markt erneuerbarer Energie-Technologien sind deshalb weitgehend irrelevant. Österreichische Unternehmen können nur dann ihre Marktanteile in den globalen Märkten zumindest halten, wenn sie nicht langsamer als ebendiese wachsen. Die Möglichkeiten für die österreichische Industrie auf den neuen, exponentiell wachsenden globalen Märkten wettbewerbsfähig zu bleiben sowie neue Wertschöpfung und Arbeitsplätze zu generieren, sind auf absehbare Zeit nicht durch Marktsättigung beschränkt. Diese Entwicklung zu nutzen, das ist die aktuelle Herausforderung für UnternehmerInnen.

Statt gegen Verzögerungstaktiken der österreichischen Fachverbände der Mineralölindustrie, des Energiehandels sowie der Gas- und Wärmeversorgungsunternehmungen anzukämpfen, macht es strategisch weitaus mehr Sinn, Märkte zu bearbeiten, wo höheres Wachstumspotential vorhanden ist.

Die öffentliche Hand muss bei alledem nicht tatenlos zuschauen, sondern kann UnternehmerInnen dabei unterstützen, auf den globalen Märkten wettbewerbsfähig zu bleiben beziehungsweise zu werden. Die frühzeitige Markteinführung neuer Technologien am Heimmarkt ist dazu der Schlüssel: First-mover advantage (Pionierstrategie) ist wirtschaftspolitisch absolut sinnvoll. Dänemark hat dies bei Windkraftwerken sehr erfolgreich vorexerziert. Finnland peilt dies mit der frühzeitigen Markteinführung intelligenter Stromzähler und Stromnetze an. Unternehmen des Kohlenstoffverbrennungskomplexes, die mehrheitlich im Besitz der öffentlichen Hand sind, insbesondere OMV Aktiengesellschaft und Energieversorgungsunternehmen, sollten deshalb dazu angehalten werden, aus fossilen Brennstoffen auszusteigen und in andere Produkte und Dienstleistungen zu diversifizieren.

Die Konzentration auf Kernkompetenzen ist eine von Gary Hamel und C.K. Prahalad in 1990 publizierte Unternehmensstrategie zum Ausbau von Wettbewerbsvorteilen. Eine solche Strategie ist in einem stabil und nachhaltig wachsenden Markt absolut sinnvoll. FACC, Frequentis und Umdasch sind dafür exzellente österreichische Beispiele. Diese Strategie umgesetzt in Öl- und Gas-Unternehmen kommt hingegen einem unternehmerischen Selbstmord auf Raten gleich. Heinz von Foerster, Mitbegründer der kybernetischen Wissenschaft, hat bereits 1973 den Begriff des ethischen Imperativs als Handlungsmaxime erschaffen: „Handle stets so, dass die Anzahl der Wahlmöglichkeiten größer wird!“ Für Firmen, die schädliche Rohstoffe oder Technologien produzieren oder nutzen, ist dies eine äußerst weise unternehmerische Empfehlung. Für Unternehmen lautet daher die Devise, die Gunst der Stunde auf den global explodierenden Märkten für erneuerbare Energien und dafür notwendige Technologien zu nutzen, statt Zeit in die Verzögerung einer unaufhaltsamen Entwicklung zu investieren.

Um am riesigen nordamerikanischen Markt für Passivhausfenster jetzt zu reüssieren, bedarf es keiner weiteren Produktentwicklungen dafür jedoch einer adäquaten Kunden- und Marktentwicklung. Um am rasch wachsenden Markt für thermische Solaranlagen in Entwicklungsländern wirklich Fuß zu fassen, bedarf es keiner weiteren technischen Entwicklungen dafür jedoch die gute Zusammenarbeit mit den Entwicklungsbanken.

Die öffentliche Hand kann dabei in ihrer Rolle als Eigentümerin von Energieunternehmen und von Gebäuden, als Gesetzgeberin aber auch als Infrastruktur-Investorin dafür sorgen, dass Verzögerungstaktiken des Kohlenstoffverbrennungskomplexes verpuffen und dass in Österreich die Märkte für erneuerbare

Energien und für alle Produkte und Dienstleistungen, die damit zusammenhängen, rascher als die Weltmärkte wachsen.

So ist die Quadratur des Kreises von gleichzeitiger Dekarbonisierung und Erhöhung der Chancen österreichischer Unternehmen nicht nur ganz einfach und effizient, sondern folgerichtig.

Stefan Moidl

Worauf warten wir noch? Energiewende JETZT!

Im Juni 2017 hat eine Gruppe von 60 bedeutenden Wissenschaftlern, führenden Managern aus der Wirtschaft und engagierten Vertretern von Nichtregierungsorganisationen einen dringenden Appell an die G-20-Staaten gerichtet. In einem in der angesehenen Wissenschaftszeitschrift „Nature" veröffentlichten Text fordern sie die G-20, also die 20 führenden Industrieländer und aufstrebenden Schwellenländer, mit großem Nachdruck auf, ihre Anstrengungen zur Eindämmung des Klimawandels massiv zu verstärken. Mit faktenbasierten wissenschaftlichen Argumenten weisen die Autoren eindringlich darauf hin, dass 2020 ein alles entscheidendes Jahr sein wird. Sollten nämlich die Treibhausgasemissionen über 2020 hinaus steigen oder lediglich auf derzeitigem Niveau bleiben, seien die Temperaturziele des Pariser Klimaabkommens nahezu unerreichbar. Bekanntlich soll die globale Erwärmung der Erdatmosphäre unter 1,5 °C oder jedenfalls deutlich unter 2 °C gehalten werden. Spätestens 2020 muss also die Wende geschafft werden, spätestens dann muss der höchste Ausstoß an Treibhausgasemissionen überschritten werden und die Emissionskurve zu fallen beginnen.

Die zielorientierte Begrenzung der globalen Erwärmung ist für die Weltstaatengemeinschaft eine gewaltige Herausforderung und Aufgabe. Denn es dürfen in Summe nur mehr 600 Gigatonnen CO_2 emittiert werden, dann muss Schluss sein mit den Emissionen. Derzeit werden jährlich rund 40 Gigatonnen CO_2 freigesetzt. Ginge es in diesem Tempo weiter, wäre das globale Emissionsbudget in 15 Jahren verbraucht, und dann müssten gravierende und äußerst schmerzhafte Notfallmaßnahmen gesetzt werden. Ein rasch begonnenes und dann stufenweise fortgesetztes Hinunterfahren der Emissionen hingegen würde es der Weltwirtschaft ermöglichen, sich den notwendigen Veränderungen geschmeidiger anzupassen.

Der Sechs-Punkte-Plan

Deswegen rufen die Wissenschaftler – unter anderem die frühere UNO-Klimachefin Christiana Figueres und Hans Joachim Schellnhuber, Direktor des Potsdam-Instituts für Klimafolgenforschung – zu beschleunigtem Handeln auf. Ihr Katalog an wesentlichen Zielen, die ihrer Einschätzung nach bis 2020 erreicht werden müssen, um die Klimawende zu schaffen, umfasst sechs Bereiche, die ich hier kurz skizziere.

Energie

Erneuerbare Energien sollen mindestens 30 Prozent des weltweiten Strombedarfs decken (2015 waren es 23,7 Prozent). Nach 2020 dürfen keine neuen Kohlekraftwerke mehr genehmigt werden, bestehende müssen auslaufen. Investitionen in erneuerbare Energien sollen auf 700 Milliarden US-Dollar aufgestockt werden. Die Energiemärkte sollen derart neu gestaltet werden, dass sie die rasche Expansion erneuerbarer Energien ermöglichen und vorantreiben.

Infrastruktur

Zusätzlich zu den üblichen Investitionen sollen jährlich mindestens 300 Milliarden US-Dollar aufgewendet werden, um in Gebäuden und der gesamten Infrastruktur bis 2050 gänzlich ohne Kohle auszukommen. Weltweit sollen jährlich mindestens drei Prozent aller bestehenden Gebäude derart modernisiert werden, dass sie keine oder fast keine Emissionen mehr erzeugen. Neue Gebäude sollen nur mehr diesem Standard entsprechend errichtet werden.

Transport

Elektroautos müssen mindestens 15 Prozent der Neuwagenverkäufe ausmachen. Der öffentliche Verkehr soll verdoppelt, Lastwagen sollen um 20 Prozent kraftstoffeffizienter werden, Flugzeuge sollen 20 Prozent weniger Treibhausgase pro Kilometer ausstoßen.

Land

Die großflächige Abholzung und Entwaldung muss massiv gebremst und stattdessen Aufforstung betrieben werden. Die Netto-Emissionen durch Rodung und Landnutzung, die weltweit derzeit 12 Prozent der Gesamtemissionen betragen, müssen innerhalb von zehn Jahren auf null zurückgefahren werden. 150 Millionen Hektar zerstörtes Land sollen wiederbelebt und generell nachhaltige Landwirtschaft betrieben werden.

Industrie

Kohlenstoffintensive Industrien wie Eisen, Stahl, Zement, Chemie oder Öl und Gas stoßen heute mehr als ein Fünftel des globalen CO_2 aus. Die Schwerindustrie muss Pläne entwickeln, um ihre Effizienz zu verbessern und ihre Emissionen deutlich vor 2050 zu halbieren.

Finanzen

Der Finanzsektor muss den Einsatz seines Kapitals in Richtung Klimainvestitionen und CO_2-Vermeidung umorganisieren und jährlich mindestens eine Billion US-Dollar für den Klimaschutz mobilisieren, hauptsächlich aus dem privaten Sektor. Regierungen, Banken und Kreditgeber wie etwa die Weltbank sollen ein Vielfaches mehr an „grünen Anleihen" auflegen, um Maßnahmen gegen den Klimawandel zu finanzieren. Die Förderung fossiler Energien muss beendet, der Kapitaleinsatz für mehr Kohle gestoppt werden. In den wesentlichen Wirtschaftsregionen und -staaten müssen Preismechanismen für CO_2 eingeführt werden.

Klimaschutz als Triebfeder für Innovation

Der mahnende und dringliche Appell der Wissenschaftler und die von ihnen definierten Ziele zeigen die ganze Brisanz des Klimathemas. Es geht darum, dass wir handeln, und es geht vor allem darum, dass wir schnell handeln. Seit vielen Jahren schon beschreiben wissenschaftliche Berechnungen die zu erwartenden Folgen der Erderwärmung und des damit verbundenen Klimawandels. Lange wurden diese Szenarien nur gering, ja oft geringschätzig beachtet und in eine angeblich ferne Zukunft verdrängt. Doch jetzt sind wir in dieser Zukunft angekommen, und was jetzt vor allem drängt, ist die Zeit. Längst ist es unvoreingenommenen Beobachtern klar, wo die Reise hingeht, ja wo sie notwendigerweise hingehen muss – weg von allen fossilen Energien, weg von der gefährlichen und sündteuren Atomenergie, hin zu erneuerbaren Energien und steigender Energieeffizienz.

Bereits 2015, noch vor der Pariser Klimakonferenz, haben 79 CEOs weltweit agierender Unternehmen die Staatengemeinschaft aufgefordert, ambitionierte Klimaziele zu vereinbaren und ihre Unterstützung zugesichert. Und das waren beileibe keine Öko-Fundamentalisten, sondern realistisch denkende Unternehmen mit zusammengerechnet einem Jahresumsatz von 2,1 Billionen US-Dollar, darunter ABB, Deutsche Telekom, Henkel, Ikea, Lloyds, Nestlé, Philips, Siemens, Unilever und viele andere mehr.

Einhellig beschreiben auch die G-20-Staaten, die Internationale Energieagentur, der Internationale Währungsfonds und viele andere Organisationen jene Sektoren, die unsere nahe Zukunft prägen werden – erneuerbare Energien, Energieeffizienz und klimaschutzrelevante Technologien. Klimaschutz wird die zentrale Triebfeder der Innovation der nächsten Jahrzehnte sein. Die auf Basis des Pariser Klimaabkommens notwendige Entwicklung und Transformation wird zu einer technologischen Revolution führen, die das Bild der Welt in einem ähnlich gewaltigen Ausmaß verändern wird, wie es die industrielle Revolution, die Digitalisierung und – noch gar nicht solange her – das Internet getan haben.

Um es noch genauer zu sagen: Die für den Einsatz erneuerbarer Energien und die Steigerung der Energieeffizienz notwendigen Technologien sind schon heute weitgehend vorhanden. Und sie sind aller Polemik zum Trotz schon jetzt billiger als die bisherigen konventionellen Energieträger. So ist etwa die Stromerzeugung mit Windkraftwerken günstiger als diejenige aus neuen Kohle-, Öl- oder Gaskraftwerken – von marktwirtschaftlich unfinanzierbaren Atomkraftwerken ganz zu schweigen. Ohne massive Förderungen für technologische Auslaufmodelle wie etwa in Großbritannien für das Atomkraftwerk Hinkley Point oder in Polen für die Steinkohleindustrie oder in Deutschland für die Braunkohleindustrie könnten diese nie und nimmer zu am Markt konkurrenzfähigen Preisen Strom erzeugen. Es geht also im Wesentlichen darum, den veralteten Technologien ihre lebenserhaltenden Subventionen zu entziehen und gleichzeitig die Kapazitäten der erneuerbaren Energien in großem Umfang auszubauen.

Der Branchenanalyst Bloomberg New Energy Finance hat Zahlen veröffentlicht, wonach der weltweite Stromverbrauch bis 2040 um über 60 Prozent steigen wird. Mehr als 70 Prozent aller Investitionen in die Stromerzeugung werden für erneuerbare Energien getätigt werden, 45 Prozent davon für die Windenergie. Elektromobilität und eine Steigerung der Energieeffizienz sind die nächsten Megatrends der globalen Transformation. Alle diese Entwicklungen werden natürlich massive Veränderungen für viele Industrieprozesse, ja ganze Industriesektoren mit sich bringen. Und auch da sind wir schon mitten drin. Beispiel Elektromobilität: Ab 2025 will Norwegen Neuwagenzulassungen nur mehr für Autos mit Elektromotor erlauben – das ultimative Aus für Verbrennungsmotoren. Und schon ab 2019 will Volvo kein Auto mehr ohne Elektromotor ausliefern. Effizienter wird das Energiesystem nicht zuletzt auch dadurch werden, dass energieverbrauchende Sektoren verbunden werden – die sogenannte Sektorenkopplung von Transport, Wärme und Elektrizität. In Ländern wie Deutschland und Dänemark wird dieses Thema bereits intensiv diskutiert.

Transformation voll im Gang

Die große Transformation des Energiesystems ist also bereits voll im Gang. Und wie bei allen tiefgreifenden Veränderungen wird es auch bei der Energiewende Gewinner und Verlierer geben. Verlierer werden all jene sein, die starr und stur auf fossile und atomare Energie setzen, all jene, die ihre Produktionsweisen, Produkte und Strukturen nicht anpassen, nicht umstellen und am Ende von der faktischen Realität überholt werden. Als warnendes Beispiel sei hier der Aufstieg und Fall des einstigen Mobilfunk-Giganten Nokia erwähnt. Anfangs ein absoluter Innovationstreiber mit aufwärts strebenden Marktanteilen verschlief das finnische Unternehmen den Technologiesprung der Smartphone-Revolution und schlitterte heftigst in die roten Zahlen. Am Ende musste sich der Konzern, der ursprünglich als Papierfabrik begonnen hatte, von seiner defizitären Handy-Sparte trennen, die von Microsoft übernommen wurde.

Damit eine Innovation zum Tragen kommt, muss sie sich gegen das Alte, Bestehende durchsetzen. Und das Alte räumt den Platz nicht freiwillig. Umso mehr gilt das für radikale Innovationen, die einen Markt komplett verändern. Sie machen überholte Konzepte obsolet und schaffen neue Märkte. Disruptive technologies werden solche sprunghaften Entwicklungen genannt – sie zerstören das alte Gefüge und schaffen Neues. Es sind technologische Entwicklungen, die eine fundamentale Zäsur schaffen und bestehende Technologien ablösen. Beispiele dafür sind etwa der Verbrennungsmotor, Computer, Halbleiter, Digitalfotografie, Internet oder Mobiltelefone.

Die Nutzung fossiler Energien war jahrzehntelang der Treiber für die Weltwirtschaft. Mit der Energiewende entsteht nun ein vollkommen neues Konzept. Erneuerbare Energien und Technologien für Energieeffizienz und Speicherung bilden ein Gesamtpaket neuer Anwendungen, die billig, sicher und zuverlässig sind, zudem gesundheitlich und politisch unbedenklich. Und auch hier wollen die Alteingesessenen nicht freiwillig abtreten. So wie das Auto disruptiv für das Pferdekutschen-Geschäft war, so wie der Computer disruptiv für das Schreibmaschinen-Geschäft war, führt heute der globale Trend zu mehr erneuerbaren Technologien zur Auflösung der alten Strukturen und dazu, dass moderne und saubere Technologien den Weltmarkt erobern.

Politische Entscheidungen notwendig

Aber auch wenn die Transformation des Energiesystems bereits begonnen hat, ist sie deswegen noch lange kein Selbstläufer. Noch immer wird langmächtig herumdiskutiert, welche Länder oder Weltregionen welchen Beitrag in Sachen

Klimaschutz und erneuerbare Energien leisten müssen. Auch in der EU gibt es über diese Lastverteilung ein eifriges Tauziehen. Es ist aber eine unbestreitbare Tatsache, dass gerade die westliche Welt, also die modernen Industrieländer, schon sehr früh begonnen haben, Öl, Kohle und Gas zur Energiegewinnung zu verfeuern und damit Hauptverursacher des Klimawandels sind. Deshalb müssen sie jetzt eine wesentlich höhere Verantwortung übernehmen, das Ruder herumzureißen und die Energiewende zu schaffen.

Kommen wir nun zu Österreich. Alles bisher Erwähnte berücksichtigend erstaunt es mich fast täglich neu, wie zaghaft und zögerlich die Ansätze der österreichischen Politik sind, den klar zu Tage liegenden Transformationspfad aktiv und ambitioniert zu gehen und zu nutzen. Zur Erinnerung: Auch Österreich hat das Pariser Klimaabkommen ratifiziert, und man sollte meinen, dass die freiwillige Verpflichtung, die dort festgelegten Ziele zu erfüllen, Grund genug für eine Neuorientierung der österreichischen Energiepolitik sein sollte. Denn derzeitiger Status ist ja, dass wir heute genauso viel CO_2 emittieren wie 1990, dass der Anteil erneuerbarer Energien seit Jahren auf dem gleichen Niveau stagniert und dass unsere Volkswirtschaft noch immer zu einem hohen Grad von Energieimporten abhängig ist. Einfache Gesetzesreformen ziehen sich über Jahre in die Länge, die angekündigte Erstellung einer Klima- und Energiestrategie ist auf unbestimmte Zeit vertagt worden.

Die Bundespolitik zeigt keinen Gestaltungswillen, schafft keine großen Würfe, lediglich im Zuge der Länderkompetenz haben einige Bundesländer wie Niederösterreich, Burgenland, Vorarlberg oder die Steiermark beachtenswerte Anstrengungen unternommen. Worauf aber wartet die Bundesregierung? In sämtlichen Szenarien zeigt sich, dass Photovoltaik und Windenergie zentrale Elemente der Energiezukunft sein werden. Strom wird Wärme als Primärenergie ablösen. In den Sektoren Verkehr und Gebäudewärme werden viele Prozesse auf Strombetrieb umgestellt werden, da diese dadurch oft effizienter und billiger gestaltet werden können. Wegen dieser Sektorenkopplung werden wir künftig deutlich mehr Strom benötigen als bisher.

Allein die Windenergie verfügt über ein enormes Potenzial und könnte bis 2030 mindestens 17,7 Terawattstunden (2016: 5,7 TWh) Strom liefern. Damit könnten mehr als 25 Prozent des heutigen Stromverbrauchs geliefert werden. Die aktuelle Studie „Stromzukunft 2030“ der TU Wien zeigt, dass selbst ohne maßgebliche Kopplung der Sektoren die elektrische Infrastruktur ausreicht, um bis 2030 den Stromsektor vollständig zu dekarbonisieren und Versorgungssicherheit zu gewährleisten. Worauf also wartet die österreichische Bundesregierung noch?

Gewinner der aktuellen Entwicklung werden jene Länder sein, deren Industrie sich möglichst früh möglichst intelligent positioniert – oder besser gesagt jene Länder, die ihrer Industrie dies ermöglichen. Die bekannte italienische Ökonomin Mariana Mazzucato beschreibt Wirtschaftswachstum nicht nur mittels der Wachstumsrate, sondern auch mittels der Wachstumsrichtung, jene Richtung, in die eine Volkswirtschaft denn wachsen will. Diese Wachstumsrichtung muss nach Mazzucato umsichtig definiert sein und sich auf allen Ebenen niederschlagen. Das beginnt bei der Planung von menschlichen Lebensräumen und deren Infrastruktur und geht bis hin zur gezielten Förderung von Industrieprozessen. Aber auch ein falscher Pfad etabliert Routinen und Gewohnheitsprozesse, mündet aber irgendwann einmal in erstarrten Strukturen, die ein ausgeprägtes Abwehrverhalten gegenüber Veränderungen mit sich bringen.

Aufgrund der lange währenden globalen Entwicklung entlang des fossilen Pfades befinden wir uns derzeit in genau so einer Situation. Jahrzehntelange Förderung – der Internationale Währungsfonds spricht von 4,9 Billionen Dollar jährlich – haben diesen Pfad in allen Lebensbereichen einzementiert und einen immensen Vorteil für die konventionellen Technologien geschaffen. Legionen von Ökonomen beschreiben mittlerweile, wie wir den Pfad unseres fossilen Systems „betreten" haben und wie wir ihn jetzt durch aktive Maßnahmen wieder verlassen können, ja müssen. Die Rolle der Politik ist respektive wäre es nun, die staatlichen Rahmenbedingungen derart anzupassen, dass Förderungen für fossile Energien und deren Infrastrukturen abgeschafft werden, damit Industrie, Unternehmen und alle anderen Akteure sich möglichst rasch den post-fossilen Pfad begeben können.

Politik muss Verantwortung übernehmen

Deswegen spreche ich ganz entschieden noch einmal die große Verantwortung der Politik an. In der Energiewirtschaft ebenso wie in der Industrie wird das politische Risiko als größtes „Problem" gesehen. In einer 2016 erschienenen Studie wurde von Investoren im Bereich erneuerbare Energien genau diese Risikokategorie als die mit Abstand relevanteste für die Risiko- und somit auch für die Kostenbewertung genannt. Das ist ein eindeutiger Auftrag an die Politik, ihre Verantwortung ernst zu nehmen. Es muss einen klaren Konsens geben, woher die Energie von morgen wie und wann kommen soll. Denn diese Klarheit entscheidet dann darüber, welche Maßnahmen Endverbraucher – private Haushalte und Wirtschaft – setzen müssen und welche Infrastruktur wie zu nutzen ist. Eine große Gefahr bei unklaren Vorgaben ist die Pfadabhängigkeit durch falsche Annahmen – technologische Sackgassen. Ein Beispiel zur Veranschaulichung: In vielen Unternehmen laufen Prozesse, die entweder Erdgas oder auch Wasserstoff benötigen. Werden diese Prozesse umgestellt und Erdgas durch Biomethan und

Beimischung von Wasserstoff substituiert, wird der Verbrauch von Erdgas sinken. In Erdgasleitungen muss jedoch immer ein bestimmtes Druckniveau herrschen. Eine überdimensionierte Gasinfrastruktur könnte also dazu zwingen, weiterhin Gas einzusetzen, da sonst die Versorgung zusammenbricht. Das ist nicht effizient, das ist nicht nachhaltig. Die Erdgasinfrastruktur muss also redimensioniert und auf den zukünftigen Bedarf ausgerichtet werden. Andernfalls laufen wir in eine Einbahnstraße, aus der wir nur mit hohen Kosten wieder herauskommen.

Unser Energiesystem von morgen braucht richtungsweisende Entscheidungen für die Erzeuger, die Infrastruktur und die Anwender: Ohne klares Ziel, welche Erzeugungstechnologien wir morgen nutzen werden, können weder Infrastruktur noch Energienutzer schon jetzt und damit frühzeitig und kostengünstig eine plausible Planung beginnen. Derzeit sind Forschung und Entwicklung in Österreich – insbesondere im anwendungsnahen Bereich – noch völlig im Unklaren, ob sie sich im Elfenbeinturm, in der Umsetzung oder auf der Einbahnstraße zum Friedhof gutgemeinter Ideen befinden. Die Möglichkeiten auf Seiten der Nutzer sind fast endlos, wenn man ihnen eine verlässliche Perspektive bietet. Gibt es aber eine klare Perspektive und einen eindeutigen politischen Willen, werden die Unternehmen mit Sicherheit Lösungen und Produkte liefern, die Wettbewerbsvorteile bringen.

Der Weg der Transformation unseres Energiesystems hin zu erneuerbaren Energien und verstärkter Energieeffizienz ist bereits eingeschlagen, die Eindämmung des Klimawandels erfordert ihn. Ob Österreich diesen Weg frühzeitig, aktiv und ambitioniert mitgestalten wird, hängt davon ab, ob die Politik rechtzeitig die dafür notwendigen gesetzlichen und organisatorischen Weichenstellungen vornimmt. Mitgestalten heißt, einerseits die eigene Energieversorgung auf erneuerbare Energien umzustellen und sich damit auch aus der Abhängigkeit von Energieimporten zu lösen, andererseits es österreichischen Unternehmen zu ermöglichen, durch technische Innovationen und Lösungen an dem enormen wirtschaftlichen Potenzial der Energiewende zu partizipieren. Wenn wir schnell reagieren, wird es uns viele Vorteile bringen. Wenn wir zuwarten und nur zögerlich nachziehen, wird es uns teuer zu stehen kommen.

Gerade in Österreich haben wir die besten Voraussetzungen und klügsten Köpfe, um schon in naher Zukunft unser Energiesystem gänzlich emissionsfrei zu gestalten. Wenn wir alle vorhandenen Potenziale nutzen, kann Österreich eine absolute Vorzeigeregion werden, die beweist, dass die vor uns liegende Transformation schnell geschafft werden kann. Dafür braucht es aber rasche und stabile politische Entscheidungen, die die Richtschnur bilden, an der sich alle Akteure verlässlich orientieren können. Und ich bin optimistisch, dass uns das gelingen wird.

Wilhelm Molterer

Die Europäische Investitionsbank – ein klarer Verfechter des Pariser Klimaschutzabkommens

Das Pariser Abkommen verpflichtet alle Vertragsparteien, ihre bestmöglichen Bemühungen durch „national festgelegte Beiträge“ (NDCs) vorzustellen und diese Bemühungen in den kommenden Jahren zu stärken. Als solches gibt es einen neuen Kurs in der globalen Klima-Anstrengung. Allerdings ist die Straße von Globalklimaschutz nicht voll gepflastert und schwere Steine erscheinen im Weg.

Die USA ziehen sich aus dem historischen Klimaabkommen von Paris zurück. Gerade mal eine halbe Stunde nahm sich US-Präsident Donald Trump, um zu begründen, warum Amerika sich aus der Pariser Vereinbarung zurückziehen werde. Das Abkommen sei ein Komplott gegen Amerika, es schade der Wirtschaft des Landes und ohnehin seien die Vereinigten Staaten ein Vorreiter, was den Schutz der Umwelt angehe.

Der Ausstieg der Vereinigten Staaten – weltweit nach China zweitgrößter Produzent von Treibhausgasen – ist ein massiver Schlag gegen das internationale Regelwerk. Sein Gelingen steht damit bereits jetzt auf der Kippe. Zwar wollen neben China und Indien auch die europäischen Staaten den Vertrag weiter befolgen. Dennoch, so die Befürchtung, könnte Trumps Alleingang einzelne Länder der 195 Unterzeichner vom Klimaschutz animieren, sich aus dem historischen Abkommen zu verabschieden. Deshalb ist ein deutliches Bekenntnis derer, die sich dem Klimaschutz verschrieben haben, umso wichtiger.

Die Europäische Union hat sich entschieden, die weltweit führende Rolle bei der Bekämpfung des Klimawandels zu übernehmen. Der finanzielle Arm der EU, die Europäische Investitionsbank (EIB), als international größter multilateraler Geldgeber für Klimaschutzprojekte, zählt zu den klaren Unterstützern. Die EU-Bank hatte bereits in Paris eine führende Rolle übernommen, um den Kampf gegen die Erderwärmung voranzubringen. Sie verpflichtete sich in der französischen Hauptstadt, jedes Jahr mindestens 25 Prozent ihres Neugeschäfts für Klima- und Umweltschutzprojekte bereitzustellen, außerhalb der EU sogar mindestens 35 Prozent.

Klimaschutz bietet wirtschaftliche Chancen

Die Förderung einer CO_2-armen, klimaverträglichen Wirtschaft trägt nicht nur dazu bei, den Klimawandel und seine negativen Auswirkungen zu bekämpfen, sondern eröffnet echte Chancen zur Bewältigung anderer drängender Herausforderungen:

- Durch Investitionen in eine CO_2-arme Wirtschaft können Arbeitsplätze in Schlüsselsektoren geschaffen werden. Dies betrifft, mit Blick auf das Betätigungsfeld der EU-Bank, insbesondere die Bereiche erneuerbare Energien, Bausektor und produzierendes Gewerbe.
- Gleichzeitig tragen Investitionen in Energieeffizienz, Stromnetze und erneuerbare Energien zu einer diversifizierten und sichereren Energieversorgung bei. Dies hilft insbesondere Regionen, die bislang von unzuverlässigen Energiequellen abhängig sind.
- Zudem ist die Förderung von Forschung und Innovation eine wichtige Voraussetzung dafür, dass Europa seine weltweite Führungsposition bei der Entwicklung grüner Technologien behaupten und seine Produkte weltweit vermarkten kann. Dazu gehören zum Beispiel die Entwicklung von Brennstoffzellen, Technologien zur Nutzung von Wellen in Küstennähe sowie in schwimmende Plattformen für Offshore-Windanlagen investiert.
- Zu den größten Schwierigkeiten bei der Bekämpfung des Klimawandels gehört es, Investitionen für den Übergang zu einer CO_2-armen, klimaverträglichen Wirtschaft anzustoßen. Für den Klimaschutz müssen in großem Umfang zusätzliche Finanzierungsmittel – schätzungsweise mehrere Billionen Euro – mobilisiert werden.

Die Rolle der EIB durch ihren Beitrag zur Finanzierung

Die EIB bringt gute Voraussetzungen mit, um einen wertvollen Beitrag zur Mobilisierung dieser Mittel zu leisten. Als langfristiger Geldgeber mit umfangreicher Erfahrung und großem Know-how in der Klimafinanzierung in Europa und weltweit ist die EIB bestens positioniert, um CO_2-arme und klimaresiliente Projekte von hoher Qualität zu fördern und einen Katalysatoreffekt auf andere Geldgeber auszuüben. Insbesondere ist die EIB in der Lage, durch die Hebelwirkung ihrer Mittel und durch innovative Finanzierungsinstrumente zusätzliches Kapital aus dem Privatsektor zu mobilisieren.

Das Finanzierungsvolumen der EIB für Klima- und Umweltschutz wird damit bis 2020 etwa 100 Mrd. Euro weltweit erreichen. Im vergangenen Jahr hat die EU-Bank dieses Engagement untermauert: Insgesamt stellte sie 19 Mrd. Euro für

Klimaschutzprojekte bereit, das waren 26 % der gesamten Finanzierungen. Allerdings übernimmt die Bank für den Klimaschutz nicht nur Finanzierungen. Sie bietet auch Beratungsdienste für öffentliche und private Projektträger während der Planungs- und Realisierungsphase an, in denen sie ihr umfangreiches finanzielles UND technisches Know-how einbringt.

Dieses Know-how hat sich die EIB über viele Jahre aufgebaut, was sich in der aktuellen Klimaschutzstrategie widerspiegelt, die die EU-Bank 2015 verabschiedet hat, und die den Leitfaden für die mittel- bis langfristige Tätigkeit der EIB innerhalb und außerhalb der EU bildet. Die Strategie stützt sich dabei auf mehrere Säulen, um einen möglichst umfangreichen und effizienten Klimaschutz zu gewähren:

Die Wirksamkeit der Klimafinanzierungen verstärken

Für den Klimaschutz kommt es nicht allein auf das Finanzierungsvolumen an. Es geht auch darum, den Bestand potenzieller Klimaprojekte zu erweitern. Beispiel erneuerbare Energien: Hier finanziert die EIB nicht nur ausgereifte Technologien wie Onshore-Windkraft, Wasserkraft, Geothermie und feste Biomasse, sondern auch solche, die sich noch in der Entwicklung befinden, wie etwa Offshore-Windkraft, CSP-Technologie (Concentrated Solar Power), hochwirksame Photovoltaik und Biokraftstoffe der zweiten Generation. Für alle Vorhaben, die von der EU-Bank im Rahmen ihrer Klimaschutzstrategie finanziert werden, gilt: Es kommen allein Spitzentechnologien, die auf mittlere Sicht konkurrenzfähige Stromgestehungskosten erwarten lassen und damit die Wettbewerbsfähigkeit der Wirtschaft stärken, in den Genuss der EIB-Gelder.

Die Bank greift zudem zur Finanzierung ihrer Klima- und Umweltprojekte auf einen gut gefüllten Instrumentenkasten zurück, der es ihr ermöglicht, ihre Produkte flexibel dem individuellen Finanzierungsbedarf der Darlehensnehmer und der Projekte anzupassen, unter Berücksichtigung der „Best Practices“ im Bankensektor. Als Darlehensnehmer kommen öffentliche Stellen und Unternehmen sowie Zweckgesellschaften innerhalb oder außerhalb der EU in Betracht. Die traditionellen Finanzierungsinstrumente sind mittel- und langfristige Darlehen mit festen oder variablen Zinssätzen. Die Bank kann aber auch in innovative Finanzierungsformen wie Nachrangdarlehen oder Fremdkapitalfonds, wie zum Beispiel den EEEF (Europäischer Energieeffizienz Fonds) investieren.

Für Projekte, die auf etablierten Technologien basieren und deren Gesamtkosten mindestens 25 Mio. Euro betragen, stellt die EU-Bank direkt Einzeldarlehen in Höhe von bis zu 50 % der Investitionskosten zur Verfügung. Der verbleibende Mittelbedarf sowie das Betriebskapital müssen aus anderen Quellen gedeckt werden. Für Projekte unter 25 Mio. Euro vergibt die EIB indirekte Darlehen, die über zwischengeschaltete Banken weitergeleitet werden. Handelt es sich um die Entwicklung neuer Technologien, beziehungsweise Demonstrationsprojekte im Bereich erneuerbare Energien, Wasserstoff- oder Brennstoffzellentechnologie, sinkt diese Schwelle auf 15 Mio. Euro.

Darüber hinaus bietet die Bank Finanzierungen an, die es ihr erlauben, in speziellen Fällen auch Risiken unterhalb der Investment-Grade-Kategorie zu übernehmen. Die EIB hat dieses Geschäft in den vergangenen Jahren stark ausgeweitet. Das ist unter anderem dadurch möglich, da sie für diese Projekte, in denen sie ein höheres Risiko eingeht, über Garantien aus dem „Europäischen Fonds für Strategische Investitionen" abgesichert wird, in der Öffentlichkeit auch besser bekannt als Juncker-Fonds. In Österreich etwa hat die EIB das Onshore-Windparkprojekt „Energiepark Bruck" unterstützt, wobei erstmals Mittel aus dem Juncker-Fonds im Land zum Zug kamen. Das Ziel ist es, durch die Übernahme eines höheren Risikos in einem Projekt die Brücke zu schlagen, um private Investoren für dieses Projekt zu mobilisieren, die ansonsten dort nicht eingestiegen wären.

Aber auch ohne den Einsatz solcher, moderner Finanzierungsinstrumente wie den „Juncker-Fonds" hat die EIB eine lange Tradition der Förderung erneuerbarer Energien in Österreich. So unterstützte sie den Bau von vier Onshore-Windparks mit einer Gesamtleistung von mehr als 100 MW, den Bau von zwei Wasserkraftwerken entlang der Mur sowie die Errichtung des Gemeinschaftskraftwerks Oberer Inn in Tirol. Weitere Windparks und Wasserkraftprojekte sind derweil in Vorbereitung.

Aber die EU-Bank belässt es nicht bei der Förderung erneuerbarer Energien. Sie finanziert, wie mit dem Projekt „EVN Electricity Networks", auch die Einspeisung der regenerativen Energie in die Netze, in diesem Fall in Niederösterreich. Darüber hinaus flankiert sie ihre Klimaschutzpolitik mit Finanzierungen, die auf eine verbesserte Nutzung der Energien abzielen, wie in Österreichs Hauptstadt mit dem Projekt „Wiener Wohnen Energieeffizienz" (thermische Sanierung von Wohnraum), in Graz (thermische Sanierung öffentlicher Gebäude) oder durch Rahmendarlehen an österreichische Banken, um deren Kreditvergabe in diesem Bereich zu fördern.

Ein weiterer wichtiger Beitrag zum Erreichen der Klimaziele sind Investitionen in den öffentlichen Personennahverkehr, die Schieneninfrastruktur und Schienenfahrzeuge. In den vergangenen Jahren hat die EIB Nahverkehrsprojekte in Linz, Graz, Gmunden und Innsbruck finanziert und den Ausbau des ÖBB Schienennetzes unterstützt. Ebenso finanzierte die Bank Güterwagons. In Vorbereitung befindet sich eine Finanzierung von Personenzuggarnituren.

Allerdings: Oftmals dringen die Möglichkeiten der EIB, trotz der sehr günstigen Konditionen und der Produktvielfalt, nicht zu den potenziellen Empfängern durch. Hier setzt „ELENA" an, das „Europäische Finanzierungsinstrument für nachhaltige Energieprojekte von Städten und Regionen", das unter der Federführung der EIB von der Kommission finanziert wird. Im Rahmen von ELENA erhalten lokale und regionale Behörden Zuschüsse für technische Hilfe bei der Vorbereitung von Investitionsprogrammen, die auf die Erschließung erneuerbarer Energieträger und die Verbesserung der Energieeffizienz ausgerichtet sind und dadurch zur Klimaschutz- und Energiepolitik der EU beitragen.

Finanzierungen im Rahmen von ELENA decken bis zu 90 Prozent der Kosten der technischen Hilfe ab, die notwendig ist, um die Durchführung und Finanzierung von Investitionsprogrammen vorzubereiten. Diese Unterstützung kann Machbarkeits- und Marktstudien, die Strukturierung von Investitionsprogrammen, die Durchführung von Energieprüfungen und die Vorbereitung von Ausschreibungsverfahren umfassen.

ELENA hilft Gebietskörperschaften, ihre Vorhaben auf den richtigen Weg zu bringen und sie bankfähig zu machen – ganz gleich, ob es sich dabei um den Umbau öffentlicher oder privater Gebäude im Hinblick auf die Nutzung erneuerbarer Energien, energieeffiziente Fernwärmenetze und Kühlsysteme, innovative, nachhaltige und umweltfreundliche Verkehrssysteme oder ähnliche Vorhaben handelt.

Die Widerstandsfähigkeit gegen den Klimawandel erhöhen

Ein weiterer strategischer Ansatz ist, sich Methoden zu öffnen, um besser mit den Folgen des Klimawandels umzugehen. Selbst wenn die Konzentration von Treibhausgasen in der Erdatmosphäre nicht weiter zunimmt, dürfte sich der einmal in Gang gesetzte Klimawandel noch über längere Zeit fortsetzen und damit für viele Wirtschaftssektoren ernsthafte Folgen haben. Daher ist es wichtig, nicht nur den Klimawandel selbst einzudämmen, sondern auch Maßnahmen zur Anpassung an seine Folgen zu ergreifen. Dazu gehört etwa die Prüfung von Risiken der zu finanzierenden Projekte, um zu gewährleisten, dass diese Projekte wirksamer gegen die Auswirkungen des Klimawandels geschützt sind. Zu den Beispielen zählen ein verbesserter Hochwasser- und Küstenschutz sowie die Anpassung der Abwassersysteme in Bergregionen und Städten an Starkregen.

Klimaschutzaspekte stärker in allen Standards, Methoden und Verfahren der EIB berücksichtigen

Der dritte Pfeiler der Klimaschutzstrategie der Bank zielt darauf ab, die Klimaaspekte systematisch in sämtlichen Aktivitäten der EU-Bank zu berücksichtigen, damit sie jede Chance nutzt, um einen höchsteffizienten Klimaschutz zu erreichen. Hier besteht angesichts des hohen Finanzierungsvolumens der EU-Bank und der weitreichenden Projektvielfalt noch Spielraum. Um sicherzustellen, dass die Standards, Methoden und Verfahren der Bank die stets bestmögliche Lösung darstellen, will die EIB ihre systematische Einbindung von Klimaaspekten in die Projektprüfung vertiefen.

Grundsätzlich wird jede Investition, an deren Finanzierung sich die Bank beteiligt, auf ihre Klimaverträglichkeit hin überprüft. Das gilt nicht nur für Energie- und Umweltprojekte im engeren Sinne, sondern ebenso für Industrie-, Verkehrs- und Technologievorhaben. Aus diesem Grund hat die Bank insbesondere ihre sektorspezifischen Leitlinien überarbeitet und die Verfahren zur Bewertung von Klimarisiken und Klimaanfälligkeit angepasst. Außerdem will die EIB ihre führende Rolle bei der Festlegung von Standards und deren Harmonisierung zwischen nationalen und multilateralen Finanzierungsinstitutionen und allgemein innerhalb des Finanzsektors festigen.

Ein ganzheitlicher Ansatz

Eine weitere Säule in der Klimaschutzstrategie der Bank bietet der ganzheitliche Ansatz der EU-Institution. Neben einem effizienten Vorgehen bei der Kreditvergabe nimmt die EU-Bank auch am Kapitalmarkt eine führende Rolle im Klimaschutz ein. Es ist jetzt zehn Jahre her, dass die EIB die weltweit erste grüne Anleihe („Climate Awareness Bond" – CAB) begab. Heute ist die EU-Bank global der größte Emittent von Umweltanleihen. Über diese Wertpapiere hat die Bank inzwischen mehr als 15 Milliarden Euro aufgenommen. Die grünen Referenzanleihen der EIB lauten dabei auf Euro, US-Dollar und Pfund Sterling, aber die Bank hat auch Umweltanleihen in schwedischen Kronen, kanadischen Dollar, südafrikanischen Rand, Schweizer Franken, australischen Dollar, japanischen Yen, türkischen Lira und brasilianischen Real (synthetisches Format) begeben.

Die Mittel werden für Erneuerbare Energien und Energieeffizienz-Projekte eingesetzt, an deren Finanzierung sich die EIB beteiligt und die zum Klimaschutz beitragen, wie etwa Projekte zur Stromerzeugung aus Windkraft, Wasserkraft, Sonnenenergie und Erdwärme sowie Projekte zur Verbesserung der Energieeffizienz, unter anderem Fernwärmenetze, Anlagen für die Kraft-Wärme-Kopplung, die Wärmedämmung von Gebäuden, Projekte zur Verringerung von Stromübertragungsverlusten sowie der Ersatz älterer Industrieanlagen durch neue, die die Energieeffizienz erheblich verbessern.

Schlussfolgerung: die EIB hat Führungsrolle im Klimaschutz

Die Europäische Investitionsbank steht ausdrücklich hinter dem ehrgeizigen Ziel, die weltweite Klimaerwärmung auf deutlich unter 2 Grad Celsius zu beschränken. Sie wird die Umsetzung des Pariser Klimaabkommens durch die Finanzierung von Vorhaben unterstützen, die helfen, Europas Treibhausgasemissionen gemäß dem Rahmen für die Klima- und Energiepolitik bis 2030 zu senken.

Die EIB ist heute unter den multilateralen Finanzinstitutionen der größte Geldgeber für Klimaschutzmaßnahmen, und die Bank will diese Führungsrolle – zur Unterstützung der europäischen Politik – im Kreis der internationalen Finanzinstitutionen nutzen, wie sie es bereits auf dem Weg nach Paris getan hat, um die internationalen Partner wie etwa Weltbank und Osteuropa-Bank, in denen auch die USA Shareholder sind, zu überzeugen, am Klimaschutzabkommen festzuhalten. Dazu hat der Präsident der EIB, Werner Hoyer, ein Schreiben an seine Kollegen in den internationalen Partnerinstituten verschickt. Denn die Rolle, die die internationalen Finanzeinrichtungen im Klimaschutz übernehmen, ist zum einen die Bereitstellung von Finanzierungen und Know-how. Es ist aber auch die Katalysatorfunktion, um mit dem Einsatz begrenzter öffentlicher Mittel private Gelder, etwa von Pensionsfonds, Versicherungen oder Banken, für zusätzliche Investitionen zu mobilisieren. Denn ausschließlich mit öffentlichen Geldern zu arbeiten, ist angesichts der immensen Herausforderung des Klimawandels nicht ausreichend.

Anmerkung: Der vorliegende Artikel entstand unter Mitwirkung von Christoph Roche, Gunnar Muent, Martin Brunkhorst, Juan-José Febles Acosta und Marcus Schlüchter.

Barbara Schmidt

Empowering Austria: Die Stromstrategie von Österreichs E-Wirtschaft Der Umbau des Energiesystems als größtes Infrastrukturprojekt Österreichs

Jüngste Marktforschungsergebnisse zeigen uns, wie indifferent das Bild der ÖsterreicherInnen zum Thema Strom ist: Versorgungssicherheit ist ihnen in Zusammenhang mit Strom am wichtigsten. Die Herkunft des Stroms kommt gleich danach und hat den möglichst niedrigen Preis an die dritte Stelle verdrängt. Gefragt, was ihnen wichtiger ist, Preis oder Umweltfreundlichkeit, entscheidet sich jedoch die Mehrheit für den günstigsten Preis.

Die Diskussion zur zukünftigen Energiepolitik ist fest verbunden mit den Beschlüssen der Klimakonferenz von Paris und den dazu gehörenden Commitments der europäischen Union, auf der anderen Seite gibt es eine Vielzahl von Positionen, die von größter Skepsis („Das ist nicht zu schaffen.") bis zu ökologisch motivierter Schönfärberei reichen („bald kann Österreich energieautark sein.").

Beides stimmt nicht: Der Umbau des Energiesystems ist möglich, wenn auch weder einfach noch rasch. Vielmehr handelt es sich um das größte Infrastrukturprojekt Österreichs, das keinesfalls binnen eines Jahrzehnts – was auch nicht verlangt wird – sondern binnen drei bis vier Jahrzehnten zu bewältigen ist. Österreichs Energie hat mit der Stromstrategie „Empowering Austria" gewissermaßen die Einstiegspforte in die Welt der Dekarbonisierung skizziert – das aber ausschließlich für den Strombereich, der aktuell lediglich 20 Prozent des Energieverbrauchs unseres Landes abdeckt.

Bevor man in die Zukunft blickt, lohnt oft ein Blick in die Vergangenheit: Die Europäische Union hat sich zum Ziel gesetzt, spätestens bis 2050 die Emissionen des Treibhausgases CO_2 um 80 Prozent zu verringern. Dies bedeutet unter anderem, dass der Individualverkehr von fossilen Treibstoffen auf klimafreundliche Alternativen wie Strom umgestellt werden muss, industrielle und private Energienutzung umgekrempelt werden und Importe fossiler Energieträger durch erneuerbare Energien aus dem Inland ersetzt werden müssen. Wir müssen Energie effizienter nutzen und wir müssen saubere Energie einsetzen.

Bis 2050 sind es noch knapp 33 Jahre. Blicken wir 33 Jahre zurück in das Jahr 1984, das berühmte Jahr aus Orwells Zukunftsroman. 1984 fanden olympische Winterspiele im jugoslawischen Sarajevo statt, die DDR hatte noch ein halbes

Jahrzehnt vor sich, in Vorarlberg zogen die Grünen erstmals in ein österreichisches Parlament ein, IBM stellte den ersten PC vor und erstmals wurde im deutschen Sprachraum eine E-Mail empfangen.

Im Jahr 1985 wurde das Kraftwerk Greifenstein in Betrieb genommen, 1987 das Kraftwerk Dürnrohr. Das älteste Donaukraftwerk datiert aus 1956, das jüngste, Wien Freudenau, aus 1998. Die Kraftwerksgruppe Kaprun/Tauern, eines der Juwele der österreichischen E-Wirtschaft, datiert ebenfalls aus Mitte der 50er Jahre und wird in den kommenden Jahrzehnten nicht nur in Betrieb, sondern moderner und wichtiger denn je sein. Diese Beispiele zeigen die entscheidenden Unterschiede zwischen Stromversorgung und anderen Technologien: Strom-Infrastruktur ist überaus kapitalintensiv, wird für Jahrzehnte geplant und gebaut und benötigt manchmal auch Jahrzehnte für die Genehmigung, wie Beispiele aus dem Übertragungsnetz beweisen. Kraftwerke, die heute errichtet werden, wie das Gemeinschaftskraftwerk Inn oder das Murkraftwerk in Graz, werden auch noch in hundert Jahren Strom liefern, den man übrigens bitter benötigen wird. Daher wird es entscheidend sein, diesen Prozess nicht in technologische oder finanzielle Sackgassen zu führen, offen für neue Entwicklungen zu bleiben und die Annäherung an die Ziele schrittweise, jeweils auf Basis konkreter Erfahrungen anzustreben.

Die Aufgabe der Umstellung des Energiesystems jedenfalls ist gewaltig: Umgerechnet in die übliche Einheit der E-Wirtschaft, die Terawattstunde (TWh), die 1 Mrd. Kilowattstunden bezeichnet, hat Österreich aktuell einen Energieverbrauch von gut 300 TWh. Strom macht etwa 65 TWh aus, der Rest entfällt größtenteils auf fossile Energieträger. In einer TWh Strom steckt so viel Energie wie in 86.000 Tonnen Rohöl, das entspricht etwa 1250 Eisenbahn-Kesselwagen.

Österreich kann in den kommenden Jahrzehnten die Energiegewinnung aus erneuerbaren Ressourcen auf etwa 100 TWh steigern, stellte TU-Professor Günther Brauner in seinem 2016 erschienenen Strategiebuch zur Energiewende fest und dürfte damit nicht so falsch liegen, wenn man bedenkt, dass nicht nur die Potenziale an erneuerbaren Energien begrenzt sind, sondern auch die für Investitionen zur Verfügung stehenden Mittel und die Akzeptanz der Bevölkerung gegenüber großtechnologischen Energie-Infrastrukturen, wie beispielsweise Windparks. Das bedeutet, dass der aktuelle Energieverbrauch von 300 TWh um zwei Drittel abzusenken ist, wenn man mit erneuerbaren Energien auskommen will. Energieeffizienz wird daher zum wichtigsten Ziel der Energiewende. Erneuerbare Energien werden neben den bekannten Bio-Potenzialen in Form von Strom in das Energiesystem eingespeist werden: Strom aus Wasserkraft, Windkraft und Photovoltaik. Strom kann zudem praktisch alle anderen Energieträger ersetzen und ist unverzichtbar, wenn es um die Steigerung der Energieeffizienz geht.

Die Stromstrategie Empowering Austria

Österreichs Energie hat auf Basis valider Prognosen und Szenarien für die Entwicklung des Energie- und Stromverbrauchs sowie mit Blick auf die Beschlüsse des Klimagipfels von Paris für den Bereich der E-Wirtschaft eine Energiewende-Strategie im Strombereich erarbeitet, die den Zeitraum bis 2030 abdeckt, die Stromstrategie „Empowering Austria".

Österreichs Energie begrüßt die Beschlüsse der Klimakonferenz von Paris als wichtiges Signal, das den Einstieg in eine nachhaltige Energiezukunft markiert. Die E-Wirtschaft wird auf dieser Basis eine wesentliche, wenn nicht führende Rolle bei der langfristigen Dekarbonisierung Europas einnehmen und somit auch neue Lösungen für die kostengünstige Reduktion von CO_2-Emissionen in anderen Anwendungsbereichen bringen. Österreichs E-Wirtschaft tritt für eine globale, rechtlich bindende Vereinbarung der Maßnahmen zur Erreichung des 2°C-Zieles und zur Bekämpfung des Klimawandels zwischen allen Vertragsparteien ein. Dafür erforderlich ist ein global gültiges Regime aus Politik und Maßnahmen, das klare Signale und Investitionssicherheit in CO_2-arme Technologien fördert. Notwendig ist in diesem Zusammenhang langfristige Sicherheit für Bevölkerung, Wirtschaft und Investoren. Dafür müssten allgemein gültige und transparente Regeln zu Zeitplan, Messung, Reporting und Evaluation für alle Wirtschaftszweige erstellt werden.

Die Stromstrategie baut auf der vorhandenen Infrastruktur der österreichischen Elektrizitätsversorgung und realistisch nutzbaren Potenzialen erneuerbarer Energien auf und beschränkt sich bewusst auf den Zeitraum bis 2030, weil weiter reichende Konzepte auch aus technologischer und wirtschaftlicher Sicht zu große Unschärfen aufweisen würden. Dies betrifft einerseits die Eigenschaften einer Stromversorgung, die sich in steigendem Ausmaß auf erneuerbare Energien mit ihren starken saisonalen und tageszeitlichen Schwankungen des Inputs stützt, andererseits werden andere industrielle Prozesse bewusst nicht inkludiert. Bekanntestes Beispiel dafür wäre eine Umstellung der Roheisenproduktion Österreichs von Kohle auf Wasserstoff, der mittels Strom aus erneuerbaren Ressourcen im Wege der Wasser-Elektrolyse erzeugt wird. Eine derartige Umstellung würde zusätzlich Strom im Ausmaß von 35 TWh erfordern, mehr als die Hälfte des aktuellen Stromverbrauchs in Österreichs und mehr als das erwartete Potenzial an zusätzlicher Stromproduktion aus erneuerbaren Ressourcen in Österreich.

Die Stromstrategie, ein Investitions- und Infrastrukturprogramm

Die Stromstrategie Empowering Austria zielt auf eine sichere, wirtschaftliche, nachhaltige und zukunftsfähige Energieversorgung und stellt ein Programm dar, das Investitionen mobilisiert, um damit den Wirtschaftsstandort Österreich langfristig zu stärken. Die derzeit für Österreich vorliegenden Studien und Szenarien lassen erwarten, dass sich der Stromverbrauch im Inland bis 2030 selbst bei einem moderaten Wirtschaftswachstum um bis zu 14 TWh erhöhen kann. Wenn in Österreich aus Gründen der Unabhängigkeit und Versorgungssicherheit die Möglichkeit geschaffen werden soll, zudem den negativen Saldo im grenzüberschreitenden Stromaustausch von 9 TWh deutlich zu reduzieren, ergibt sich daraus, je nach Szenario, die Notwendigkeit, die Stromerzeugung im Inland bis 2030 um rund 20 TWh zu steigern.

Die Erwartungen eines steigenden Stromverbrauchs lassen sich gut begründen: Die generell angestrebte Energiewende in Europa und Österreich bringt in Verbindung mit der stärkeren Fokussierung auf die Energieeffizienz einen Bedeutungsschub für das Stromsystem. Strom wird zur wichtigsten Energieform. Untrennbar mit der dabei verbundenen Erhöhung des Anteils an erneuerbarer Energie sind eine zunehmend volatile Erzeugung und ein höherer Bedarf an flexibel und rasch abrufbaren Erzeugungskapazitäten, an kurz-, mittel- und langfristigen Speichereinheiten und an einem bedarfsgerechten Ausbau der Übertragungs- und Verteilernetze, um die hohen Lastflüsse aufzunehmen und zu transportieren. Das ergibt in Summe das größte Infrastrukturprogramm Österreichs für die kommenden Jahrzehnte.

Zudem ist eine stärkere Einbindung und Verantwortung aller Marktakteure (Kunden, Erzeuger, Netzbetreiber und Händler) erforderlich. Mit einer erfolgreichen Energiewende entwickelt sich die sichere und effiziente Stromversorgung in Österreich zu einem tatsächlichen Standortvorteil im internationalen Umfeld. An der Industrie wird es allerdings liegen, diese Vorteile zu nützen, beispielsweise indem sie Demand-Response-Chancen nützt oder sich beim Aufbau der Stromversorgung engagiert.

Mit diesem Programm ließen sich nicht nur der Anteil der erneuerbaren Energien an der Energieversorgung weiter erhöhen und die Umstellung auf Strom beschleunigen, die Versorgungssicherheit verbessern und Investitionen in Höhe von mindestens 50 Milliarden Euro anstoßen, sondern auch mehrere zehntausend qualifizierte und langfristige Arbeitsplätze in zentralen Bereichen der Volkswirtschaft sichern und neu schaffen.

Investitionen von einer Milliarde Euro in der E-Wirtschaft sichern oder schaffen rund 8000 Jahres-Arbeitsäquivalente (aus IWI-Studie für Oesterreichs Energie). 50 Mrd. Euro summieren sich aus 35 Mrd. Eure Netzinvestitionen (inklusive smarter Systeme, hochgerechnet aus bestehenden Investitionsvorhaben) und 15 Mrd. Euro Erzeugungsinvestitionen (hochgerechnet aus bestehenden Investitionsvorhaben). 50 Mrd. Euro bedeuten daher über 400.000 Jahres-Äquivalente an Arbeitsplätzen. Bei einer durchschnittlichen Jahresarbeitslosigkeit von 320.000 Personen im Jahr 2014 und einer vorsichtigen Schätzung bezüglich der Wirksamkeit des Programms (Abzug von 25 Prozent der Beschäftigungswirkung) ergeben sich damit rund 300.000 Vollzeit-Job-Äquivalente, das entspricht über zehn Jahre einer Beschäftigung von zusätzlich 30.000 Personen, also eine Reduktion der Arbeitslosenzahlen um zehn Prozent oder einer Senkung der Arbeitslosenquote um einen Prozentpunkt. Insgesamt lässt sich daraus Arbeit für jeden achten Arbeitslosen errechnen.

„Empowering Austria" heißt: Mehr Strom und Effizienz im Energiesystem.

Durch den vermehrten Einsatz von Strom in der Industrie, im Wärmebereich sowie im Verkehr (Elektromobilität) wird die Importabhängigkeit reduziert, die Energieeffizienz erhöht und die CO_2-Emmission reduziert. Wir brauchen eine Energiewende, die ihren Namen verdient: das heißt wir brauchen zusätzlich zur Stromwende vor allem eine Wärmewende und Verkehrswende. Sauberer Strom muss hier fossile Energien substituieren.

Mehr Erneuerbare und Flexibilität im Stromsystem: Der Ausbau und die Modernisierung heimischer systemrelevanter Erzeugungsanlagen sowie der Verteiler- und Übertragungsnetze in Kombination mit einer Ausweitung der flexiblen Nachfrage (wie Demand Side Management) ermöglichen den forcierten Ausbau und die Integration erneuerbarer Energieträger und eine gesicherte inländische Erzeugung. Die erhöhte inländische Stromerzeugung verbessert zusätzlich die Versorgungssicherheit und sichert Wertschöpfung für Österreich.

Mehr Partizipation aller Marktteilnehmer.

Kunden wird es durch neue Marktregeln und Produkte ermöglicht, aktiv am Strommarkt teilzunehmen, um ihren Energiebedarf zu optimieren. Sie leisten damit als aktiver Partner im System einen wichtigen Beitrag für die Systemsicherheit.

Potenziale und Ziele

Die Potenziale für den maß- und sinnvollen Ausbau der inländischen Stromproduktion aus erneuerbaren Energien bis 2030 sind vorhanden und erschließbar. Gemäß Studien liegt das windtechnische Angebotspotenzial bei 13,9 TWh, bis 2030 ist ein mögliches Potenzial von 6 TWh bis 8 TWh erschließbar. Das reduzierte technisch-wirtschaftliche Restpotenzial der Wasserkraft in Österreich beträgt 12,7 TWh, wovon 8,5 TWh (Großwasserkraft und Kleinwasserkraft gemeinsam) bis 2030 ausgeschöpft werden könnten. Angesichts des Ausbautempos der Photovoltaik kann ein angestrebtes Ausbauvolumen von rund 6 TWh bis 8 TWh bis 2030 erreicht werden. Begrenzte Potenziale gibt es auch im Sektor Biomasse, Österreichs Energie erwartet aber hier allenfalls Verschiebungen in den Wärmebereich und keinen Zuwachs im Bereich der Stromerzeugung.

Unter diesen Voraussetzungen kann das angestrebte Ausbauvolumen von rund 20 TWh für erneuerbare Energien erreicht werden. In Summe ist damit eine Steigerung des Anteiles an erneuerbaren Energien an der Stromerzeugung auf bis zu 85 Prozent möglich.

Der Ausbau der hocheffizienten KWK erfolgt entsprechend der Energieeffizienzrichtlinie, wobei die Potenziale zu nutzen sind. Die Differenz zwischen der regenerativen, volatilen Stromerzeugung und dem Strombedarf wird in Österreich aufgrund der klimatischen Verhältnisse im Jahresverlauf größer, je kälter es ist und ist insbesondere stark vom Marktverhalten angrenzender Nachbarländer abhängig. Diese Lücke kann bedarfsgerecht durch systemrelevante Kraftwerke geschlossen werden. Werden 20 TWh zusätzlich aus erneuerbaren Ressourcen zur Verfügung gestellt, entspricht dies somit einer Einsparung von 8 bis 16 Mio. Tonnen CO_2 oder bis zu 20 Prozent der im Jahre 2012 emittierten Treibhausgasemissionen Österreichs. Die hier vorgelegte Strategie trägt somit zur Erfüllung der europäischen Ziele zur Treibhausgasreduktion bei.

Der Ausbau der erneuerbaren Erzeugung muss – auch durch die noch stärkere Dezentralisierung – abgestimmt mit einer Anpassung der Kapazitäten in den Übertragungs- und Verteilernetzen, der kurz-, mittel- und langfristigen Speichermöglichkeiten und der flexiblen Kraftwerkskapazitäten gestaltet werden. Nur wenn die Netze entsprechend ertüchtigt und durch den Einsatz neuer Technologien modernisiert werden, sowie die Sicherheitsmargen im Bereich der Erzeugung angepasst werden, kann die in immer stärkerem Maß erneuerbare Stromerzeugung ihre Vorteile für Versorgungssicherheit, Klimaschutz und Beschäftigung voll ausspielen.

Der bei „Empowering Austria" ermittelte Ausbau der erneuerbaren Erzeugungskapazitäten im geschätzten Ausmaß von etwa 12.000 MW an installierter Leistung erfordert vor allem durch die kapazitätsmäßig deutlich überwiegenden

Wind- und Photovoltaikanlagen auch zusätzliche Speicherkapazitäten, die sowohl aus Strom-Großspeichern – und hier sowohl Tages-, Wochen- und Jahresspeicher – als auch über kleine Speicher in den Haushalten bereitgestellt werden sollten. Der Ausbau der Stromerzeugung aus erneuerbaren Energien, wie er in der Stromstrategie „Empowering Austria" skizziert ist, wird aus heutiger Sicht Finanzierungskosten von rund 15 Mrd. Euro erfordern.

Eine Steigerung der Stromproduktion aus erneuerbaren Quellen in Österreich in einem Ausmaß, das diese gemeinsam mit der systemrelevanten Erzeugung in Österreich eine im Jahresverlauf weitgehend ausgeglichene Strombilanz ermöglicht, würde die Stromversorgung der Wirtschaft, der Haushalte und aller weiteren Verbraucher flexibler, sicherer und langfristig unempfindlicher gegen externe Schocks machen. Bezüglich der volkswirtschaftlichen Auswirkungen sind mehrere Fragen anzusprechen: Der Wert der Unabhängigkeit von ausländischen Märkten und Lieferanten, die Bedeutung einer Reduzierung der Strom- und Energieimporte für die Zahlungs- und Leistungsbilanz Österreichs und die Bedeutung der mit dem Ausbau der Stromversorgung verbundenen konjunkturellen Impulse und der Impulse für den Arbeitsmarkt, von denen ein Teil dauerhaft gesichert bleibt. Die höhere Sicherheit und Flexibilität der Stromversorgung senkt langfristig die Gesamtkosten der Energieversorgung und stärkt die industrielle Basis Österreichs. Österreichs Energie sieht leistbare und wettbewerbsfähige Strompreise als wichtige Grundlage für den Wirtschaftsstandort Österreich, weil Strom in allen Sektoren der Wirtschaft und überall im täglichen Leben benötigt wird.

Schlussfolgerungen und Ausblick

Die von Österreichs E-Wirtschaft vorgelegte Stromstrategie „Empowering Austria" ist nicht nur eine Lösungsskizze, die aufzeigt wie Österreich seine Energie- und Klimaziele erreichen kann. Sie ist auch ein Programm zur positiven Entwicklung des Wirtschaftsstandorts Österreich. Mit ihr werden Investitionen angereizt, Forschung und Innovation gefördert und auf Basis einer breiten Akzeptanz in der informierten und teilhabenden Bevölkerung notwendige Infrastrukturprojekte errichtet. In den ersten 10 Jahren des Klima- und Energiefonds wurden viele innovative Ideen entwickelt, Projekte umgesetzt und in Modellregionen erprobt. In den kommenden 10 Jahren sollen die vielen Initiativen zu einem allgemeinen Programm werden, das zum Nutzen Österreichs umgesetzt wird. Let's empower Austria!

Sabine Seidler, Günther Brauner

Energie – Wirtschaft – Umwelt: Integrierte Systemlösung der Zukunft

Herausforderungen

Zu den langfristigen Herausforderungen für die Entwicklungen der Welt gehören insbesondere die Bereitstellung von Energie in ausreichender Menge unter Begrenzung von Umwelteinflüssen und zu langfristig akzeptablen Preisen. International betrachtet haben derzeit die einzelnen Regionen und Staaten unterschiedliche energiepolitische Strategien entwickelt, die von der Beibehaltung von fossilen oder nuklearen Erzeugungstechnologien über gemäßigte Hinwendung zu teilweise nachhaltigen Technologien bis zur raschen Umsetzung von nachhaltigen und effizienten Energiestrategien reichen. Hier sollen insbesondere die langfristigen Herausforderungen aus der Sicht der Energieforschung und der damit verbundenen industriellen, wirtschaftlichen und sozialen Umsetzung betrachtet werden. Wegen des hohen Kapitaleinsatzes stellt die Transformation der Energiesysteme einen längerfristigen Evolutionsprozess dar. Langfristige Betrachtungen sind aber mit großen Unsicherheiten verbunden, die durch die Analyse von langfristigen Einflussfaktoren und Entwicklungstendenzen gemindert werden können.

Folgende Herausforderungen werden zukünftig die Entwicklungspfade der Energietechnologie bestimmen:

- Bevölkerungsentwicklung. Die Weltbevölkerung wird bis etwa 2100 weiter anwachsen und sich nach Prognosen der UN voraussichtlich im Bereich von 10 bis 12 Mrd. Menschen einpendeln. Die ausreichende Bereitstellung von Energie, Nahrung und geeigneten Infrastrukturen stellt dabei das wesentliche Element zur sozialen Stabilität dar.
- Verstädterung. Weltweit ist derzeit eine Zunahme des Bevölkerungsanteils in städtischen Siedlungsräumen zu beobachten: Bereits im Jahr 2010 hat die Stadtbevölkerung die Landbevölkerung überholt. Es sind zukünftig Ballungsräume mit 100 Mio. EinwohnerInnen und mehr zu erwarten. Dies stellt große Herausforderungen an eine gesicherte, emissionsarme Energieversorgung und an die Begrenzung von Umweltauswirkungen dar, um eine hohe Lebensqualität zu gewährleisten.

- Industrialisierung. Die Industrialisierung der Welt schreitet weiter fort. Schwellenländer werden zu neuen Industrieregionen und Entwicklungsländer werden zu neuen Schwellenländern. Derzeit haben nur etwa 65 % der ländlichen Regionen auf der Welt Zugang zu Elektrizität. In den Städten ist bereits eine Elektrifizierungsrate von 90 % überschritten. Die ländliche Elektrifizierung ist derzeit in vielen Entwicklungsländern eine Herausforderung. Sie stellt die Vorstufe zu breiter Bildung und Industrialisierung dar.

All diese Entwicklungen werden bewirken, dass der überwiegende Teil der Weltbevölkerung Zugang zur Energienutzung haben wird. Dadurch wird der Weltenergiebedarf zunächst stark zunehmen. Um den zu erwartenden Ressourcenverknappungen zu begegnen und Umwelteinflüsse zu begrenzen, muss sich die Energieversorgung in Richtung Nachhaltigkeit und Effizienz entwickeln. Langfristige Tendenzen zeigen, dass sich durch eine derartige Entwicklung auch positive Effekte einstellen können:

- Mit zunehmender Industrialisierung kann durch Effizienzmaßnahmen der spezifische Energiebedarf je Kopf der Bevölkerung wieder abnehmen.
- Durch Elektrifizierung unter Nutzung nachhaltiger Energiequellen, kann die Entwaldung durch Übernutzung der Holzvorräte eingeschränkt werden.
- Elektrifizierung und Bildung hängen zusammen und stellen eine Voraussetzung für industrielle Entwicklung dar.
- Schließlich führt Elektrifizierung mit Zugang zu breiter Bildung durch Ausbau von Information und Kommunikation auch zur Minderung der Bevölkerungsentwicklung und beschränkt als neues Gleichgewicht den Energiebedarf auf die verfügbaren Ressourcen.

Lösungen für die Zukunft

Langfristig sind durch die Entwicklung einer nachhaltigen und effizienten Energieversorgung auch wirtschaftliche Wohlfahrt und eine Schonung der Umwelt möglich. Die Energieforschung muss sich daher für die Lösung der zukünftigen Aufgabenstellungen neu orientieren:

- In der Vergangenheit war die Betrachtung der Komponenten und grundlegenden Methoden zur Entwicklung von Energiesystemen notwendig. Zukünftig steht zur Entwicklung langfristiger und nachhaltiger Strategien unter Beachtung von Umweltauswirkungen sowie von wirtschaftlichen und sozialen Aspekten die Betrachtung der Komplexität der neuen Energiesysteme im Vordergrund und die Entwicklung neuer Komponenten hat aus den Anforderungen der komplexen Energiesysteme zu erfolgen.

- Die zunehmende Komplexität von Forschung, Entwicklung und Umsetzung verlangt eine interdisziplinäre Vernetzung[1]. Insbesondere im Bereich der Endanwendung von Energie in energieaktiven Siedlungen und Städten, sowie in der nachhaltigen Mobilität und bei der industriellen Produktion sind komplexe Systemaufgaben zu behandeln.
- Die nachhaltige Energieversorgung und die damit verbundene allmähliche Ablösung der fossilen Energieanwendung sind ein wesentliches Entwicklungsziel der Zukunft. Die Strategie der Energiewende besteht im Wesentlichen in der Substitution von fossilen Ressourcen durch nachhaltig gewonnene Elektrizität. Windenergie, Photovoltaik, Wasserkraft und in begrenztem Ausmaß Biomasse und Geothermie stellen die Energiequellen der Zukunft dar und werden Kohle, Öl und Gas teilweise ersetzen.
- Die Energieeffizienz in der Endanwendung stellt die größte Herausforderung der Zukunft dar. Da einerseits die nachhaltigen Energiepotenziale begrenzt sind und andererseits durch die Substitution von fossiler Energie durch nachhaltige Elektrizität zusätzliche Anwendungen dazukommen, müssen durch Effizienzsteigerungen in klassischen Elektrizitätsanwendungen Potenziale für neue Anwendungen wie Elektromobilität oder Wärmepumpen geschaffen werden.
- Die zentralen Energietechnologien mit Übertragungs- und Verteilungsnetzen sowie Großkraftwerken und Pumpspeicherkraftwerken werden auch zukünftig benötigt. Es ist aber abzusehen, dass zentrale Technologien wie ein Supergrid oder ein exzessiver Ausbau von langfristigen Speicherpotenzialen aufgrund der dichten Siedlungsstrukturen und dem damit verbundenen Mangel an neuen Trassen oder Kraftwerksstandorten zunehmend mit Akzeptanzproblemen der Bevölkerung verbunden sind.
- Dezentrale Energietechnologien werden daher die zentralen Systeme ergänzen aber nicht vollständig ersetzen. Die nachhaltige Energiestrategie der Zukunft muss sein, nachhaltig gewonnene Energie möglichst dort zu verwenden, wo sie erzeugt wird, um die Umweltauswirkungen für den Bedarf an Infrastrukturen zu mindern.
- Dezentrale und nachhaltige Energieversorgung bedeutet, dass eine große Anzahl von Energiekollektoren wie zum Beispiel Windräder oder PV-Module notwendig ist. Ein Kernkraftwerk von 1.500 MW benötigt zum Beispiel 3.000 Windgeneratoren je 3 MW oder 12 Mio. Solarmodule je 1 kW. Neben einem großen Flächenbedarf werden folglich auch große Materialmengen benötigt.
- Das Recycling der Anlagen mit dem Ziel, einen möglichst hohen Anteil des Materials umweltneutral und energiesparend zurückzugewinnen, um neue

1 vgl. Doktoratskolleg Urbanes Energie- und Mobilitätssystem (URBEM), www.urbem.tuwien.ac.at

Anlagen damit herzustellen, wird zukünftig eine bedeutende Rolle spielen. Die Forschungs- und Anwendungsgebiete der Energiesysteme müssen daher zukünftig eng mit Gebieten wie Materialwissenschaften, angewandter Chemie und Ressourcenmanagement zusammenarbeiten, um neue Lösungen zu erarbeiten.

- Die Energiewende hat darüber hinaus auch wirtschaftliche und soziale Aspekte. Der Umbau der Energiesysteme zur Energiegewinnung oder für die Endnutzung macht hohe Investitionen erforderlich. Allerdings stellt sie auch einen längerfristigen Prozess von mehreren Dekaden dar. Nachhaltige Energie muss aus der Sicht der Industrie und des privaten Konsums bezahlbar bleiben. Langfristige Finanzierungsmodelle, die wirtschafts- und sozialverträglich sind, gewinnen an Bedeutung. Sie reichen von Großinvestitionen durch Wirtschafts- oder Bürgerinitiativen bis zu Mikrokrediten mit sozialverträglichen und langen Tilgungszeiten für finanzschwache Bevölkerungsschichten.

Energiesenke mit Nachhaltigkeitspotenzial: Stadt und Siedlung der Zukunft

Die Bereiche Gebäude und Mobilität stellen derzeit mit etwa 70 % die größten Sektoren des Endenergiebedarfs dar. Durch thermisch gedämmte Gebäude kann der Heizungsenergiebedarf zukünftig auf weniger als 10 % des heutigen Bedarfs gesenkt werden. Effiziente Beleuchtung und Hausgeräte können den Elektrizitätsbedarf deutlich vermindern.

Die Stadtplanung der Zukunft wird in Richtung Solarsiedlungen gehen müssen, bei der die Anordnung der Gebäude zueinander und die der Gebäudeflächen für eine größtmögliche Nutzung von Solarenergie geeignet ist. Großflächiges Architekturglas mit Photovoltaik wird wahrscheinlich zum bestimmenden Architekturelement.

Die Gebäude selbst werden mit komplexer Haustechnik aus Photovoltaik, Solar- oder Geothermie, sowie thermischen und elektrochemischen Speichern ausgestattet und vernetzte, intelligente und effiziente Endgeräte haben. Ein wesentliches Ziel dabei ist, die Verbrauchscharakteristik der Endgeräte besser an das schwankende Dargebot insbesondere von Photovoltaik und Wind anpassen zu können. Die heutigen Ansätze von „Smart Grid“ und „Smart City“ werden wahrscheinlich zukünftig in intelligenten energieaktiven Siedlungen und Gebäuden münden.

Während bei der Gestaltung von energieaktiven Neubausiedlungen einfache Innovationspotenziale umzusetzen sind, stellt die energetische Sanierung von historisch gewachsenen Siedlungsstrukturen zukünftig große technologische und wirtschaftliche Herausforderungen dar. Hier sind teilweise Kompromisse mit dem Denkmalschutz notwendig.

Energiesenke mit Nachhaltigkeitspotenzial: Mobilität der Zukunft

Der Sektor Verkehr stellt derzeit 30 % des fossilen Endenergiebedarfs und 70 % des Erdölbedarfs dar. Die Verstädterung der Erde wird starke Impulse in Richtung eines nachhaltigen und emissionsfreien öffentlichen Personen-Nahverkehrs (ÖPNV) setzen. Dabei wird es zunehmend schwieriger, die mit der Urbanisierung verbundenen, großflächigen suburbanen Siedlungsflächen mit einem Nahverkehr in akzeptablen Intervallzeiten zu versorgen. Hier wird der elektrische Individualverkehr in Zukunft sein größtes Entwicklungspotenzial entfalten und eine mit dem ÖPNV in den Ballungszonen vergleichbare Effizienz und Emissionsfreiheit ermöglichen. Die intermodale Mobilität zur Vernetzung des suburbanen Nahverkehrs mit dem ÖPNV der Ballungszentren wird eine effiziente, emissionsfreie und nachhaltige Mobilität ermöglichen. Es ist auch abzusehen, dass Car-Sharing mit elektrischen Flotten eine zunehmende Bedeutung haben wird. Schließlich wird das autonome innerstädtische Fahren auf entsprechend vorbereiteten Fahrspuren mit hoher Personensicherheit ermöglichen, dass die Mobilität auch für den älteren Teil der Bevölkerung langfristig gesichert ist.

Energie – Umwelt – Wirtschaft: Gegensätze oder drei Teile eines Ganzen

Die schnellen Technologiewechsel und die rasche Hinwendung zur überwiegend regenerativen Energieversorgung der Zukunft bergen auch große Risiken für Energieversorgung, Industrie und Volkswirtschaft insgesamt. Systematische Studien und Modellprojekte können helfen, durch Zusammenführen von Forschung, Umsetzung und Nutzung in kooperativen Innovationsprojekten neue Lösungswege aufzuzeigen und die notwendigen Änderungen des NutzerInnenverhaltens zu beschleunigen. Eine systematische Forschungs- und Entwicklungsstrategie kann dabei eine integrierte Systemlösung ermöglichen, die Problemstellungen von Energie, Umwelt und Wirtschaft zu einer sinnvollen Gesamtlösung mit verkürzten Innovationszeiten und Risiken zusammenführt.

Juni 2017

Theresia Vogel, Kima- und Energiefonds

Fossilfrei durch Innovation – Energiewende in der österreichischen Industrie

Akuter Veränderungsbedarf im Energiesystem

Das aktuelle Energiesystem in Österreich basiert überwiegend auf fossilen Energieträgern. Seine heutige Ausgestaltung hat es maßgeblich seit den 1950ern angenommen. In den vergangenen 100 Jahren haben sich die Rahmenbedingungen für dieses System allerdings umfassend verändert. Nicht nur sind die zur Verfügung stehenden Technologien für Energieaufbringung, -verteilung und -speicherung unglaublich angewachsen, es ist auch der Energiemarkt ein völlig anderer geworden. Wer etwa erinnert sich noch daran, dass Österreich 1912 das weltweit 3.-größte Ölförderland aufgrund der Erdölvorkommen in Galizien war? Ebenfalls in Vergessenheit geraten ist die Tatsache, dass Österreich bis in die 1960er bei Erdöl Selbstversorger war.

Dies ist keine Aufforderung weiterhin und unbefristet auf fossile Energie zu setzen, denn die aktuelle (Import-)Abhängigkeit ist klimaschädlich, teuer und riskant. Vielmehr gilt es nun die Rolle als „Selbstversorger" auf Basis Erneuerbarer Energieträger unter neuen Rahmenbedingungen zu definieren und erneut anzustreben, denn es ist hinlänglich bekannt, dass die unabdingbaren und ambitionierten Klimaziele des Pariser Vertrages einen tiefgehenden Transformationsprozess des Energiesystems mit sich bringen werden – global und auch hierzulande. Die Zeit für diesen Umbau ist – im Hinblick auf die notwendigen Veränderungen – sehr knapp bemessen, rund 3 Jahrzehnte stehen uns bis zur weitgehenden Dekarbonisierung zur Verfügung. Die Ausgangslage ist zwar gut, eine umfassend ausgebaute und stabile Energieinfrastruktur, die dennoch den veränderten Anforderungen in der Zukunft nicht gerecht wird.

Herkulesaufgabe energieintensive Industrie

Betrachtet man die (gesamten) nationalen Treibhausgas (THG)-Bilanzen (Anderl, 2016), dann ist deutlich erkennbar, dass neben den Sektoren Verkehr oder Gebäude auch die österreichische Industrie massiv von der Notwendigkeit der Dekarbonisierung betroffen ist, im speziellen die energieintensive Industrie. Während kostenseitig bei undifferenzierter Betrachtung der österreichischen Industrie als „Blackbox“ etwa 2,6 % auf Energiekosten entfallen und diese damit keinen zentralen Standortfaktor darstellen, stellt sich die Situation für energieintensive Branchen – darunter fallen v.a. Produktionen mit Hochtemperaturprozessen (d.s. Eisen- und Stahlerzeugung, Chemie- und Petrochemie, Steine-, Erden- und Glasindustrie sowie die Papier- und Druckindustrie) – anders dar. Hier steigt der Energiekostenanteil aktuell auf bis zu 9% i.M (die Bandbreiten liegen dabei weit höher – bis zu 26 % etwa bei der Herstellung von Industriegasen, wie etwa in Deutschland seitens Statistischem Bundesamt ausgewiesen). Insgesamt jedoch ist die Frage der Energiekosten immer eingebettet in den regionalen Kontext mit allen anderen Standortfaktoren zu setzen und nicht völlig losgelöst davon zu betrachten.

Insgesamt ist das produzierende Gewerbe für rd. 1/3 Drittel des jährlichen Energieverbrauchs in Österreich verantwortlich – rd. 300 PJ (Petajoul) an Endenergie – davon werden rund 60 % in den energieintensiven Industriezweigen benötigt. Der Endenergieverbrauch steigt in diesen Industriezweigen kontinuierlich an und lag in Österreich 2014 um rund 45 % höher als 1996, gegenüber 2005 um 3,5 % höher. Bezogen auf den Produktionsindex lag die Energieintensität in den energieintensiven Branchen 2014 allerdings um gute 9 % besser als 2005 (bmwfw, 2016).

Für Österreich sind die energieintensiven Branchen ein wesentlicher Bestandteil seines industriellen Rückgrats und auch ein Faktor, der dazu beiträgt, dass hierzulande beispielsweise höchste Kompetenz im Bereich Metallurgie gegeben ist und dass einschlägige Forschungs-Headquarters am Standort angesiedelt sind. Es gilt daher, die energieintensive Industrie in den Fokus zukünftiger Energie-Forschungs- und Innovationstätigkeiten zu rücken und Pfade in eine fossilfreie Zukunft auch dieses Bereiches zu entwerfen.

Die österreichischen Industriebetriebe beschäftigen sich intensiv mit ihrer Energiezukunft. Für die Umstellung der Produktion auf erneuerbare Energie würde allein die voestalpine rund 33 Terrawattsunden pro Jahr – das entspricht mehr als 50 % der jährlichen Stromerzeugung aus Wasserkraft in Österreich – aus dem externen Netz benötigen. Diese enorme Veränderung wird in keinem Energieszenario ausreichend abgebildet.

Herausforderung größer 250 °C

Für alle jene Branchen mit Wärmebedarf im niedrigen und mittleren Bereich stehen bereits heute Einzeltechnologien wie Solarthermie oder Wärmepumpen zur Bereitstellung industrieller Prozesswärme zur Verfügung. Voraussetzung für eine Ausweitung der Anwendungsmöglichkeiten sind neben der Wirtschaftlichkeit der Erzeugungstechnologien die Verfügbarkeit von verbesserten Energiespeichern. Derartige Lösungen weisen nicht nur eine ausgezeichnet und marktunabhängige Verfügbarkeit auf, sondern darüber hinaus höhere langfristige Planbarkeit bei den Kosten der Energieaufbringung – sind sie doch nicht dem globalen Energiemarkt unterworfen. (vgl. Faktencheck, 2015). Beispiele der jüngsten Vergangenheit belegen, dass auch internationale Konzerne auf innovative Energietechnologien setzen. Die vom Klima- und Energiefonds geförderte Grüne Brauerei in Göss war diesbezüglich Vorreiter, wie auch andere, etwa im Bereich der Wurstwaren- oder der Obstsaftproduktion. In der Lebensmittelindustrie zeichnet sich also bereits erste erfolgreiche Umstellung auf erneuerbare Energie ab.

Während Branchenpioniere diese Technologien nützen, steht ihnen noch ein großer Teil zurückhaltend gegenüber. Die Ursache dafür liegt in zum Teil unbegründeten Ängsten vor zu hohem Planungs- und Kostenaufwand oder aufwändigem Betrieb, aber auch in den erforderlichen Temperaturniveaus. Aus diesem Grund hat der Klima- und Energiefonds das Forschungsprojekt „*EnPro* – Erneuerbare Prozesswärme“ (EnPro, 2017) initiiert. Unter dem Lead von AIT (Austrian Institute of Technology) und AEE Intec wurden insgesamt 12 Fallstudien analysiert und darauf aufbauend Konzepte und ein Berechnungstool für die Integration von Solarwärme und Wärmepumpe in industrielle Prozesse entwickelt. Die Ergebnisse unterstützen Industriebetriebe, Planer und Anlagenbauer auf einfache Weise die Potentiale von Solarwärme und Wärmepumpe in einem konkreten Industriebetrieb zu erschließen.

Die Praxiserfahrungen in *EnPro* zeigen auch, dass in vielen Industrieanwendungen das Temperaturniveau der eingesetzten Wärme noch gesenkt und damit etwa die Versorgung von Prozessdampf auf Heißwasser umgestellt werden kann. Diese Senkung des Temperaturniveaus ist essenziell, denn die spezifischen Anforderungen schränken die Auswahl der infrage kommenden Technologien erheblich ein. Aber auch dort, wo die Umstellung derzeit noch nicht möglich ist, zeichnet sich ab, dass etwa mit Hochtemperatur-Wärmepumpen in absehbarer Zeit Dampf für den industriellen Einsatz erzeugen werden kann, ebenso haben die Kombinationen von Wärmepumpen und Solarthermie vielversprechendes Potential.

Doppeldividende bei innovativen klimaverträglichen Energietechnologien nützen

Es sind nicht nur technologische Neuerungen, die diese Umstellung einleiten werden. Der Zeitpunkt für eine derartige Transformation ist auch deswegen günstig, weil der Blick auf die Altersstruktur und den Zustand der heimischen Infrastruktur, Industrieanlagen und Produktionsstätten den Erneuerungsbedarf signalisiert. Man vergleiche dazu etwa den Global Competitiveness Report des World Economic Forum oder die jährlichen nationalen Infrastrukturreports und zugehörige Länderreports (zum Beispiel Infrastrukturreport, 2016). Es gilt nun die Gunst der Stunde zu nützen und jedes (altersbedingt) notwendige infrastrukturelle und industrielle Refurbishment auf Erneuerbare Energie auszurichten beziehungsweise Erneuerbare Energieträger zu priorisieren um damit die Versorgungssicherheit zu erhöhen.

Österreich hat nachweislich hohe technologische Kompetenz bei gleichzeitig höchst virilen produzierenden Unternehmen im Bereich von Energietechnologien. Diese Stärke gilt es zu nützen und auszubauen. Mit dem heimischen Einsatz innovativer Energietechnologien werden zeitgleich mehrere positive Effekte erreicht:

- Beitrag zur Dekarbonisierung
- Erhöhung der Versorgungssicherheit
- Schaffung von Best Practice Lösungen und Showcases für den globalen Wettbewerb
- damit Stärkung der österreichischen Industrie und Innovationskraft
- und Erhaltung und Ausbau von Arbeitsplätzen

Lösungen für die energieintensive Industrie werden derzeit händeringend in ganz Europa gesucht, dies zeigen einige der Schwerpunktsetzungen der EC zum Beispiel bei den Re-Industrialisierungsplänen oder im Forschungsrahmenprogramm Horizon 2020 sowie im Strategic Energy Technology (SET) Plan der Europäischen Union. Österreich kann aufgrund seiner vorhandenen starken Industrie mit ambitionierten Innovations- und Pilotprojekten punkten. Erste Grundlagen für deren Ausrichtung sind etwa der *F&E-Fahrplan Energieeffizienz in der energieintensiven Industrie* (2014) mit branchenspezifischen und technologiefokussierten Forschungs- und Entwicklungspfaden für die nächsten Jahre.

Der Faktor Zeit im Innovationszyklus

Eines zeigt sich bereits deutlich: signifikante Steigerungen der Energieeffizienz und Reduktionen im notwendigen Ausmaß beim THG-Ausstoß – Orientierung 90 % – sind mit verfügbaren Technologien allein nicht zu erreichen. Das attestiert u.a. auch die Internationale Energieagentur (IEA) in ihren jährlichen Energy Outlooks.

Hier braucht es neben völlig neuen und viel zitierten radikalen Innovationen auch den Blick auf das Gesamtsystem, das dann als hocheffizientes, integriertes und sektorübergreifendes Energiesystem den Standort stärkt, sowie Orientierung und Planungssicherheit für Investitionen und zukunftsfähige Geschäftsmodelle der Wirtschaft und Industrie bieten soll.

Derartige Transformationen geschehen nicht über Nacht, sie stellen einen über Jahrzehnte gehenden dynamischen Prozess dar, der mit allen Stakeholdern entwickelt und auf politischer Ebene durch die Gestaltung der entsprechenden Rahmenbedingungen begleitet werden muss. Stellt man dabei auf radikale Innovationen ab, so nehmen auch wissenschaftliche Zufälle auf den Zukunftspfad Einfluss und die Zeithorizonte sind dabei beträchtlich, wie die Erfahrungen aus dem Energieforschungsprogramm des Klima- und Energiefonds zeigen: völlig neue wissenschaftliche Ansätze benötigen 10 – 15 Jahre zur technologischen Ausreifung, je nach Investitionsvolumen weitere 30 – 50 Jahre zur breiten Technologiediffusion beziehungsweise Marktdurchdringung, insbesondere im Bereich von Großanlagen oder leitungsgebundener Infrastruktur.

Stärken stärken

Die optimale Nutzung bestehender Assets ist daher am Transformationspfad unabdingbar. Hier sei auf die ausgezeichnete Energieinfrastruktur in Österreich verwiesen – zum Beispiel beim Strom- und Gasnetz, bei den Pumpspeichern und der Wasserkraft, die es bei der Transformation optimal einzusetzen gilt. Ein Konsens über deren Entwicklung (vulgo Masterplan) wird in den kommenden Jahrzehnten allerdings höchst dynamisch – im Gleichklang mit neuen technologischen Optionen und mit entsprechenden gesellschaftlicher Akzeptanz – unter den Stakeholdern zu entwickeln sein. Gleiches attestiert auch die von der Deutschen Energieagentur *dena* ins Leben gerufenen „Leitstudie Integrierte Energiewende" mit ihrem im Juni 2017 gestarteten Dialog mit dem Ziel einen „verlässlichen Orientierungsrahmen zu schaffen".

In dieser Leitstudie werden neben anderen auch Smart Grids als Erfolgsfaktor für die Transformation angeführt. Es ist dies eines jener Stärkefelder wo Österreich – trotz der Kleinheit des Standortes- gute Chancen hat zum globalen Innovation Leader zu mutieren. Nicht nur sind bislang hierzulande mehr als 100 richtungweisende regionale Smart Grids-Projekte umgesetzt worden, angesiedelte Industriekonzerne gehören zu den globalen Marktführern in den zugehörigen Technologiefeldern (wie zum Beispiel Siemens, Eaton oder Infineon).

Der eingeschlagene Weg geht auch ambitioniert weiter. Bereits 2018 wird die FTI-Initiative „Vorzeigeregionen Energie" für ein hochintegriertes Energiesystem umgesetzt werden und mehrere großvolumige Projekte werden die österreichische Wettbewerbsposition stärken. Darin werden innovative Unternehmen die Möglichkeit haben, ihre Entwicklungen im Realmaßstab und unter Alltagsbedingungen und in Echtzeit zu testen, zu verbessern und damit schneller auf den globalen Markt zu kommen – mit einer Impuls-Förderung des Klima- und Energiefonds von bis zu 40 Mio. Euro je Vorzeigeregion. Es zeichnet sich bereits ab, dass darunter auch Lösungen für die energieintensive Industrie vorangetrieben werden. Dennoch sind auch hier keine technologischen „Schnellschüsse" zu erwarten. Die Vorzeigeregionen werden Mitte 2018 tatsächlich operativ werden und sind auf 8 Jahre angelegt – Dauer bis 2025. Der Schwerpunkt ihrer messbaren und signifikanten Wirkungen wird daher nicht wesentlich vor 2030 liegen können, jedoch sind sie ein attraktives Angebot an innovationsaffine Unternehmen und Regionen.

Speicher als Schlüssel für Energiewende

Die grüne Batterie Europas, darunter kennt und schätzt man Österreich weltweit. Diese Ausgangsbasis reicht jedoch nicht für die Zukunft. Neben den klassischen Pumpspeichern sind Bedarf und Potenziale in zahlreichen anderen Bereichen gegeben. Insbesondere die langfristige Speicherung von Energie wird als ein Schlüssel für eine erfolgreiche Transformation gesehen. Österreich hat diesbezüglich einerseits hohe Kompetenz beispielsweise Wärmespeicher und Power2gas-Technologie, wie dies die Speicherinitiative des Klima- und Energiefonds belegt (vgl. Abschlussbericht der Speicherinitiative, 2016), andererseits jedoch immensen Aufholbedarf wie etwa im Bereich elektrischer Speicher. Neue Batterietypen für den stationären Anwendungsbereich, die Brennstoffzelle oder thermochemische und thermoelektrische Materialforschung sind aktuelle Forschungsfelder.

Wandel gestalten – Energieforschung als Teil der Industriepolitik

Fossile Energieträger haben uns lange und durchaus hilfreich durch v.a. das 20. Jahrhundert begleitet. Die Bilanz aus den unterschiedlichen Effekten – auf beispielsweise Wirtschaft, gesellschaftliche Entwicklung, technologische Errungenschaften und allgemeinen Wohlstand – war lange positiv, nun jedoch ist es an der Zeit zur Kenntnis zu nehmen, dass die Bilanz eine eindeutig negative geworden ist. Alle Bestrebungen zur Aufrechterhaltung eines inzwischen völlig aus dem Ruder gelaufenen und klimaschädigenden fossilen Systems sind letztlich zum Scheitern verurteilt und verursachen in einer späten Umstellung nur unnötig höhere Kosten, wie die Innnovationslehre zeigt. Bereits heute sind die gesundheitlichen Schäden massiv und die Folgen des Klimawandels teuer, sie gehen jährlich in die Milliarden Euro, Tendenz steigend (vgl. dazu COIN, 2015).

Es ist hinlänglich bekannt, dass Ängste vor grundsätzlichen Veränderungen und den mit einem Wandel einhergehende Unsicherheiten notwendige Innovationen verhindern können – zumindest einige Zeit. Zahlreiche Beispiele und Erfahrungen aus der Vergangenheit belegen dies eindrücklich – wie etwa Automobil, Computer oder das Tablet. Was uns derartige Beispiele aber auch lehren, ist die Unaufhaltsamkeit sich anbahnender technologischer Veränderungen, die Komfortsteigerungen bedingen. Und die global messbare signifikante Ausbreitung innovativer klimaverträglicher Energietechnologien, vulgo die Energiewende ist ein solches Phänomen. Riesige Märkte sind hier am Entstehen, im süd-ost-pazifischen Raum herrscht unglaubliche Dynamik, China ist mittlerweile der größte Markt für solare Technologien. Österreichs Energietechnologien können am globalen Markt profitieren.

Die historische Betrachtung zeigt, die Verbreitung von Innovationen vollzieht sich in längeren Zeiträumen innerhalb derer sie die allgemeinen Technologien zahlreicher Branchen jeweils durchdringen, in sogenannten Schumpeter'schen Wellen. Strukturreformen kommt dabei eine Schlüsselrolle bei der Beschleunigung der Verteilung von technologischen Wellen zu (Aghion, 2017).

Aghion (2017) setzt sich intensiv mit der Frage von politischen Maßnahmen auseinander. Er sieht in Bezug auf die Herausforderungen globaler Dimension, wie etwa den Klimawandel, die Notwendigkeit eines sogenannten vertikalen Ansatzes (in der Innovationspolitik mit Fokus auf ausgewählte Branchen) als gerechtfertigt an, weil sich hier ohne das Eingreifen von Regierungen – im Sinne von umweltfreundlichen Produktions- und Innovationsverfahren – die globale Erwärmung weiter verstärken und damit weltweit negative Folgen einhergehen würden. Er gibt als wichtigstes theoretisches Argument zur Unterstützung wachstumsfördernder Branchen-Policies das Vorhandensein von sogen. Wissens-Spill-Over-Effekten an, beispielsweise weil etwa Unternehmen nicht verinnerlichen (können, Anm. der Verfasserin), dass jeder Fortschritt in „schmutzigen" Technologien unweigerlich auch zukünftige Innovationen in „schmutzigen" Technologien profitabler macht. Er führt dies darauf zurück, dass Unternehmen bei ihren Entscheidungen für Produktion und Innovation gar nicht die (positiven und negativen) externen Effekte, die ihre Entscheidung auf anderes Unternehmen und Branchen haben könnte, berücksichtigen oder kennen. Insbesondere in Hightech-Sektoren gibt es Aktivitäten, die Wissens-Spill-Over-Effekte für die übrige Wirtschaft generieren und in denen viele immaterielle Werte gebunden sind. Dies macht derartige Aktivitäten eher unattraktiv für einzelne Unternehmen beziehungsweise für deren Mittelbeschaffung, zum Beispiel am Kreditmarkt. In einem solchen Fall sieht Aghion (2017) Grund für die Subventionierung von Markteintritt und Innovationen in diesen Branchen und Energie ist eine der am meisten erwähnten Branchen. Dem Staat beziehungsweise der Regierung kommt daher eine immense Bedeutung zu. Für Interventionen der Regierung ergibt sich insbesondere die Rolle der Steuerung des technischen Wandels in Richtung sauberer Innovationen.

Der österreichische Ansatz, die energiebezogenen Innovationen auch zukünftig verstärkt zu fördern (vgl. dazu etwa die Absichtserklärung, sich an der Mission Innovation zu beteiligen und damit in ausgewählten Bereichen das Energie-Forschungsbudget zu verdoppeln) und auch als gestalterisches Mittel einer Industriepolitik umzusetzen, wird durch die Überlegungen von Aghion (2017) bestätigt.

Acemoglu et al. (2012) zeigen auf, dass eine Verzögerung dieser Steuerung der Innovationstätigkeit nur zu Mehrkosten führen würden. Passiert dieser gesteuerte Innovationsschub nicht, dann werden nämlich schmutzige Technologien produktiver als saubere und verstärken laufend den Abstand zu sauberen Technologien. Der Aufholprozess dauert länger und kostet mehr – nicht zuletzt in Form von stärkeren Umweltschäden. Aghion (2012) plädiert dafür hier eine Doppelstrategie zu verfolgen, da es sich um sowohl ein umwelt- als auch ein innovationsbezogenes Problem handelt: Kohlenstoffpreise zum Umgang mit dem externen Faktor Umwelt und Subventionen für saubere FTI-Projekte.

Die Wettbewerbsfähigkeit eines Landes hängt von seinen wettbewerbsfähigen Unternehmen ab. Österreichs Industrieunternehmen sind in der Lage hier eine führende Rolle in der „Energy Transition" – national und global – zu übernehmen. Das bestätigt auch der Global Cleantech Innovation Index (2017), welcher Österreich eine ausgezeichnete Performance im Bereich der „Kommerzialisierung von Cleantech" mit dem einhergehenden hohen Export dieser Technologien und einem gut etablierten Sektor an Erneuerbaren Energien attestiert.

Disruption erwünscht!

Bisher hat sich Industrie weitgehend eigenständig versorgt und dazu auch notwendige Lagerhaltung betrieben. Die Umstellung auf andere, beispielsweise stromgeführte Prozesse bringt daher neue, bislang unbekannte Herausforderungen mit sich, will man nicht auf fossil-getriebene Notstromaggregate umsteigen.

Im Auftrag des Klima- und Energiefonds wurde 2014 der F&E-Fahrplan – Energieeffizienz in der energieintensiven Industrie gemeinsam mit allen relevanten Branchen erarbeitet. Darin sind mit der Perspektive 2030 und 2050 Handlungsfelder identifiziert. Neben einer grundsätzlichen und generellen signifikanten Steigerung der Energieeffizienz bestehender Technologien und dem Ausschöpfen der Potenziale der Sektorkopplung weist dieser Fahrplan konkrete Entwicklungspfade auf, um maximalen Klimaschutz mit der Sicherung des Industriestandorts zu verbinden.

Die zugrundeliegende Vision 2050 ist höchst ambitioniert und basiert auf einem vollständigen Umbau des Energiesystems: neben dem Verzicht auf fossile Energie für zukünftige Produktionsprozesse, wird vor allem Strom aus erneuerbaren Energiequellen genutzt werden. Um dies zu erreichen werden radikale Innovationen und technologische Disruption für energetisch optimierte Prozesse und Verfahren benötigt. Der Fahrplan geht davon aus, dass durch die Anwendung der „besten verfügbaren Techniken" mittelfristig weitere Effizienzgewinne in der Produktion in der Größenordnung von 15 % möglich sind. Die angestrebten Einsparungen von 80 % THG-Emissionen für die gesamte Volkswirtschaft sind nur auf Basis sogenannter „Break-through Technologies" vorstellbar, die es noch zu entwickeln gilt. Vor allem für letztere muss der Fokus auf Lösungen liegen, die bisher bloß als Idee oder im Labor vorhanden sind. Viele dieser grundsätzlich in Frage kommenden Verfahren sind derzeit noch nicht technologisch ausgereift, höchst ineffizient und damit unwirtschaftlich, auch ist die Größenordnung der damit vermeidbaren Energie noch weit entfernt vom Verminderungsbedarf. Der Forschungs- und Entwicklungsbedarf ist erheblich, es zeichnen sich jedoch erste Lösungen ab.

Eine unabdingbare Voraussetzung für die technologische Ausreifung und die umfassende und erfolgreiche Etablierung dieser neuen Ansätze in der Praxis ist die Notwendigkeit der Realisierung von großangelegten Demonstrationsprojekten. Als Beispiele seien hier angeführt: die wasserfreie beziehungsweise wasserarme Zellstoffgewinnung in der Papierindustrie, innovative Katalyseverfahren in der chemischen Industrie, die CO_2-freie Stahlproduktion durch strombasierte Verfahren, Inertanoden bei der Aluminiumherstellung sowie neue Bindemittelkonzepte im Sektor Erden, Steine und Glas, aber auch eine tiefgehende und maximal effiziente kaskadische Nutzung von Ressourcen (insgesamt), die Energiespeicherung und -wiederverwendung, die Nutzung von Abwärme, Material- und Werkstoffforschung für neue oder optimierte Produktionsprozesse, Energiemanagementsysteme sowie die Entwicklung von energieeffizienten Abluftreinigungstechnologien sind Forschungs- und Entwicklungsfelder.

Neben den technologischen Aspekten geht die Vision 2050 jedoch auch explizit auf den notwendigen Rahmen einer fossilfreien Industrie ein. Demnach sind Umweltbewusstsein in der Bevölkerung, hohe Effizienzstandards und vor allem auch der Dienstleistungsbereich im Fokus. Auch wird die Innovationsführerschaft in zahlreichen Bereichen angestrebt, insbesondere etwa im Bereich industrieller Rohstoff-, Energieeffizienz und Rückgewinnungstechnologien.

Damit verbunden wird sich unser Landschaftsbild stark verändern: rauchende Schlote werden weiterhin verschwinden, THG und Feinstaubemissionen können abnehmen, Industrieanlagen werden verstärkt zu Wärme- und Kälteanbietern, Materialhalden verändern sich.

Umbau mit Blick fürs Ganze

Prämisse des Handels und aktueller Bestrebungen muss die notwendige Energie-Bedarfssenkung sein. Mit Systemintegration und Sektorkopplung sind auch deutliche Effizienzsteigerungen zu erwarten. Es zeichnet sich darüber hinaus ein deutlich geändertes Bild der Energieaufbringung ab: früher zentrale Großanlagen mit ausschließlich Funktion der Energieaufbringung werden zunehmend ersetzt durch dezentrale Anlagen mit AUCH Energieaufbringung als Funktion. Neue Planungsgrundsätze etablieren sich, es geht darum, Energieaufbringung immer mitzudenken und von Anfang an in die Konzeption und Planung zu integrieren. Gelungene Konzepte im Gebäudebereich wie die Integration solarer Technologien, Bauteilaktivierung und Passivhaus-Standard zeigen, dass diese Vorlaufzeiten in die Jahrzehnte gehen. Insbesondere im Bereich der großen und massiven Infrastrukturen sind dafür gewaltige Vorlaufzeiten notwendig. Erdsonden, Tunnelthermie oder SOLAR-Road sind nur der Anfang einer langen Entwicklung. Die eigentliche Herausforderung besteht auch hier darin, nicht die Einzeltechnologien – losgelöst voneinander – zu optimieren, sondern in der klugen Kombination und Integration in das jeweilige Gesamtsystem.

Bei einer Verlagerung industrieller Energieversorgung auf das Stromnetz sind die Grenzen des Lastmanagements zu erkennen und es ist rechtzeitig gegenzusteuern. Diese Umstellung auf Strom braucht starke Speicher, da ansonsten die Frage nach dem Vorrang der Energieversorgung auftritt ... Spital vor Industrie, Industrie vor Haushalt? Diese Frage könnte unvorbereitet nicht ohne erhebliche Schäden entschieden werden, daher darf sie im Alltag nicht auftreten, sondern ist im Vorfeld zu klären beziehungsweise abzuwenden.

Der Blick aufs Ganze ist beim Umbau unabdingbar. Und die wachsende Dynamik der sich abzeichnenden Veränderungen bedingt durch die Energiewende lassen absehen, dass es nicht den einen, unabänderlichen und großen Masterplan oder Infrastrukturplan für den Systemumbau geben wird können. Dennoch ist der Rahmen durch die Politik vorzugeben, denn der Pfad in die fossilfreie Zukunft setzt das intensive, auch budgetäre Engagement der Unternehmen und der Bevölkerung voraus. Dazu benötigt es langfristige Perspektive in den großen Leitlinien, Planungs- und Finanzierungssicherheit. Je früher entsprechende Maßnahmen zur Veränderung des Energiesystems im Zusammenspiel mit der Industrie eingeleitet werden, desto konkreter kann die Planung erfolgen und es steht meist ein Portfolio an Handlungsoptionen zur Verfügung und es können Synergien gefunden werden. Je weiter die konkreten Planungen in die Zukunft verschoben werden, desto weniger Handlungsoptionen stehen zur Verfügung und desto teurer und riskanter werden Lösungen.

Die Energiewende ist vor allem aber ein gesellschaftliches Projekt – generationenübergreifend und langfristig. Die Industrie wird sich dann umstellen, wenn das Wissen um Marktvorteile beim Umstieg auf Erneuerbare gegeben ist. Bei aller Vorbildwirkung der öffentlichen Hand und der Bedeutung der innovationsorientierten Beschaffung derselben, die Kaufentscheidung für Produkte des Alltags und damit für die breite Marktdurchdringung fällt letztlich im Privathaushalt.

Quellen

Abschlussbericht der Speicherinitiative, 2016:
Abschlussbericht der Speicherinitiative Startphase; Hrsg. Klima- und Energiefonds; Wien, 2016)
Acemoglu et al., 2012:
Acemoglu, D.; Aghion, P.; Bursztyn, L.; Hemous, D.: The Environment and Directed Technical Change. In: American Economic Review, 102; 2012.
Aghion, 2017:
P. Aghion: Die Gestaltung von Wettbewerbs- und Wachstumspolitik. In Die Gestaltung der Zukunft; Hrsg. Rat für Forschung und Technologieentwicklung; Wien 2017.
Anderl, 2016:
Anderl, M. et al.: Klimaschutzbericht 2016; Hrsg. Umweltbundesamt; Wien, 2016)
bmwfw, 2016: Energiestatus 2016; Hrsg. Bundesministerium für Wissenschaft, Forschung und Wirtschaft (bmwfw); Wien, 2016.
COIN, 2015: K. Steiniger et al.: COIN Cost of Inaction – Assessing Costs of Climate Change for Austria; Hrsg: Klima- und Energiefonds; Wien, 2015).
EnPro, 2017:
V. Wilk et al.: Planungsleitfaden EnPro – Erneuerbare Prozesswärme, Integration von Solarthermie und Wärmepumpen in industrielle Prozesse; Hrsg. Klima- und Energiefonds; Wien, 2017.
Faktencheck 2015:
G. Günsberg: Faktencheck 2015; Hrsg. Klima- und Energiefonds und Erneuerbare Energie Österreich; Wien, 2015.
F&E-Fahrplan Energieeffizienz in der energieintensiven Industrie, 2014:
Forschungs- und Entwicklungs-Fahrplan – Energieeffizienz in der energieintensiven Industrie; verfasst von Energieinstitut an der Johannes Kepler Universität Linz und Austrian Institute of Technology. Hrsg. Klima- und Energiefonds; Wien, 2014.
F&E-Fahrplan Fernwärme und Fernkälte in Österreich, 2015:
Forschungs- und Entwicklungs-Fahrplan – Fernwärme und Fernkälte in Österreich; R.-R. Schmidt et al.; Hrsg. Klima- und Energiefonds; Wien, 2015.
Global Cleantech Innovation Index, 2017:
C. Sorder et al.: Global Cleantech Innovation Index; Hrsg WWF und CleantechGroup, 2017.
Infrastrukturreport 2016:
Infrastrukturreport 2016; Hrsg. David Ungar-Klein, Future Business. Wien, 2016.

Wolfgang Eichhammer, Harald Bradke und
Marion Weissenberger-Eibl

Energiewende: Chancen bei der Transformation der Industrie aus einer deutschen Perspektive

Als Folge des Klimaschutzabkommens von Paris besteht generell für entwickelte Länder wie Österreich oder Deutschland die Herausforderung und Notwendigkeit, Treibhausgasemissionen bis 2050 um 80 beziehungsweise 95% zu reduzieren (gegenüber 1990), Letzteres um eine Begrenzung des Temperaturanstiegs durch den Treibhauseffekt auf 1.5°C zu erreichen. Dieses Reduktionsziel gilt generell für die entwickelten Länder wie Österreich und Deutschland und betrifft alle Energienachfragesektoren einschließlich der Industrie. Österreich und Deutschland haben in Europa mit den höchsten Anteil des Industriesektors an der Wertschöpfung im Land (ca. 30% im Vergleich zu 24% im EU-Mittel). Darüber hinaus haben beide Länder eine relativ energieintensive Industrie insbesondere die Stahlindustrie.

In Deutschland soll die Emissionsminderung bis 2030 bereits ca. 55% betragen (Tabelle 1), im Industriesektor etwa 50% gegenüber 1990. Zwar wurden bereits substantielle Minderungen erzielt, insbesondere im Industriesektor. Daher muss dieser Sektor bis 2030 gegenüber 2014 die Emissionen etwa um ein knappes Viertel senken, während die Energiewirtschaft noch um die Hälfte reduzieren muss gegenüber heute.

Tabelle 1: Erforderliche Treibhausgasminderung in Deutschland bis 2030 nach Sektor

Handlungsfeld	Mio. t CO_2-Äq.			Minderung in % in 2030	
	1990	2014	2030	ggü. 1990	ggü. 2014
Energiewirtschaft	466	358	175 – 183	62 – 61 %	51 – 49 %
Gebäude	209	119	70 – 72	67 – 66 %	41 – 39 %
Verkehr	163	160	95 – 98	42 – 40 %	41 – 39 %
Industrie	**283**	**181**	**140 – 143**	**51 – 49 %**	**23 – 21 %**

Handlungsfeld	Mio. t CO_2-Äq.			Minderung in % in 2030	
Landwirtschaft	88	72	58 – 61	34 – 31 %	19 – 15 %
Sonstige	39	12	5	87%	58%
Gesamtsumme	**1248**	**902**	**543 – 562**	**56 – 55 %**	**40 – 38 %**

Quelle: BMUB (2016)[1]

Aber die Emissionsreduzierung der Vergangenheit war zu einem nicht unerheblichen Teil auch auf Restrukturierung des Verarbeitenden Gewerbes zurückzuführen. Deutschland hat weiterhin, im Unterschied zu Österreich, bereits substantielle Emissionsminderung im Industriesektor durch den Wiedervereinigungsprozess erreichen können. Die Emissionsminderungen der Zukunft können nur dadurch erzielt werden, dass neue Prozesse mit niedrigen CO_2-Emissionen in der Produktion großindustrieller Anlagen Eingang finden. Dies ist mit erheblichen Investitionen verbunden, sowie mit technischen Risiken, weil die nötigen Prozesse teilweise erst als Pilotanlagen oder kleinere Demonstrationsanlagen existieren.

Auf der anderen Seite haben viele Studien gezeigt, dass Klimaschutz, der Ausbau von Erneuerbaren Energien mit erheblichen Vorteilen verbunden sind, sowohl makroökonomischen für die gesamte Volkswirtschaft als auch für einzelne Unternehmen:

- Beispielsweise kommt der berühmte, vor über zehn Jahren veröffentlichte, Stern Review – The Economics of Climate Change[2], welcher die Kosten/Benefits des Klimawandels und des Klimaschutzes einander gegenüberstellt, zum Schluss: „...*the evidence gathered by the Review leads to a simple conclusion: the benefits of strong, early action considerably outweigh the costs. The evidence shows that ignoring climate change will eventually damage economic growth. Our actions over the coming few decades could create risks of major disruption to economic and social activity, later in this century and in the next, on a scale similar to those associated with the great wars and the economic depression of the first half of the 20th century. And it will be difficult or impossible to reverse these changes"*. Die Kosten der Stabilisierung der GHG Konzentrationen bei 500-550 ppm (also etwa dem Doppelten des vorindustriellen Niveaus) wird mit 1% des globalen Bruttoinlandprodukts (GDP) eingeschätzt, die Kosten einer Stabilisierung bei 450 ppm, welche benötigt wird, um 2°C Temperaturan-

1 BMUB (2016): Klimaschutzplan 2050 – Klimaschutzpolitische Grundsätze und Ziele der Bundesregierung. Bundesministerium für Umwelt, Naturschutz, Bau und reaktorsicherheit, 11/11/2016. Download 11/6/2017: http://www.bmub.bund.de/fileadmin/Daten_BMU/Download_PDF/Klimaschutz/klimaschutzplan_2050_bf.pdf

2 Stern Review Report on the Economics of Climate Change, http://webarchive.nationalarchives.gov.uk/ 20100407172811/http://www.hm-treasury.gov.uk/stern_review_report.htm

stieg nicht zu überschreiten, allerdings deutlich höher. Die Kosten des Klimawandels werden, demgegenüber, mit mindestens 5 % des globalen Bruttoinlandsprodukts geschätzt. Wenn ein breiter Bereich von Risiken und Einflüssen berücksichtigt wird, könnten die Schäden auf 20 % oder mehr des erwarteten globalen Bruttoinlandsprodukts ansteigen. Entwicklungs- und Schwellenländer werden die ökonomischen Folgen des Klimawandels überdurchschnittlich stark spüren.

- Die United Nations Industriel Development Organisation UNIDO und das Global Green Growth Institute[3] schlussfolgern in einer Studie unter Beteiligung des Fraunhofer ISI zu Beschäftigungswirkungen bei Erneuerbaren und Energieeffizienz: „*There are clear net-gains in employment generation in shifting from conventional energy sources to renewable energy sources and enhancing energy efficiency. These gains have wider societal implications, as decent job opportunities are likely to open up for people in the informal sector with low educational attainment levels. Targeted industrial policies will need to help these groups realize such opportunities as well as providing the training and skill acquisition needed for other positions created through green investments.*“
- Auf europäischer Ebene stellen Pollitt et al.[4] fest, dass eine 40%-Reduzierung der Treibhausgase in Europa im Vergleich zu 1990 (derzeitiges Ziel der EU bis 2030) zu einem Anstieg der Beschäftigung um 700.000 Beschäftigte führen könnte. Kombiniert mit entsprechenden Zielen für Erneuerbare und Energieeffizienz könnte der Nettozuwachs der Beschäftigung 1,2 Millionen Beschäftigte erreichen. Die Autoren zeigen aber auch, dass die Beschäftigungswirkungen von Klimaschutzmaßnahmen stark davon beeinflusst werden, wie Einkommen aus erhöhten CO_2-Preisen zum Klimaschutz rezykliert werden.
- Sektorale Studien, beispielsweise im Bereich der Erneuerbaren Energien, zeigen bedeutende Wirkungen für die Volkswirtschaft und für die Beschäftigung. Breitschopf und Diekmann (2015) stellen fest[5], „*dass die Anlageninvestitionen für Erneuerbare Energien in Deutschland im Jahr 2013 16,1 Mrd. EUR betrugen.*

3 UNIDO and GGGI (2015). Global Green Growth: Clean Energy Industry Investments and Expanding Job Opportunities. Volume I: Overall Findings and Volume II: Country Studies (Experiences of Brazil, Germany, Indonesia, the Republic of Korea and South Africa). Vienna and Seoul, April 2015. http://www.unido.org/news/press/global-green-growth.html

4 Pollitt, H., Alexandri, E., Chewpreecha, U. and Klaassen, G.: Macroeconomic analysis of the employment impacts of future EU climate policies, Climate Policy Vol. 15, Issue 5 (2015), S. 604-625. http://www.tandfonline.com/doi/full/10.1080/14693062.2014.953907

5 Breitschopf, B., Diekmann, J. (2015): Gesamtwirtschaftliche Auswirkungen des Ausbaus Erneuerbarer Energien (economic impact of RE deployment). In: Finanzierung Erneuerbarer Energien (financing renewable energies), 2. Edition; T. Rüschen, M. Gerhard and A. Sandhövel, Eds. Frankfurt am Main: Frankfurt School Verlag GmbH

Der Umsatz der inländischen Hersteller von Anlagen und Komponenten lag einschließlich der Exporte bei 22,8 Mrd. EUR. Durch die Nutzung Erneuerbarer Energien sind zudem Energieimporte in Höhe von 9,1 Mrd. Euro vermieden worden. Direkt und indirekt waren in Deutschland 2013 rund 371.400 Personen im Bereich Erneuerbare Energien beschäftigt (Bruttobeschäftigungseffekt)". Diese Wirkungen wurden zu einer Zeit ermittelt, als die Kosten für Erneuerbare noch deutlich höher lagen als heute.

- Im Bereich der Energieeffizienz kommen IFEU und Fraunhofer ISI für Deutschland zu folgenden Schlüssen, wenn bis 2030 eine weitgehende Ausschöpfung der ökonomischen Potenziale für Energieeffizienz durch Politikmaßnahmen erfolgt: *„Bis 2030 werden ... kumuliert knapp 300 Mrd. € aufgewendet, denen zwischen 2009 und 2030 bereits eine Kosteneinsparung von knapp 270 Mrd. € gegenübersteht. Auch nach 2030 werden durch diese Investitionen weitere Einsparungen induziert. Die jährlich eingesparten Energiekosten steigen von rund 7 Mrd. Euro im Jahr 2015 auf rd. 21 Mrd. Euro im Jahr 2030 an. Damit liegen die eingesparten Energiekosten in einer ähnlichen Größenordnung wie die jährlich investierten Effizienzmaßnahmen. Die Beschäftigung liegt um gut 127.000 höher als in der Referenz (2030); das preisbereinigte BIP fällt um 0,85% oder 22,8 Mrd. € höher aus. Dazu trägt vor allem bei, dass die zusätzlichen, weil einzelwirtschaftlich lohnenden Effizienzinvestitionen vor allem in Bereichen mit hohem inländischem Wertschöpfungsanteil erfolgen und dauerhaft Energieimporte eingespart werden können."* Das heißt, bei der Energieeffizienz kommt es aufgrund der Tatsache, dass viele Energieeffizienzmaßnahmen wirtschaftlich sind, zu positiven volkswirtschaftlichen Kosten. Zunehmend ist dies auch bei Erneuerbaren der Fall, durch die sinkenden Kosten, insbesondere bei Wind- und Sonnenenergie.
- Auf der Ebene einzelner Unternehmen gibt zahlreiche Beispiele für Kostensenkungen durch Energieeffizienzmaßnahmen und die Nutzung Erneuerbarer Energien und damit der Steigerung der Wettbewerbsfähigkeit. Besonders beeindruckende Einsparungen der Energiekosten wurden durch sogenannte Lernende Netzwerke für Energieeffizienz in Deutschland erreicht[6]. Dieser vor 30 Jahren in der Schweiz entwickelte Ansatz wurde vom Fraunhofer ISI in 30 Pilotnetzwerken in Deutschland adaptiert und weiterentwickelt und wird auch bereits in Österreich erfolgreich eingesetzt. Solche Netzwerke, in denen sich 10-15 Unternehmen zusammenschließen und Ziele der Emissionsminderung und der Energieeinsparung setzen, erreichen typischerweise eine doppelt so hohe Energieeffizienz wie vergleichbare Unternehmen. Dieser Erfolg beruht auf der Senkung der Transaktionskosten in den Unterneh-

6 Energieeffizienznetzwerke, https://www.energie-effizienz-netzwerke.de/een-de/index.php

men durch den gegenseitigen Informationsaustausch, die gemeinsame Zielsetzung und dessen Monitoring. Das Instrument erwies sich bei einer durchschnittlichen Rendite für die Energieeffizienzinvestitionen von 30 % auch betriebswirtschaftlich als so erfolgreich, dass 20 Verbände und Organisationen der deutschen Wirtschaft geplant haben, bis Ende 2020 rund 500 Energieeffizienz-Netzwerke von Unternehmen[7] zu initiieren. Die Bundesregierung erwarten durch diese Initiative eine jährliche Energieverbrauchsminderung von 75 Petajoule ab 2020, was rund 3% des gesamten industriellen Energieverbrauchs entspricht, sowie eine zusätzliche Verminderung der energiebedingten Treibhausgas-Emissionen von fünf Millionen Tonnen.

•

Dieser kurze Abriss zeigt, dass der Übergang zu niedrigem Kohlenstoffausstoß mit erheblichen Vorteilen für die Volkswirtschaften verbunden ist. Nichtsdestotrotz gilt es zu bedenken, dass solche Transformationsprozesse ungleich auf verschiedene Akteure in der Wirtschaft wirken und damit zu Gewinnern und Verlierern führen, wenn letztere nicht neue Chancen ergreifen, um sich unter veränderten Rahmenbedingungen neu zu positionieren. Es ist aber auf keinen Fall eine Alternative für Unternehmen zu warten und zu hoffen, dass sich die Transformationsprozesse von selbst erledigen oder verzögern, weil die Politik häufig zögerlich ist, die nötige Rahmensetzung vorzunehmen. Dies zeigen eine Reihe von Beispielen:

- Die Branche der Stromerzeuger in Europa wurde völlig überrascht vom schnellen Strukturwandel durch die sinkenden Kosten der Erneuerbaren Energien und durch die Politikmaßnahmen, welchen die Stromnachfrage in Deutschland beschränken (insbesondere die Ökodesignrichtlinie auf europäischer Ebene). In Deutschland sind die Aktienkurse großer Stromversorger seit ihrem Maximum vor 10 Jahren um 70-85% gesunken. Teilweise liegen die Aktienkurse auf dem Niveau von vor 30 Jahren. Auch in anderen Ländern haben große Stromversorger, beispielsweise in Frankreich EDF, nahezu 90% des Aktienwertes in diesem Zeitraum verloren. Das Unternehmen musste sogar in 2015 aus dem französischen Aktienindex CAC40 ausscheiden. Neben dem verpassten Einstieg in neue Energien belasten hier auch die teuren Investitionen in die Kernenergie das Unternehmen.
- Der europäische Verband der Stromversorger Eurelectric hat angekündigt, dass in Europa mit Ausnahme von Polen und Griechenland, ab 2020 keine neuen Kohlekraftwerke mehr gebaut werden sollen. Diese Entscheidung wird zu deutlichem Strukturwandel in der Kohleindustrie führen. Dieser Trend ist nicht alleine auf Europa beschränkt. China hat aus dem 13. Fünfjahresplan 100

7 Initiative Energieeffizienz-Netzwerke, http://www.effizienznetzwerke.org/

Kohlekraftwerke bis 2020 gestrichen, also etwa das Äquivalent der deutschen Stromerzeugungskapazität. Es kann davon ausgegangen werden, dass noch weitere Anpassungen nötig sein werden. Australien ist ein weiteres kohleintensives Land, das vor der Herausforderung steht, die Energieerzeugung (und die Energieexporte), weg von der kohlebasierten Erzeugung, zu sauberen Energieformen zu führen. Südkorea will den Anteil der Kohle von bisher 40 Prozent bis zum Jahr 2030 halbieren.

- Der Anstieg der Ölpreise um 2005 hat den Teil der Autoindustrie in Bedrängnis gebracht, welcher durch Fahrzeugtypen mit hohem Treibstoffverbrauch dominiert war. Durch den folgenden Rückgang der Ölpreise und die Energieeffizienzanstrengungen der Branche hat sich die Situation etwas entspannt. Mit der Elektromobilität steht jedoch ein weit radikalerer Umbruch an, der die Produktionsketten bei Fahrzeugherstellern und Zulieferern deutlich umstrukturieren wird[8]. Ganze Industriezweige können in Ländern wie Deutschland betroffen sein, welche durch eine starke Autoindustrie gekennzeichnet ist.
- Der anstehende Rückgang der Ölnachfrage durch die Wärmewende im Gebäudebereich und durch den erwarteten Übergang zu Elektromobilität und mögliche andere, erneuerbare Energieträger wird zu deutlichen strukturellen Veränderungen bei der ölfördernden und -raffinierenden Industrie führen. Stevens (2016)[9] schlussfolgert lapidar: „The future of the major international oil companies (IOCs) – BP, Chevron, ExxonMobil, Shell and Total – is in doubt. The business model that sustained them during the 20th century is no longer fit for purpose. As a result, they are faced with the choice of managing a gentle decline by downsizing or risking a rapid collapse by trying to carry on business as usual."

Auch das Verarbeitende Gewerbe, das in Deutschland und Österreich durch kohlenstoffreiche Prozesse wie die Stahlerzeugung gekennzeichnet ist, steht vor der Schwierigkeit, bis Mitte des Jahrhunderts die Emissionen insgesamt auf 20% beziehungsweise 5% im Vergleich zu 1990 zu senken. Die heutigen energieintensiven Prozesse wie die Metallerzeugung, die Zementherstellung, chemische Basisprodukte wie Ethylen oder Amoniak, Papierherstellung etc. sind, neben der Landwirtschaft, ein besonders schwieriges Feld der Emissionsminderung. Häu-

8 W. Schade et al.: Zukunft der Automobilindustrie. Bericht des Fraunhofer ISI für das Büro für Technikfolgenabschätzung beim Deutschen Bundestag (TAB), September 2012, Arbeitsbericht Nr. 152.

9 Stevens, P. (2016): International Oil Companies – The Death of the Old Business Model. Chatham House, The Royal Institute of International Affairs, May 2016. https://www.chathamhouse.org/sites/files/chathamhouse/publications/research/2016-05-05-international-oil-companies-stevens.pdf

fig handelt es sich um Prozesse, die bereits seit Jahrhunderten optimiert werden; umso schwieriger erscheinen weitere Verbesserungen bei den CO_2-Emissionen, wenn die Prozesse nicht radikal verändert werden.

Dennoch wächst aber auch hier der Druck auf die Unternehmen durch Instrumente wie den Emissionshandel mit CO_2-Zertifikaten, welcher in Europe seit 2005 besteht. Lange Zeit blieben die Zertifikatepreise auf niedrigem Niveau durch deutliche Überschüsse an Zertifikaten, welche durch Überallokation an Unternehmen (teilweise als Folge der Wirtschaftskrise von 2008) und durch das Einbinden von Zertifikaten aus Ländern außerhalb Europas über den Clean-Development Mechanism (CDM) entstanden sind. Viele Unternehmen argumentierten, dass durch hohe CO_2-Preise die Wettbewerbsfähigkeit durch sogenanntes Carbon Leakage gefährdet sei, d.h. durch die Verlagerung von Produktion in Länder ohne solche Belastungen durch steigende CO_2-Preise. Diese Situation beginnt sich zu verändern: Südkorea hat als wichtiges Industrieland in 2015 einen Emissionshandel eingeführt. Die CO_2-Preise in diesem System sind derzeit deutlich höher als in Europa und sind weltweit die höchsten. China führt in diesem Jahr einen nationalen Emissionshandel ein, nachdem ein solcher in Pilotprovinzen getestet wurde. Lediglich die USA haben, als wichtigstes Industrieland nur auf Ebene einzelner Staaten wie Kalifornien ein solches Handelssystem. In Europa sollen die Zertifikatepreise bis 2030 von derzeit 6 auf 30 Euro/t CO_2 steigend. Bis 2050 sollen knapp 90 Euro/t CO_2 erreicht sein[10]. Dies wird zu deutlichen strukturellen Verschiebungen in der europäischen Industrie führen. Produkte, welche mit weniger CO_2-Ausstoß verbinden sind, werden Marktanteile im Vergleich zu herkömmlichen Prozessen erobern können. Gleichzeitig werden auch Produktsubstitutionen stattfinden, hin zu Produkten mit weniger CO_2-Emissionen, wo immer dies möglich sein wird. Die Zeit zur Entwicklung solcher Prozesse ist kurz bis 2050: viele großindustrielle Prozesse benötigen mehr als zwei Dekaden, bis sie im Maßstab von Produktionen mit über einer Million Tonnen jährlich einsetzbar sind. Auf der anderen Seite gibt es eine Vielzahl von Optionen, welche für die Reduzierung von Kohlenstoffemissionen zur Verfügung stehen:

- Integrierte Prozessverbesserungen:
  - Energieeffizienz (Modernisierung und Ersatz von Prozessen)
  - Reduktion von prozess-bezogenen Emissionen
- Wechsel der Energieträger

10 EU Commission (2016) : EU Reference Scenario 2016 Energy, Transport and GHG Emissions Trends To 2050 https://ec.europa.eu/energy/sites/ener/files/documents/ref2016_report_final-web.pdf

- hin zu erneuerbaren Energiequellen (zum Beispiel auf Basis von Wasserstoff)
- hin zu decarbonisiertem Strom (indirekte Emissionen)

- Carbon Capture and Storage CCS/ Carbon Capture and Use CCU (End-of-pipe Technologien, aber auch integrierte Prozesse)
- Recycling und Wiederverwendung (Innovative Recyclingprozesse)
- Materialeffizienz (in der Produktion and Downstream)
- Materialsubstitution (downstream)

In den Forschungsabteilungen vieler energieintensiver Unternehmen wird bereits intensiv an neuen Prozessen gearbeitet. Beispiele im Zementsektor als einem der großen energieintensiven Prozesse sind:

- CEMCAP Projekt im Horizon 2020 Programm der EU [11]: Dieses Projekt zielt auf die CO_2-Abscheidung aus der Klinkerproduktion ab. Ziel ist es, Technologien wie die Oxyfuel-Abscheidetechnologie, sowie drei verschiedene, dem Prozess nachgeschaltete Abscheidetechnologien, auf den Technology Readyness Level (TRL) 6 zu heben, also an die Schwelle zu großen Demonstrationsanlagen (Abscheidungsrate 90%.
- LEILAC (Low Emissions Intensity Lime And Cement)[12] im Horizon 2020 Programm der EU: Hier wird durch indirektes Erhitzen von Kalkstein reines CO_2 entzogen, bevor sie sich mit Rauchgasen vermischen können. Dadurch werden die zu reinigenden Abgasströme verringert.
- Joule Unlimited: CO_2-to-fuel production platform[13]: hier wird CO_2 durch produktspezifische Bakterien kontinuierlich in Brennstoffe oder Chemikalien umgewandelt (Ethanol und Kohlenwasserstoffe für Diesel, Benzin und Flugzeugtreibstoffe. Diese modular aufgebauten Systeme können für den jeweiligen Bedarf entsprechend skaliert werden.
- Celitement process[14]: Bei diesem Prozess wird Klinker bei unter 300°C produziert, während der herkömmliche Portlandzementklinker bei 1450°C gebrannt wird. Schlüssel ist hier die Mischung der Rohmaterialen mit niedrigem Calcium- zu Siliziumanteil. Während Portlandzement zur Herstellung 870 kg CO_2/t emittiert, sind es beim Celitementprozess 50% weniger.
- TernoCem Projekt im Horizon 2020 Programm der EU[15]: ebenfalls neue reaktive Klinkerphase mit veränderter chemischer Zusammensetzung und niedri-

11 http://www.sintef.no/globalassets/sintef-energi/cemcap/150828-sccs-workshop-cemcap-jordal2.pdf
12 http://www.project-leilac.eu/
13 http://www.jouleunlimited.com/joule-plants-heading-scale
14 http://www.celitement.de/en/celitement.html
15 http:// www.ecobinder-project.eu/en; http://www.heidelbergcement.com/en/sustainability-report

geren Verbrennungstemperaturen. Die CO_2-Emissionen werden dadurch um 30% gesenkt, der Energieeinsatz um 10%–15%.

Bei einem anderen großen energieintensiven Prozess, der Roheisenerzeugung, muss mittels einer chemischen Reaktion der Sauerstoff aus dem Eisenerz abgeschieden werden. In der konventionellen Hochofen-Route erfolgt dies mit Kohlenstoff, der letztlich als Kohlendioxid in einer nennenswerten Größenordnung an die Atmosphäre abgegeben wird. Durch neue Prozesse wie zum Beispiel die Direktreduktion mit solarerzeugtem Wasserstoff können die CO_2-Emissionen vermieden werden, da sich der Sauerstoff des Eisenerzes mit dem Wasserstoff zu Wasser (H_2O) verbindet. Österreichische wie deutsche Stahlhersteller arbeiten an diesem nachhaltigen Verfahren.

Im Fall der energieintensiven Prozesse bestehen aber erhebliche Risiken für die Unternehmen, dass die neuen Prozesse im großtechnischen Maßstab nicht zufriedenstellend funktionieren, zu Qualitätseinbußen führen oder zu erhöhten Kosten. Aus diesem Grund wird derzeit ein Innovationsfonds auf europäischer Ebene entwickelt, welcher sich über Einkommen aus der Auktionierung von Zertifikaten speisen soll sowie über Finanzierungsinstrumente wie Kreditbürgschaften oder Eigenkapitalfinanzierung. In Deutschland werden die Einkünfte aus der Auktionierung teilweise dazu verwendet um für die Unternehmen die indirekten Kosten der Zertifikate im Strompreis zu kompensieren. Dies kann aber bestenfalls kurzfristig zu einer Erleichterung für Unternehmen führen, langfristig aber die Anstrengungen hin zu Low-Carbon-Prozessen verzögern.

Zusammenfassend sei hier betont, dass die Transformationsprozesse der Energiewende zu erheblichen strukturellen Veränderungen im Industriesektor führen wird. Unternehmen müssen diese Herausforderung zeitig annehmen, wegen der langen Zeitskala von den ersten Demonstrationsanlagen zu großindustriellen Prozessen. Diesen Transformationsprozessen werden Unternehmen nicht ausweichen können. Umso wichtiger ist es, dass sie zeitig und proaktiv agieren, aber auch, dass wirksame Unterstützung auf diesem Weg erfolgt, beispielsweise über den genannten Innovationsfond. Auf diesem Weg liegt aber die Chance, die Wettbewerbsfähigkeit der europäischen Unternehmen zu stärken, weil sich der Transformationsprozess nach Paris weltweit für alle Unternehmen intensiviert und First Mover mit geringeren Kosten produzieren können, wenn CO_2-Preise steigen.

III. Industrie im Wandel – die historische Dimension der aktuellen Umbrüche

Herwig W. Schneider

Die Evolution der Österreichischen Industrie

Viel zu wenig findet sie im tagtäglichen Verständnis der Bevölkerung Beachtung, und trotzdem ist sie für uns alle unverzichtbar, die heimische Industrie.

Jede erfolgreiche Volkswirtschaft ist durch intelligente produktionswirtschaftliche Entwicklungen gekennzeichnet. Grosso modo sind darunter enger werdende Verbindungen mit allen anderen Sektoren der Gesamtwirtschaft zu verstehen, wobei potente Technologiepfade mit entsprechenden Zugangsstrategien beschritten werden.

Der Erfolg einer Volkswirtschaft bedeutet letztendlich Wohlstand für die Bevölkerung. Und so werden die verschwimmenden Grenzen zwischen dem industriellen Sektor und dem Dienstleistungsbereich zum einen oder hohe Forschung-, Technologie- und Innovationsorientierung in Kombination mit traditionellem österreichischem Ingenieurstalent zum anderen zum Erfolgskriterium.

Internationaler Vergleich ist nicht zu scheuen

Die Industrie Österreichs hat in den letzten Jahrzehnten ein international beachtetes Leistungsniveau erklommen. Auch und vor allem in der Zeit nach dem Beitritt Österreichs zur Europäischen Union hat sich gezeigt, dass Ambition, Idee und Kompetenz trotz des oft bemühten Korsetts an Strukturnachteilen in Gestalt von KMU-Fokus, mangelnde Besetzung von so bezeichneten Hightech-Sektoren u.ä. zum Erfolg führen können.

Jede Volkswirtschaft sollte eine gewisse Sektor-Balance aufweisen, um das maximale Wachstumspotenzial, und damit Wohlstand, aus den vorhandenen Strukturen generieren zu können. Für Österreich – aber eigentlich auch international – kann dieser Referenzwert nach Eurostat bei einem 17%-bis 18%-igen Wertschöpfungsanteil des Sektors *Herstellung von Waren* an der Gesamtwirtschaft festgelegt werden.

Nationale Dimensionierung mit Hinweisen auf Strukturwandel

25.400 Unternehmen, sorgen in Österreich für 639.000 Beschäftigungsverhältnisse in der *Industrie im engeren Sinne*. Damit sind nur die *Hersteller von Waren* gemeint.

Wird die heimische Industriesubstanz dagegen in einer erweiterten statistischen Abgrenzung erfasst – jener des sogenannten *Servo-industriellen Sektors*[1] – so sind es mehr als achtmal so viele Unternehmen beziehungsweise aufgrund insgesamt überdurchschnittlicher Unternehmensgrößen mehr als dreimal so viele Arbeitsplätze, die auf die heimische Industrie zurückzuführen sind.

Bezogen auf Umsatzerlöse zeigt sich eine mehr als Verdoppelung der Bedeutung zwischen engem und weitem Industriekonzept, wodurch sich das so genannte Österreichische Wachstumsparadox erklären lässt. Denn die Industrie generiert Beschäftigung im Kern wie auch in verwandten beziehungsweise angegliederten Wirtschafsbereichen, die ihre Existenz von der Vorleistungsnachfrage der Industrie ableiten.

Tabelle: Kernindikatoren nach unterschiedlichen Industrieabgrenzungen

Österr. 2017 – IWI Prognose	Herstellung von Waren	Servoindustrieller Sektor
Unternehmen	25.376	212.633
Beschäftigte insgesamt	639.042	1.988.344
Personalaufwand in 1.000 Euro	33.992.453	87.330.050
Umsatzerlöse in 1.000 Euro	187.623.556	490.830.611
Produktionswert in 1.000 Euro	178.148.907	381.137.936
Waren- und Dienstleistungskäufe in 1.000 Euro	138.809.960	341.039.676
Bruttowertschöpfung zu Faktorkosten in 1.000 Euro	53.288.458	144.037.380
Bruttoinvestitionen in 1.000 Euro	7.132.080	26.317.913

Quelle: IWI (2017) auf Basis der Statistik Austria, Leistungs- und Strukturerhebung 2014 und Struktur-/Konjunktur-Projektionen auf das Jahr 2017

1 In der engsten statistischen Abgrenzung befindet sich das Konzept *Herstellung von Waren* (EU-Ebene *Verarbeitendes Gewerbe*; früher *Sachgütererzeugung*), welches in der international harmonisierten NACE-Systematik sämtliche industriellen Kernbranchen (u.a. Metalltechnische Industrie, Elektro- und Elektronikindustrie) vereint. Diesem übergeordnet finden diverse andere statistische Konzepte Anwendung, die den Kernbereich der Industrie ergänzen. Breitestes (die Realität aufgrund der Internalisierung von Effekten der Arbeitsteilung am besten annäherndes) Konzept ist jenes des *Servoindustriellen Sektors*. Diese Industrie iwS berücksichtigt auch produktionsnahe Dienstleistungen, welche ohne Nachfrage aus dem Kernbereich der Industrie nicht existieren würden.

Steigende Diversifizierung bei zunehmender Verflechtung bedeutet für die Industrie, dass ursprünglich industrieeigene Leistungen an Dienstleistungsanbieter ausgelagert werden, um Zug um Zug spezialisiert zugekauft zu werden (Marketing, Design, F&E, IKT etc.). Dadurch wird ein Prozess der strukturellen Neuakzentuierung aktiviert.

Die wesentlichen Leistungsindikatoren wie Beschäftigung und Wertschöpfung haben sich seit dem Jahr 2008 wieder erholt und auch die Entwicklung der Bruttoinvestitionen der Industrie zeigt erfreulicherweise wieder einen positiven Trend. Bei den Investitionstätigkeiten wird jeweils ein jährliches reales Wachstum von rd. 2,5% in den Jahren 2017 und 2018 vorhergesagt. In der *Industrie im engeren Sinne* wird heuer ein beschleunigter Wertschöpfungszuwachs von bis zu realen 3,6% erwartet.[2]

Warum gibt es den Strukturwandel?

Neben der systemischen Entwicklung hin zu intelligenter Arbeitsteilung – diese Gegebenheit spiegelt sich nicht zuletzt in einem anhaltenden Anstieg der Beschäftigungs- sowie Wertschöpfungsanteile industrienaher (wissensintensiver) Dienstleistungen an der Gesamtwirtschaft wider – gibt es parallel auch andere Entwicklungsströmungen.

So benötigt die Industrie in einem immer größeren Ausmaß ebenso ein integriertes Spektrum an planenden, steuernden, ausführenden oder kontrollierenden Tätigkeiten. Systematisierte gleichermaßen wie automatisierte Fertigungsprozesse verlangen einen entsprechenden Grad an heterogenen Lösungen. Dadurch kommt es zu sogenannten Entmaterialisierungstendenzen in der Produktion, welche der Industrie per se ein neues Strukturbild verleihen.

Dieser Prozess ist marktgetrieben und nicht zuletzt in Zusammenhang mit allgegenwärtigen Begriffswelten wie *Industrie 4.0* zu führen, was für ein Zusammenwachsen von Informations- und Kommunikationstechnologien mit klassischen industriellen Prozessen zu sogenannten *Cyber-Physical Systems* steht. Obzwar, die digitale Fabrik keineswegs eine Erfindung der letzten Jahre ist; es gibt sie schon seit mehr als einem Viertel Jahrhundert. Das industrieökonomische Evolutionsprinzip funktioniert in der Regel auch ohne Marketing, wird dadurch allerdings durchaus begünstigt.

Sprünge ergeben sich einerseits aus sich verändernden Umfeldbedingungen (inkl. weltpolitische Ereignisse), andererseits aus der Implementierung gänzlich neuer Produkte und Verfahren in die gegebenen Wertschöpfungssysteme.

2 S. WIFO Konjunkturprognose vom März 2017

Entscheidung für den richtigen Technologiepfad

Die Industrie agiert in einem ausnehmend dynamischen Umfeld steigender Produkt- und Prozesskomplexität in Verbindung mit volatilen Märkten und sich verkürzenden Produkt-, Markt-, Technologie- und Innovationszyklen. *Globalisierung, Mobilität, Lebensqualität, demografischer Wandel, Wissensgesellschaft, Klimawandel* oder *Ressourcenverknappung*; das sind nur einige Schlagwörter, die sich als gesellschaftsökonomisches Umfeld für die Industrie manifestieren.

Wie reagiert in diesem Zusammenhang die Wirtschaft eines relativ kleinen Landes? Österreichs Industrie produziert auf dem Fundament traditioneller Stärken in Verbindung mit Forschung, Technologie und Innovation. Sie ist gleichermaßen international – besetzt in diesem Sinne vielerlei Nischen auf den Weltmärkten – wie regional verwurzelt. Und sie ist in ihrem Inneren hochgradig diversifiziert, mit gleichzeitigem Blick für sektor- und branchenübergreifende Lösungen.

Das ist die beste Basis für komplexe technische wie organisatorische Lösungen, welche die Zusammenarbeit einer Vielzahl an unterschiedlichen Akteuren erfordert. Zwei Felder davon waren in den vergangenen Jahren oftmals im Gespräch; nicht zuletzt deshalb weil das Bewusstsein entstanden ist, dass heutiger ebenso wie zukünftiger Wohlstand in unserem Land davon in großem Maß betroffen sind.

Die *Automotive Zulieferindustrie* zum Beispiel ist ein Wirtschaftsfeld, das über ein ausnehmend breites Spektrum an Branchen streut und zu zwei Drittel aus Hybridunternehmen besteht. Neben einem direkten Mobilitätsbezug werden Produkte auch in allen anderen wichtigen Industriefeldern hervorgebracht, wobei Wertschöpfungsimpulse in beide Richtungen gesandt und empfangen werden. Durch kluge Systemlösungen auf der einen Seite und die Besetzung von starken Nischen (zum Beispiel Sonderfahrzeuge) auf der anderen Seite hat sich Österreichs Industrie in diesem für den Weltmarkt bedeutenden Bereich in den letzten Jahrzehnten stark positioniert. Und es ist zu erwarten, dass Österreich auch in Zukunft ein Automotives Land sein wird, welches Mobilität als Grundvoraussetzung modernen Lebens versteht.

In ihren Grundstrukturen und -funktionen ist der komplexe Bereich der Umwelttechnik jenem der Automotive Zulieferindustrie sehr ähnlich.

Beispiel: Umwelttechnik-Industrie

Die Österreichische Umwelttechnik-Industrie erwirtschaftete im Jahr 2015 mit rund 31.000 Beschäftigten 9,7 Mrd. an Umsätzen. Auch hier sind viele Produktionsstäten Hybridunternehmen aus sehr unterschiedlichen Branchen. Die Mehrheit der Unternehmen ist im Bereich der sauberen beziehungsweise vorsorgenden Umwelttechnologien angesiedelt, zweitwichtigster Bereich ist der nachsorgende Umweltschutz (Technologien, die eine Umweltverschmutzung verringern oder bereits entstandene Belastungen sanieren), gefolgt Mess-, Steuer- oder Regel-Technik und Umweltbeobachtung.

Umwelttechnik steht im Zusammenhang mit der Umwelttechnik-Industrie für ein Setting an unternehmerischen Aktivitäten, welches von Elektromotoren, Generatoren und Transformatoren über elektronische Bauelemente; Mess-, Kontroll- und Navigationsgeräte; Turbinen, Pumpen und Kompressoren bis hin zu Brennern oder kälte- und lufttechnischen Erzeugnissen reicht. Diese Leistungen werden sowohl von Großunternehmen als auch KMU erbracht, welche untereinander hochgradig vernetzt sind.

Die Vernetzung findet freilich auch mit dem Rest der Volkswirtschaft statt. Neben der Nachfrage aus anderen Bereichen nach umwelttechnologischen Leistungen, generiert die Umwelttechnik-Industrie durch qualifizierte Nachfrage

Abb. 2: Gesamtwirtschaftliche Effekte der Umwelttechnik-Industrieunternehmen

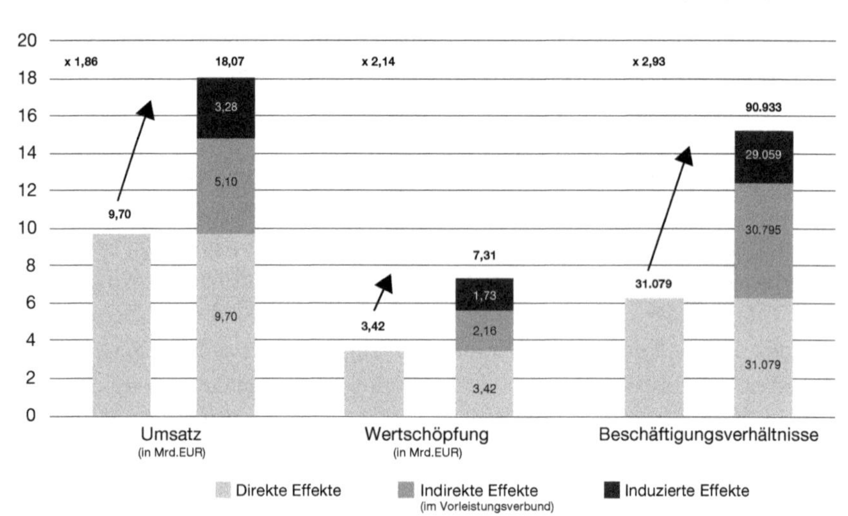

Anm.: Berechnungen gemäß Güterzuteilung des jeweiligen Umwelttechnik-Hauptproduktes. Rundungsdifferenzen möglich.

Quelle: IWI (2017) auf Basis der Statistik Austria (2016c)

selbst Effekte, die außerhalb der Unternehmensgrenzen wirken (Effekte aus der Vorleistungsnachfrage sowie damit verbunden mittelbare Konsum- und Investitionseffekte). So sichert ein Arbeitsplatz in der heimischen Umwelttechnik-Industrie knapp zwei weitere im restlichen Teil der Österreichischen Volkswirtschaft (Handel, Dienstleistungen, andere Industriesektoren).

Die heimische Umwelttechnik-Industrie trägt zur Verbesserung der Umweltsituation im In- und Ausland bei, ist überdurchschnittlich international, überdurchschnittlich innovativ und auch überdurchschnittlich jung. Das sind gute Voraussetzungen für zukünftige Erfolge. So wächst sie in den vergangenen Jahren stark und programmiert unter dem Motto *Neo-Ökologie* einen beachtlichen Teil der österreichischen Volkswirtschaft neu.

Ausgewogenes Standortsetting

Während sich wesentlichen Nachfragedeterminanten für Umwelttechnologien neben dem steigenden Umweltbewusstsein der Bevölkerung in strengeren (inter-)nationalen Gesetzen begründen, können sich Restriktionen zu Unterstützung für einen Bereich einer Volkswirtschaft nur allzu schnell als Hemmschuh für einen anderen herauskristallisieren. Und das Gesamtergebnis muss nicht zwingend positiv sein. Damit sei eine wesentliche Krux der Standortpolitik angesprochen: Wie bewältigt man makroökonomische Zielkonkurrenz?

Ein ausgewogenes Standortsetting, welches sich möglichst neutral gegenüber unternehmerischer Allokationsentscheidungen präsentiert, ist hierfür sicher kein Nachteil. Natürlich benötigen vor allem junge Industrien direkte spezielle Fördermaßnahmen, auch Netzwerke müssen begründet beziehungsweise gefördert werden, auch strukturbedingte Nachteile müssen bekämpft werden. Aber dem ganzen übergeordnet sollte es in seiner Gesamtheit einen attraktiven Wirtschaftsstandort geben, der seine Kraft auch und vieles andere aus indirekten Umfeldbedingungen schöpft.

Ein günstiges und gleichzeitig verlässliches Abgabensystem, das langjährige Planung ermöglich (inkl. steuerliche F&E- und Investitionsförderungen), langfristig ausgerichtete Qualifikationssysteme, Zukunftsentscheidungen für ein leistungsfähige Infrastruktur u.ä. schaffen ein Milieu der Leistung, indem die vorhandenen (Technologie-)Potenziale gleichverteilt zu Wohlstand transformiert werden.

Nur darf die Politik hierfür nicht in zeitlichen Dimensionen von Legislaturperioden denken. Zur Entwicklung und Nutzung von Evolutionsprozessen einer Industrie bedarf es eines deutlich umfassenderen Zuganges.

Sukkus

Österreich verfügt über eine aus der Substanz her leistungsfähige Industrie, die zunehmend auf komplexe Leistungssysteme spezialisiert ist. Die Umwelttechnik spielt dabei eine wichtige Rolle, aber nicht die einzige.

Ökonomische wie technologische Verflechtungen sorgen für eine nachhaltige Entwicklung und tragen aufgrund struktureller Gegebenheiten dazu bei, mit Krisenereignissen einhergehende negative Auswirkungen relativ gut zu bewältigen. Dafür ist ein ausgewogenes wie international konkurrenzfähiges Standortsetting notwendig, das indirekte und planbare Rahmenbedingungen in den Blickpunkt rückt.

Gabriele Zuna-Kratky

Die historische Dimension der aktuellen Umbrüche Ein musealer Blickwinkel

Fundamentale Umbrüche, vor allem in der Industrie, gesehen aus einem Museum der Technik!

Die Erwartung an das Thema ist vermutlich die Einordnung der aktuellen Situation in ein allgemeines historisches Schema. Mit diesem Anspruch ist allerdings der Einzelne – und im Grunde auch das Museum – überfordert. Das ist eine gesamtgesellschaftliche Aufgabe. Wie stellen wir uns zu den massiven Veränderungen unserer Gegenwart, zur permanenten Transformation der Arbeitswelt, der Neugestaltung unserer Lebensräume, der raschen Umformung unseres Alltags? Hier, in einem Museum der Technik, können wir uns nur darum bemühen, einen Aspekt dieses Mega-Prozesses näher zu beleuchten und Information dazu so aufzubereiten, dass die Formung individueller Standpunkte gefördert wird.

Dabei ist es durchaus so, dass der in diesem Buch thematisierte Umbruch auch in die museale Arbeit durchschlägt. Viele, die ans Technische Museum Wien denken, werden wohl vor ihrem geistigen Auge die großen Maschinen sehen – die große Dampfmaschine in der Haupthalle, als Symbol des technischen Fortschritts zur Gründungszeit des Museums zu Beginn des 20. Jahrhunderts, unter den Flügeln einer weiteren technischen Meisterleistung: der „Taube" des Flugpioniers Igo Etrich.

Aber große, geradezu symbolhaft anmutende Maschinen sind weder für unsere Zeit, noch für die Sammelpolitik eines modernen Museums charakteristisch. Die Fragen des 21. Jahrhunderts lauten: Wie sammelt man Computerprogramme? Wie stellt man sie aus? Wie sorgt man dafür, dass die Programme auch noch auf den Computern in zwanzig Jahren laufen und vor allem wie können die Daten für viele Generationen langzeitarchiviert werden? – Es ereignet sich jetzt und hier ein neuerlicher technischer Umbruch!

Foto: Eröffnung der Maschinenhalle des Technischen Museums für Industrie und Gewerbe, 1918

Das Thema Umbruch aus historischem Blickwinkel wäre eigentlich an Hand verschiedener theoretischer Erklärungsansätze zu untersuchen, so etwa in Relation zu setzen zur Diskussion um die industrielle Revolution und ihre Periodisierung oder auch generell mit dem schillernden Konzept des Paradigmenwechsels. Dies überschreitet jedoch die vorgegebenen Rahmenbedingungen. Freilich ist überhaupt keine Darstellung möglich, ohne einige theoretische Annahmen zumindest im Hinterkopf zu haben. Dies gilt jedenfalls von den Kategorien der Zeit und des Ortes. Die folgenden Überlegungen sind also präformiert durch das laufende Jahr und durch den Blickwinkel aus dem Direktionszimmer des Technischen Museums – einem Ort inmitten musealer Technik, von dem aus man auf den Schlosspark von Schönbrunn, insbesondere auf die Römische Ruine, schauen kann. Seit vielen Jahren ist der Raum freilich auch ein Ort im Netz, eine der unzähligen Schnittstellen in die neue virtuelle Welt: Information hinein, Information hinaus.

Die aktuellen Umbrüche – was ist da gemeint? Ich bringe es eingangs auf einen ganz trivialen Nenner. Blenden wir dreißig Jahre zurück: Eine Tabak-Trafik in den Achtziger Jahren – dort ein Computer? Undenkbar! Heute – der kleinste Laden ohne Computer und Internetanschluss? Wiederum undenkbar! – Ist das nun Umbruch oder „nur" rasche Veränderung? Ohne dies entscheiden zu wollen – und eine Begriffsklärung hier wäre ebenso sinnvoll und im Grunde willkürlich wie eine historische Periodisierung – lässt sich wohl feststellen, dass sich das Veränderungstempo insgesamt – egal, auf welchen Zeitraum bezogen – rasant steigert. Eine solche Behauptung ruft gewiss sogleich den Wunsch nach quantifizierbaren Parametern der Veränderung hervor, die diese Behauptung objektivieren. Doch ist dies hier und in diesem Rahmen nicht leistbar. Nennen wir also die Behauptung, eine noch der Stützung bedürfende These: Der Wandel hat sein Tempo gesteigert, vermutlich seit Langem schon und das Tempo des gesellschaftlichen, wirtschaftlichen, technisch-industriellen Wandels nimmt auch weiter zu. Vermutlich durchaus disruptiv, oder simpel gesagt – manchmal schneller, manchmal langsamer. Wann welche Phase warum eintritt, wann es schneller, wann wieder langsamer geht und was dies verursacht, ist das weite Feld der Diskussion von Wirtschaftsforschern, Historikern und Politikern, um nur einige wenige „Betroffene" zu nennen. Die Akzeleration der allgemeinen und technischen Veränderung – oder Entwicklung oder Fortschritt – wird dabei wohl kaum jemand bestreiten. Industrieller Wandel ist ein Aspekt einer breiten allgemeinen Entwicklung und offenkundig in engster Relation zur technischen Innovation.

Müßig, den Gang dieser Entwicklung seit dem 17. Jahrhundert wiederum nachzuzeichnen: die Erweiterung menschlicher Möglichkeiten durch ihre Extrapolation in die Technik. Wie die geschickten Hände ins Riesenhafte gesteigert werden und alle Arten von Produkten maschinell fertigen.

Müßig ebenfalls zu eruieren, welche technischen Errungenschaften die wahren Umbrüche darstellen, denn hier gehen die Meinungen der Expert/-innen auseinander – sei es nun das Rad, welches seit rund 6.000 Jahren seinen Einsatz findet, der Kompass, der seit dem 15. Jahrhundert dem Okzident die Tore zur Welt öffnete, das Automobil, welches seit dem späten 19. Jahrhundert unser Leben revolutioniert, oder die Entdeckung der Atomspaltung, die seit Mitte des 20. Jahrhundert das Damoklesschwert der Menschheit ist.

Foto: Watt`sche Dampfmaschine, erbaut von Johann Fichtner, 1825

Als 1712 die erste Dampfmaschine ihren Dienst in einem englischen Bergwerk begann, war diese technische Meisterleistung noch keine revolutionäre, da menschliche und tierische Arbeitskraft der Maschine durchaus noch überlegen waren. Dennoch wird gerade dieser Erfindung die Initialzündung der industriellen Revolution zugeschrieben und sie steht symbolhaft für einen Umbruch in der menschlichen Geschichte, da die folgende rasante Entwicklung von Technik, Produktivität und Wissenschaft von einem Anstieg der Bevölkerungszahlen begleitet wurde, was – zumindest in den Städten – auch große gesellschaftspolitische Umwälzungen zur Folge hatte.

Ein Blick auf die Geschichte der Eisenbahn zeigt eine der epochalen Auswirkungen der Erfindung der Dampfmaschine: Österreich war schon immer eine „Eisenbahnnation" – führend im Bau von neuen Eisenbahnlinien. 1828 nahm die erste Pferdeeisenbahn des Kontinents von Linz nach Budweis ihren Dienst auf und wurde dann ab 1841 mit der Dampflokomotive „Ajax" betrieben. Diese Lokomotive wurde neben dem Personenverkehr auch für den Transport von Kohle aus den Kohlerevieren um Ostrau in Mähren verwendet.

Die riesigen „Dampfrösser" erregten – auch aufgrund der „enormen" Geschwindigkeit – Aufsehen und flößten Angst ein. Der folgende Ausbau des Eisenbahnnetzes ermöglichte einen schnellen und günstigen Personenverkehr und Transport von Gütern quer durch Europa. Diese neue ökonomische Transportmöglichkeit war eine Grundlage der industriellen Revolution – die Eisenbahn brachte bisher unerschwingliche Güter zu den Menschen, und durch den Anstieg des Personenverkehrs konnten sich auch abgelegene Orte zu Tourismuszentren entwickeln. So trug eine anfangs kritisch betrachtete Erfindung auch zum Wohlstand der Menschen bei.

Foto: Dampflokomotive „Ajax", um 1840

Was treibt den Fortschritt an und erwirkt eine Steigerung der Produktivität?

Von zentraler Bedeutung hierfür war und ist zunächst die stete Ausweitung menschlicher Möglichkeiten durch die Mechanik der Maschinen. Hinzugekommen ist jedoch in den vergangenen Jahrzehnten die massive Steigerung mancher Aspekte menschlichen Denkens, z. B. der Rechenkraft, ins schier Unermessliche.

Der eigentliche Motor der technischen und industriellen – ja, auch der gesellschaftlichen – Entwicklung ist seit vielen Jahren der vernetzte Computer, durch den eine geistig-elektronische Superstruktur entsteht, deren erste Ausprägung derzeit erlebbar sind. Das aktuelle Schlagwort dazu ist „Digitalisierung". Bei allem Misstrauen Schlagworten gegenüber, die oft weniger Ausdruck der Wichtigkeit des Gemeinten sind, sondern eher die Folge davon, dass man sich „mit der Nase zu nahe an der Scheibe befindet", ist doch klar und deutlich festzustellen: Hier geht ein historischer Umbruch vonstatten, dessen unmittelbare Folgen uns bereits bewegen, der aber in weiterer Folge eine neue Welt schaffen wird, die wir ebenso wenig – oder sogar noch weniger – ermessen können wie die Menschen des späten 15. und frühen 16. Jahrhunderts die Auswirkungen der Druckerpresse. Gerade diese Erfindung von Gutenberg zeigt die vielschichtigen Folgen technischer Innovationen: Die Demokratisierung von Informationsverbreitung und Wissen, gefolgt von großen gesellschaftlichen Umbrüchen wurde aufgrund der Angst vor Kontrollverlust seitens der Herrschenden, bald durch Zensur und Verfolgung wieder eingeschränkt.

Foto: Handdruckpresse von Kaiser Joseph II. mit dieser Druckpresse erlernte Joseph II. das Buchdruckhandwerk, 2. Hälfte des 18. JH.

Eine Industrie, die den Personeneinsatz und Energieverbrauch minimiert und dabei doch alles herstellt, was die Gesellschaft benötigt? Eine Vorstellung, die sich jenseits unserer derzeitigen Form der Wirtschaft und Gesellschaft bewegt. Eine Gesellschaft, die sich nicht mehr über die Arbeit definiert, weil – abgesehen von menschlichen Dienstleistungen – die Automatisierung in einem noch unvorstellbaren Ausmaß greift? Abschied von Konzepten wie „arbeitslos“ mit allen damit verbundenen pejorativen Konnotationen? Eine Freizeitgesellschaft? Eine Gesellschaft, die ihre gewachsene freie Zeit in hohem Maß in der virtuellen Welt des Internet verbringt? Mit Hasspostings und/oder Wikipedia-Aktivität? Politisch, wirtschaftlich, bewusstseinsmäßig sind dies Veränderungen – Umbrüche –, deren Silhouetten am Horizont bereits erkennbar werden. Die Details einer solchen neuen Welt sind hingegen noch offen.

Über Gefahren und Chancen dessen, was ohne Zweifel auf uns zukommt – und die Industrie stellt hier ein akzelerierendes Moment dar – kann und muss, wie eingangs angedeutet, künftig viel nachgedacht und diskutiert werden. Vor allem auch, ob das Veränderungstempo nötig, unabwendbar oder steuerbar ist.

Das hängt dabei sicher auch davon ab, wie wir uns als Menschen in der Welt sehen, wie wir uns grundsätzlich zur Veränderung stellen. Im Augenblick erscheint uns die rasche Veränderung selbstverständlich. Veränderung ist dabei meist durchaus positiv konnotiert. Etwas, das sich überhaupt nicht verändert – seltsam, altmodisch! Die Werbelinie schon seit fünf Jahren nicht verändert? Kein neues Design – wird es nicht allmählich Zeit?

Mit der Römischen Ruine im Schlosspark von Schönbrunn wurde im 18. Jahrhundert etwas errichtet, das so aussehen sollte wie ein antiker Bau. Damals orientierte sich die Gegenwart zumindest teilweise an einer als Vorbild betrachteten Vergangenheit. Veränderung war durchaus nicht selbstverständlich und Veränderung meinte nicht unbedingt eine Neuerung. Sie konnte auch die Form eines zurück in eine als klassisch empfundene Hoch-Zeit annehmen – wie eben bei der Römischen Ruine. Die eigentliche Norm in der allgemeinen Vorstellung im vorindustriellen Europa war aber wohl eher die Nicht-Veränderung, die Bewahrung des Bestehenden, die Verhinderung von Verfall.

Ein solch vorindustrielles Verhältnis zur Veränderung kann heute gewiss nicht Vorbild sein. Wohl aber könnte es ein Denkanstoß sein: selbstverständlich ist es nicht, dass wir dauernd den Gashebel drücken und Tempo, immer mehr Tempo machen. Es ist eine zeitgebundene Verhaltensweise, die sich auch selbst wieder ändern kann …

Vielleicht ist das etwas, das in Relation zu dem Umbruch, in dem wir leben, gesetzt werden sollte. Denn viele seiner Aspekte lassen sich anders gestalten, an vielen Fäden lässt sich noch ziehen, viele Rädchen können noch beeinflusst werden. Vieles lässt sich relativieren und auch in eine größere historische Perspektive einfügen.

Foto: TMW Mobilität - Entwicklung der Fluggeräte

Wenn von den historischen Umbrüchen unserer Zeit die Rede ist, von einer ganz neuen Industrie, so sollte die Diskussion darüber, die Reflexion dieses Megaprozesses nicht nur pragmatisch und sozusagen von innen stattfinden. Um das Phänomen besser in den Blick zu bekommen, einen objektiveren Zugang zu finden, empfiehlt es sich, ein wenig zurückzutreten, Abstand zu gewinnen, die Sache aus einem anderen Blickwinkel zu betrachten. Vielleicht auch nachzudenken, wie dieses Phänomen im Lichte anderer Zeiten beurteilt worden wäre – als Veränderung nicht als selbstverständlich und Stillstand nicht als von vornherein übel betrachtet worden ist. Ein Haus wie das Technische Museum Wien könnte ein Ort sein, dies zu tun. Ein Ort der Reflexion. Ein Trainingsraum der historischen Urteilskraft. Historische Umbrüche – zu besichtigen im Technischen Museum Wien!

IV. Welche Energieinfrastruktur für die Industrie von morgen?

Brigitte Bach, Christoph Mayr, Tanja Tötzer, Ralf-Roman Schmidt, Helfried Brunner, Michael Hartl

Energieinfrastruktur für die Industrie von morgen

Die Industrie gilt als Grundpfeiler der europäischen Wirtschaft. Die EU setzt daher alles daran, die Wettbewerbsfähigkeit der europäischen Industrie zu steigern und so industrielle Produktionsstandorte in Europa zu halten[1]. Gleichzeitig hat sich Europa zur Erreichung ambitionierter Klimaziele bekannt. Im COP 21 (United Nations Framework Convention on Climate Change, 21st Conference of the Parties) wurde beschlossen, den Anstieg der globalen Durchschnittstemperatur auf deutlich unter 2°C, wenn möglich 1,5°C, über dem vorindustriellen Niveau zu begrenzen. Um dieses Ziel zu erreichen, gibt die EU über ihre Klima- und Energiepolitik den Rahmen für die Umsetzung in den Mitgliedsstaaten vor. Ausdruck dieser Bemühungen sind die 2010 beschlossene Strategie „Europa 2020" („20-20-20 Ziele")[2] und die „Energiestrategie 2030"[3] aus dem Jahr 2014, die folgende Minimalziele bis 2030 definiert: Senkung der Treibhausgas-Emissionen um mindestens 40% gegenüber 1990, ein Anteil von 27% erneuerbarer Energie am Gesamtverbrauch und eine Steigerung der Energieeffizienz um mindestens 27%. Weitere Langfristziele finden sich im Fahrplan für den Übergang zu einer wettbewerbsfähigen CO_2-armen Wirtschaft bis 2050[4] und im Energiefahrplan 2050[5]. Als ambitioniertes Ziel für 2050 wird darin eine Reduktion der Treibhausgasemissionen von 80 bis 95% (im Vergleich zu 1990) vorgegeben. Um allerdings das im COP21-Abkommen angestrebte 1,5°C-Ziel zu erreichen, müsste die Verbrennung fossiler Energieträger bereits zwischen 2040 und 2060 komplett eingestellt und die Energieversorgung – d.h. Strom, Wärme und Verkehr – in diesem Zeitraum vollständig auf erneuerbare Energien umgestellt werden.[6] Ein erster Blick auf die Energiekennzahlen zeigt, dass auf diesem Weg noch viele Anstrengungen zu leisten sind.

1 EC (European Commission, 2014): Für ein Wiedererstarken der europäischen Industrie. Mitteilung der Europäischen Kommission. COM(2014) 14 final.
2 EC (European Commission, 2010): Europe 2020. A strategy for smart, sustainable and inclusive growth. Communication from the Commission. COM(2010) 2020 final.
3 EC (European Commission, 2014): Ein Rahmen für die Klima- und Energiepolitik im Zeitraum 2020-2030. Mitteilung der Europäischen Kommission. COM(2014) 15 final.
4 EC (European Commission, 2011): A Roadmap for moving to a competitive low carbon economy in 2050. COM/2011/0112 final.
5 EC (European Commission, 2011): Energy Roadmap 2050. COM/2011/0885 final
6 IEA (International Energy Agency, 2016): World Energy Outlook 2016. OECD/IEA, Paris.

Die Situation in Österreich und international

Der Endenergieverbrauch pro Kopf ist in Österreich mit ca. 37,1 MWh (2015) im Vergleich zum EU28- Durchschnitt von 24,8 MWh relativ hoch. Auch beim Endenergieverbrauch der Industrie, der in Österreich rund ein Drittel des Gesamtendenergieverbrauchs ausmacht, liegt unser Land mit einem Wert von 12,4 MWh pro Kopf im vorderen Feld. Nur die Länder Luxemburg (13,4 MWh), Norwegen (ca. 13,3 MWh), Schweden (ca. 13,8 MWh) und Finnland (22,7 MWh) weisen einen höheren industriellen Pro-Kopf-Verbrauch auf. Der produzierende Bereich dominiert im Endenergieverbrauch bei bestimmten Energieträgern: nahezu 100% der brennbaren Abfälle, 93% der Kohle, 58% von Erdgas und immerhin noch 45% der elektrischen Energie wurde 2015 vom gesamten österreichischen Endenergieverbrauch für die Sachgüterproduktion verwendet. Vor allem bei Kohle stechen die beiden Industriebundesländer Oberösterreich und Steiermark hervor, die gemeinsam für ca. 77% des gesamtösterreichischen Kohleendenergieverbrauchs verantwortlich sind. Vor diesem Hintergrund beschäftigte sich das Projekt „Smart Energy for Smart Industry[7]“ und aktuell „OÖ4Industry“ mit der Frage, wie der Industriestandort Oberösterreich durch innovative und nachhaltige Lösungen entlang der gesamten Energiebereitstellungskette weiter gestärkt und langfristig gesichert werden kann.

Auch andere europäische Industrieregionen haben die Herausforderungen erkannt und setzen bereits Maßnahmen, um die Transformation der westlichen Industrie in Richtung Dekarbonisierung zu unterstützen und aktiv neue Themen (zum Beispiel Industrie 4.0), Instrumente (zum Beispiel Weiße Zertifikate) oder Initiativen (zum Beispiel Vanguard Initiative) voranzutreiben. In typischen Industrieregionen wie beispielsweise Baden-Württemberg, Nordrhein-Westfalen, Flandern (Belgien), Norra Mellansverige (Schweden) und Lombardei (Italien)[8] werden bereits heute die Themen Klima und Energie proaktiv aufgenommen, um einen Wettbewerbsvorteil hinsichtlich Forschung, technologischer Entwicklung und Umsetzung zu erzielen. Good Practice Beispiele sind von einem partizipativen, dialogorientierten Politikansatz geprägt, der nicht nur sektoral auf Technologieentwicklung ausgerichtet ist, sondern den Arbeitsmarkt und die gesamte Wirtschaftsstruktur bis hin zu den KMUs miteinbezieht. Dementsprechend existiert auch vielfach eine gute Vernetzung zwischen Wirtschaft, Forschung und Politik, die durch Intermediäre unterstützt wird. Innovation hat in

---

7 Das Projekt se4si wurde u.a. aus Mitteln des Strategischen Wirtschafts- und Forschungsprogrammes „Innovatives OÖ 2020“ vom Land OÖ gefördert.

8 Detaillierte Case Study Beschreibung siehe: Tötzer T., Bach B., Kollmann A., Steinmüller H., Pardo-Garcia N., Schaffler V., Wilk V., Barz T. Muggenhumer G. (2016): Smart Energy 4 Smart Industry. Endbericht.

allen Untersuchungsregionen oberste Priorität und wird gezielt durch Hebung der F&E-Quote, Clusternetzwerke, Technologietransferzentren, internationale Netzwerke etc. vorangetrieben. Trotz der Wirtschaftskraft und Größe solcher Good Practice Regionen erfolgt zunehmend eine Spezialisierung auf Schlüsselthemen, um strukturelle Veränderungen und Transformationsprozesse effizienter und erfolgreicher unterstützen zu können.

Welche Maßnahmen erfordert die Dekarbonisierung der Industrie?

Um die Dekarbonisierung der Industrie bei gleichzeitiger Erhaltung des Produktionsvolumens erreichen zu können, sind Maßnahmen auf mehreren Ebenen nötig. An erster Stelle stehen eine weitere Steigerung der Energieeffizienz und Integration erneuerbarer Energien in industrielle Prozesse sowie die Entwicklung neuer Prozessrouten. Zu den konkreten Herausforderungen zählen unter anderem die Umstellung von wärme- auf stromgeführte Prozessrouten oder der Umstieg der energieintensiven Industrie, wie der Stahlproduktion, auf erneuerbare Energien. Ein weiterer wichtiger Aspekt ist die Kopplung der Industrie mit dem Energiesystem, etwa durch Wärmeauskopplung in Fernwärmenetze, um so eine höhere Effizienz im Gesamtenergiesystem zu erzielen. Darüber hinaus muss auch generell die Energieproduktion aus erneuerbaren Quellen in Form von Wind- und PV-Kraftwerken weiter vorangetrieben werden, was eine weitere Flexibilisierung von Industrieprozessen erfordert.

Dazu müssen bereits heute Technologien und Prozessrouten entwickelt werden, damit diese rechtzeitig bis 2040/50 für eine großtechnische Umsetzung zu marktfähigen Preisen zur Verfügung stehen[9] und damit einen technologischen Wettbewerbsvorteil darstellen. Dies gilt insbesondere für energieintensive Wirtschaftsbranchen, denn je größer die Abhängigkeit von fossiler Energie, desto eher die Gefahr eines „Lock-in-Effekts“, der zu höheren Kosten in der Zukunft führt.[10] Diese Veränderungen in der Nachfrage und bei den Großkunden stellen wiederum große Herausforderungen an das Energiesystem, das gemäß der Rahmenstrategie zur Energieunion[11] auch in Zukunft eine sichere und leistbare Versorgung mit Energie aus erneuerbaren Quellen garantieren muss.

9 Ahman M., Nikoleris A., Nilsson L.J. (2012): Decarbonising industry in Sweden. IMES/EES report no 77; Vol. 77). Lund University.

10 http://www.faktencheck-energiewende.at/jart/prj3/erneuerbare-energien-2015-neu/data/Faktencheck_2016.pdf

11 EC (European Commission, 2015): Energy Union Package. A Framework Strategy for a Resilient Energy Union with a Forward-Looking Climate Change Policy. COM(2015) 80 final.

Erneuerbare Energie: Steigender Anteil der Photovoltaik

Die Photovoltaik wird eine wesentliche Rolle spielen, um die EU-Vorgabe eines CO_2-freien Stromsektors bis 2050 beziehungsweise das österreichische Ziel einer 100% erneuerbaren Stromversorgung bis 2030 zu erreichen. In allen Energiesektoren zeichnet sich eine Entwicklung hin zur strombasierten Energiebereitstellung ab, insbesondere in der Industrie und im Bereich Mobilität. Selbst in diesen Entwicklungspfaden kann die Photovoltaik in Österreich bis 2030 etwa 15% und bis 2050 etwa 27% des Strombedarfs decken[12]. Dieser Anteil deckt sich auch mit dem globalen Szenario für den Stromanteil aus Solarenergie, den die IEA bis 2050 weltweit prognostiziert. Die dafür benötigten Flächenpotenziale auf Dächern und Fassaden sind auch bei Annahme der derzeitigen Wirkungsgrade bereits heute verfügbar. Neben dem verstärkten Einsatz der Photovoltaik auf Gebäuden und in Industrieprozessen werden auch Solarkraftwerke ein zentraler Bestandteil der Energieinfrastruktur von morgen sein. Aktuell sind in Österreich etwas mehr als 1 GW an Photovoltaik Kraftwerksleistung installiert, womit knapp 2% des österreichischen Strombedarfs gedeckt werden können. Eine deutliche Erhöhung der jährlichen Zubauraten (mindestens 600 MW/a) ist erforderlich um die Klimaziele für Österreich erreichen zu können.

Die weltweiten rapiden Wachstumsraten des PV-Marktes haben in den vergangenen Jahren zu einem enormen Preisverfall bei Modulen und Anlagen geführt. Auch in Österreich sanken die Kosten für die Installation in den letzten sieben Jahren um 66%. Mit dem steigenden Anteil an der Stromerzeugung wird die Photovoltaik in Zukunft aber auch verstärkt Verantwortung für die Versorgungssicherheit übernehmen und muss deshalb zuverlässig und langlebig funktionieren. Die zentralen Herausforderungen bei der Weiterentwicklung der Photovoltaik sind daher unter anderem die nachhaltige und kostengünstige Produktion von PV-Modulen, die Verbesserung der Performance und Langlebigkeit der Komponenten und Anlagen, sowie die Entwicklung von innovativen Produkten und Anwendungsfeldern.

Die Photovoltaik-Technologie zeichnet sich durch ihre technische Zuverlässigkeit aus, und auch die Effizienz wird kontinuierlich erhöht. Neue Zell- und Modultechnologien schaffen den Markteintritt (PERC-, Heterojunction- und Tandemzellen auf Basis von kristalliner Silizium-Technologie) und holen noch mehr aus den etablierten multi- und monokristallinen Zellen heraus. Dünnschichttechnologien (CIGS, CdTe) decken zwar einen kleineren Marktbereich ab, haben aber ein großes Potenzial die Photovoltaik weiter voranzutreiben. Weitere sogenannte „Emerging Technologies“ (Perowskit, CZTS etc.) entwi-

12 Technologie-Roadmap für Photovoltaik in Österreich https://nachhaltigwirtschaften.at/resources/edz_pdf/1615_technologie_roadmap_photovoltaik.pdf

ckeln sich rasch und werden das PV-Technologieportfolio zukünftig bereichern.

Österreichs Unternehmen und Forschungseinrichtungen haben sich in der Photovoltaik-Branche weltweit hervorragend positioniert. Nicht nur in den Bereichen der PV-Module und Wechselrichter, sondern auch bei verschiedenen Zulieferprodukten für die PV-Industrie wie Zelleinkapselung, Rückseitenfolien, Verbindungsbänder, Montagesysteme und Gläser sind österreichische Betriebe am Weltmarkt führend. Hervorzuheben sind dabei Produkte und Lösungen für die bautechnische Integration von Photovoltaik in Gebäude, die in internationalen Großprojekten Einzug finden. Um die technologische Führerschaft in Europa und Österreich nachhaltig zu sichern und neue Märkte zu erschließen, muss daher verstärkt in die Entwicklung von neuen Produkten, Produktionsprozessen und innovativen Anwendungsfeldern investiert werden[13].

Energieeffizienz in der Industrie

Auch wenn erneuerbare Energien massiv ausgebaut werden, sind die COP 21-Ziele nur dann zu erreichen, wenn der Energiebedarf durch eine bessere Energieeffizienz deutlich reduziert wird. Neben den Sektoren Gebäude und Transport spielt hier die Industrie eine zentrale Rolle, zumal sie in Österreich, wie bereits erwähnt, für rund ein Drittel des Endenergieverbrauchs verantwortlich ist. Der Emissionshandel, die Ecodesign- und die Energieeffizienzrichtlinie sowie die Referenzdokumente für die besten verfügbaren Techniken (BVT-Merkblätter, BVT-Schlussfolgerungen) leisten einen wichtigen Beitrag zur Dekarbonisierung der Industrie. So wurden im Rahmen der Energieeffizienzrichtlinie bereits viele Maßnahmen verpflichtend und zum Teil auch freiwillig umgesetzt. In verpflichtenden Energieaudits werden die eingehenden Energieflüsse strukturiert und den einzelnen Anlagen und Prozessteilen zugeordnet. Durch weiterführende Analysen lässt sich so die abfließende Energie aufdecken und gezielt nutzen.

Industrieprozesse bieten ein sehr hohes Optimierungspotenzial in puncto Energieeffizienz. So kann zum Beispiel ungenutzte Abwärme mittels Wärmeübertrager direkt in anderen Prozessteilen verwendet oder in innovativen Speichern für die spätere Nutzung aufgehoben werden. Reicht die Temperatur nicht mehr aus, um die Energie sinnvoll zu nutzen, bieten sich Wärmepumpen an, um die Abwärme wieder auf Prozesstemperatur zu heben. Wärmepumpen zur Bereitstellung von Wärme bis zu rund 100°C sind bereits länger etabliert. Für die meisten industriellen Prozesse werden jedoch Temperaturen von bis zu 150°C

13 Schlüsseltechnologie Photovoltaik – Innovationen aus Österreich für die Stromversorgung der Zukunft, energy innovation austria 2/2017

benötigt. In den letzten sechs Jahren wurden daher in nationalen und internationalen F&E-Projekten intensive Forschungsanstrengungen unternommen, um diese Temperaturlücke zu schließen. In Kooperation mit heimischen Herstellern wurden bereits erste Prototypen gebaut und bis zu einer Temperatur von bis zu 160°C erfolgreich erprobt. Die Demonstration in industriellem Maßstab wird 2018 erwartet. Neben der effizienten Nutzung von Abwärme ist die Wärmepumpe, alleine oder in Kombination mit einem Speicher, eine ideale Ergänzung zur Erhöhung der Flexibilität in Industrieprozessen. Abhängig vom Angebot am Energiemarkt kann damit wahlweise elektrischer Strom aus fluktuierenden erneuerbaren Energiequellen oder konventionelles Erdgas zur Bereitstellung von Prozesswärme verwendet werden.

Um Prozesse ganzheitlich zu optimieren und damit die Energie- und Ressourceneffizienz zu steigern, gilt es, das gesamte System weiterzuentwickeln. Dafür müssen alle zur Verfügung stehenden Daten erfasst, analysiert und mittels zuverlässiger Modelle verglichen werden, um eine fundierte Basis für optimale prozessrelevante Entscheidungen zu schaffen. Die Datenerfassung in Industrieanlagen ist heutzutage allerdings noch sehr heterogen. Viele Produktionsprozesse sind bereits von der Betriebsleitebene bis zur Feldebene durchgängig erfasst und gelten heute schon als Industrie 4.0-fähig. Sehr viele Unternehmen mit energieintensiven, thermischen Prozessen sind jedoch gerade auf der Feldebene spärlich instrumentiert und Modelle zur vorhersagegesteuerten Produktion, laufenden Überwachung und zustandsbasierten Wartung fehlen zur Gänze. Mit der zügig voranschreitenden Digitalisierung und der damit verbundenen Verfügbarkeit von entsprechender Infrastruktur werden derzeit die Rahmenbedingungen für ein optimales Energie- und Ressourcenmanagement geschaffen.

Integrierte Energieinfrastruktur

In der Energieinfrastruktur von morgen nehmen Industriebetriebe als Prosumer aktiv am Energiesystem teil und reagieren flexibel auf Änderungen in der Versorgungssituation. Aufgrund der großen Bandbreite der eingesetzten Prozesse ergeben sich auch unterschiedliche Schnittstellen zu den Strom-, Gas- und Wärmenetzen. Eine optimierte Integration der Industrie erfordert daher gemeinsame Planung, Auslegung und Betrieb dieser unterschiedlichen Domänen – also die Schaffung einer integrierten Energieinfrastruktur für Strom, Wärme und Mobilität, auch Hybride Energienetze oder Sektorkopplung genannt. Während bislang die einzelnen Energienetze individuell optimiert wurden, ermöglicht die Integration der industriellen Kopplungspunkte zwischen den Domänen und somit eine Betrachtung der Wechselwirkungen über die traditionellen

Domänengrenzen hinweg die Optimierung des gesamten Energiesystems. Abbildung 1 zeigt die universelle Struktur eines Hybridnetzes, bestehend aus unterschiedlichen Netzebenen im elektrischen Netz, Gasnetz und Wärmenetz, sowie im Wasserstoffnetz als möglicher zukünftiger Energiedomäne. Über die Kopplungspunkte wie KWK, Power-to-Heat und Power-to-Gas kann Energie aus der einen Domäne in eine andere transformiert und dort direkt verbraucht oder gespeichert werden. Durch die bestehende Kopplung über KWK-Anlagen existieren Teile eines Hybridnetzes bereits. In einem komplett ausgebildeten Hybridnetz sind jedoch alle zentralen und dezentralen Kopplungstechnologien vollständig integriert.

Wesentliche Herausforderungen hybrider Energiesysteme sind ihre hohe technische Komplexität und ihr dynamisches Verhalten. Darüber hinaus müssen die gegenseitigen Wechselwirkungen und Abhängigkeiten der jeweiligen Netze auf verschiedenen Zeitskalen berücksichtigt werden, von Sekundenbruchteilen im Stromnetz bis zu Stunden und Tagen im Wärme- und Gasnetz. Derartige Systeme sowie die dazugehörigen Geschäftsmodelle und die notwendigen Änderungen in den technischen und organisatorischen Randbedingungen sind noch Gegenstand der Forschung.

Elektrische Netze: Flexibilität für einen optimierten Systembetrieb

In einer künftigen integrierten Energieinfrastruktur spielt das Stromsystem eine zentrale Rolle, was vor allem auf die zunehmende Elektrifizierung einzelner Energieanwendungen zurückzuführen ist, wie etwa Elektromobilität und Wärmepumpen. Oberste Prämisse ist eine weitgehende Dekarbonisierung der Strombereitstellung unter Beibehaltung des derzeit hohen Standards in puncto Versorgungssicherheit und -qualität im Stromnetz, um auch künftig den hohen Anforderungen des Industriestandortes Österreich zu genügen.

Neben der Kopplung der einzelnen Sektoren ist auch eine Erweiterung der bisherigen zentralen Strukturen in Energiebereitstellung und Transport zu beobachten. Wir befinden uns in einem Wandel hin zu stark dezentralen Strukturen mit einer deutlich höheren Anzahl von Automatisierungskomponenten und Akteuren im Stromsystem. Die Vernetzung dieser Akteure wird durch die rasanten Entwicklungen im IKT-Bereich und die Verschmelzung von Energie und Telekommunikation (zum Beispiel Internet of Things) weiter vorangetrieben. Die Verfügbarkeit einer hohen Anzahl von Daten und vor allem deren Analyse zur Gewinnung von Informationen für die Planung und Betriebsführung von Stromnetzen wird an Bedeutung gewinnen. Dies führt zu einer steigenden Komplexität im System und verlangt neue und robuste Ansätze für die Netzplanung und Netzbetriebsführung.

Im historisch zentral organisierten Stromsystem fährt die Erzeugung dem Verbrauch nach (Generation follows Demand). Aufgrund zunehmend volatiler Einspeisung aus erneuerbaren Energien werden derzeit aber zunehmend Demand Side Management und Demand Response als effiziente Maßnahmen für einen Lastausgleich in Betracht gezogen (Demand follows Generation). Vor dem Hintergrund derartiger Paradigmenwechsel muss der Systembetrieb optimiert werden, um die vorhandene Infrastruktur maximal auszunutzen und teure Netzausbauten zu reduzieren. Dies betrifft auch die Interaktion mit weiteren Energieträgern wie Fernwärme, Fernkälte und Gas sowie dem Mobilitätssystem. Generell werden derzeit Lösungen identifiziert und implementiert, welche die vorhandene Flexibilität auf allen Ebenen für einen optimierten Systembetrieb (technisch, wirtschaftlich und ökologisch) nutzbar machen. Im Zuge dieses Paradigmenwechsels werden die KonsumentInnen im Stromsystem der Zukunft eine bedeutendere Rolle als aktive TeilnehmerInnen im technischen System, aber auch am Energiemarkt, einnehmen. Diese „Demokratisierung“ des Stromsystems reicht vom industriellen Großverbraucher mit dahinter liegenden energieintensiven Prozessen bis zum Verbraucher auf Haushaltsebene.

Der Trend zur Elektrifizierung anderer Energiedomänen, die damit verbundene Sektorkopplung und Flexibilisierung des Stromsystems werden durch eine Vielzahl von Technologieoptionen unterstützt – sowohl auf der Stromerzeugungsseite (zum Beispiel Kraft/Wärme-Kopplung) als auch auf der Verbrauchsseite (zum Beispiel Power-to-Heat über Wärmepumpen in industriellen Prozessen oder Power-to-Gas zur Erzeugung von Wasserstoff aus überschüssigem erneuerbaren Strom). Dazu kommt die rasche Entwicklung und Integration von flexiblen Speicheroptionen im Stromsystem (reine Stromspeicher, aber auch Speicher im Wärme- und Gassystem sowie in der Mobilität durch die Sektorkopplung über Power-to-x-Technologien).

All diese Technologien und deren Integration in industrielle Prozesse werden die Möglichkeiten der Industrie als Akteur im technischen Stromsystem, aber auch am Strommarkt stetig erweitern.

Thermische Netze: Einspeisung von industrieller Abwärme

Abwärmepotenziale lassen sich nicht nur in Industrieprozessen, sondern auch durch die Einspeisung in Wärmenetze nutzen. Internationale Studien zeigen, dass ca. 4 % des Wärmebedarfs für Wohnen und Gewerbe in Europa (EU27) über industrielle Abwärmequellen gedeckt werden kann, derzeit werden jedoch nur

Tabelle 1: Abwärmeintegration in Europa: Realisierte Best Practice Beispiele

	Branche	Temperatur [°C]	Einspeisung [GWh]
Lindesberg[1]	Kartonerzeugung	72	82
Sindelfingen[2]	Rollenoffset-Druckereien	105	6
Karlsruhe/Ingolstadt[3]	Raffinerie	-	300
FW Dortmund[4]	Kohlenstoff	>100°C	150
Fernwärmeschiene Saar[5]	Zentralkokerei Saar	-	101

1 Brandstätter: Industrielle Abwärmenutzung – Beispiele und Technologien, Linz, 10/2008
2 Nahwärmeversorgung für das Wohngebiet Grünäcker durch Prozess-Abwärme der Druckerei Körner, 2008
3 www.stadtwerke-karlsruhe.de/swka-de/inhalte/aktuelles/aktionen/miro-projekt.php
4 www.dortmund.ihk24.de/linkableblob/2331512/.4./data/Vortrag_Dettmarg_Praxisbeispiel_DGW_pdf-data.pdf;
5 http://power-saar.steag-saarenergie.de/de/02_Leistungen/pdf/Broschuere_FVS.pdf

ca. 0,2% in Wärmenetzen verwendet[14]. Deren Nutzung ist daher auch ein wichtiger Aspekt zukünftiger Energieversorgungsszenarien und -strategien für Österreich[15]. Diese Abwärmepotenziale fallen bei vielen industriellen Produktionsprozessen, aber auch im Bereich Gewerbe und Dienstleistung an, etwa bei der Kühlung von Supermärkten oder Rechenzentren.

Ein aktuelles Beispiel für die Nutzung von Abwärme ist der Süßwarenhersteller Manner, der seit Anfang Oktober 2016 rund 1 MW thermische Energie in das Wiener Fernwärmenetz einspeist. Dies entspricht einer Wärmeversorgung von 600 Haushalten[16]. Weitere Beispiele für die Nutzung von Abwärme sind die OMV (Lieferung von 50 MW Bandlast und bis zu 185 MW Spitzenlast an das Wiener Fernwärmenetz) sowie die voestalpine (Lieferung von 150 GWh/a Abwärme in das Fernwärmesystem der Kelag in Linz[17]). Im internationalen Vergleich ist das Thema Abwärmenutzung vor allem in Skandinavien und auch in Deutschland präsent, siehe Tabelle 1.

In Zukunft sind auf diesem Gebiet jedoch weitere Forschungsanstrengungen nötig, um das Potenzial von industrieller Abwärme optimal zu nutzen. Zu den technischen Herausforderungen zählen der zeitliche Versatz zwischen Erzeugung und Verbrauch, die Konkurrenzsituation mit anderen alternativen Wärmequellen wie Solar- und Geothermie, Wärmepumpen und Abfallverbrennung, insbeson-

14 Persson U.; Werner S.: District heating in sequential energy supply, Applied Energy, Volume 95, 2012, p123
15 Energie [R]evolution Österreich 2050, M. Bliem et. al, 2011
16 Presseinformation Manner, 2016
17 Bericht „OPEN HEAT GRID – Offene Wärmenetze in urbanen Hybridsystemen“ für bmvit, 2016

dere im Sommer (s. Abbildung 2) sowie das oft relativ niedrige Temperaturniveau der industriellen Abwärme, das unter ca. 70°C[18] den Einsatz von Wärmepumpen oder eine Rücklaufanhebung[19] erforderlich macht. Um der Einspeisung industrieller Abwärme auf breiter Basis zum Durchbruch zu verhelfen, müssen zudem die mit der Installation von Rohrleitungen, Wärmeteauschern, Pumpen, Speichern und Backup-Systemen verbundenen Investitionskosten minimiert werden. Aber auch auf organisatorischer Ebene müssen Schritte gesetzt werden. So sind geeignete rechtliche und wirtschaftliche Rahmenbedingungen sowie Geschäfts- und Finanzierungsmodelle erforderlich, um die Planungssicherheit für Großprojekte zu garantieren und die langfristige Verfügbarkeit industrieller Abwärme abzusichern. Darüber hinaus gilt es, Synergien zwischen Förderungen auf Bundes- und Landesebene sowie Finanzierungsanreize für großvolumige Infrastrukturinvestitionen wie zum Beispiel Langzeitspeicher oder große Solaranlagen zu schaffen. Derartige Finanzierungsanreize werden etwa derzeit in dem vom KLIEN geförderten Projekt „Future DH System Linz" untersucht.

Treiber der Transformation

Neben der bedarfsgerechten Entwicklung von innovativen technologischen Lösungen erfordert die Dekarbonisierung der Industrie ein effizientes Zusammenspiel von Erzeugung, Verbrauch, Systemmanagement und Speicherung in einem für alle Marktteilnehmer optimierten Gesamtsystem. Das holistische Zusammenspiel von Energieversorgern, Technologielieferanten und Industrie unter dem Schirm adäquater rechtlicher und politischer Rahmenbedingungen sowie passender FTI-Instrumente unter Einbindung aller Stakeholder ist dabei von zentraler Bedeutung.

Für eine breite und schnelle Marktdurchdringung neuer Technologien müssen bestehende Hemmnisse, wie Risiken hinsichtlich Produktionssicherheit, Erfahrungsdefizite im Einsatz der Technologien und lange Amortisationszeiten abgebaut werden. Dies erfordert die Weiterentwicklung, Erprobung und Validierung neuer und verbesserter Technologien sowie deren Demonstration im Echtbetrieb und die Umsetzung technologischer Musterlösungen in Form von Leuchttürmen in der Industrie.

Die Ausschreibungen und Förderprogramme des Klima- und Energiefonds, wie unter anderem die kürzlich gestartete FTI-Initiative „Vorzeigeregion Ener-

18 Wert abhängig von den eingesetzten Technologien und nationalen Normen (Legionellen)

19 Die Rücklaufanhebung kann jedoch die Effizienz nachgeschalteter Erzeugungsanlagen reduzieren

gie“, spielen in diesem Zusammenhang in Österreich eine wesentliche Rolle. Sie verfolgen einen interdisziplinären, gesamtheitlichen Ansatz und entwerfen eine gemeinsame Vision für Innovationen im Energiesystem. In diesem Rahmen arbeitet auch das AIT Austrian Institute of Technology zusammen mit Playern aus der Industrie daran, innovative Technologien für nachhaltige, sichere und leistbare Energiesysteme der Zukunft zu entwickeln und so die Dekarbonisierung der Industrie in Österreich voranzutreiben.

Martin Graf, Philipp Irschik

Die steirische Energieinfrastruktur im Zeitalter der Energiewende – Ansprüche, Herausforderungen und Chancen aus dem Blickwinkel der steirischen Industrie

Effiziente, störungsfreie und leistbare Transport- und Verteilnetze – gleich ob für Wärme, Strom oder Wasser – sind von zentraler gesellschaftlicher, sozialer und wirtschaftlicher Bedeutung für das reibungslose Funktionieren unseres Alltages.

Der mit der Energiewende eingeleitete großflächige Umbau des etablierten Energiesystems, welcher als wesentliche und vorrangige Ziele die Reduktion der Treibhausgasemissionen, die Erhöhung des Anteils Erneuerbarer Energieträger (EE) und die Steigerung der Energieeffizienz verfolgt, stellt das bewährte thermo-hydraulische und zentralistische System der Energieerzeugung, des -transports und der -verteilung vor vielseitige neue Herausforderungen. Veränderte Anforderungen und Gebrauchsmuster, insbesondere im Bereich der leitungsgebundenen Energieversorgung (Strom-, Fernwärme-, Erdgasnetze), verlangen nach einer sektorübergreifenden Optimierung physischer Netzinfrastruktur, um legitimen Ansprüchen an Kosten- und Energieeffizienz, Sozialverträglichkeit, Wettbewerbsfähigkeit, Versorgungssicherheit und Umweltverträglichkeit gerecht zu werden.

Als größter Arbeitgeber, wichtigster Innovationsmotor und stärkste Wirtschaftskraft nimmt die Industrie in der Steiermark eine zentrale Rolle für den Lebensstandard und den Wirtschaftsstandort ein. Mit einem – bedingt durch die energieintensiven Industriezweige – hohen Anteil von rund 37%[1] am gesamten Endenergieverbrauch und knapp 44%[2] der jährlich emittierten Treibhausgasemissionen (THG) kommt dem produzierenden Sektor in der Steiermark, ähnlich wie den Betreibern leitungsgebundener Netzinfrastruktur, eine erfolgskritische Rolle bei der kosteneffizienten, nachhaltigen und innovationsorientieren Umsetzung der steirischen Energiewende zu.

1 Amt der Steiermärkischen Landesregierung, *Energiebericht Steiermark 2017*, Graz 2017, S. 59
2 Amt der Steiermärkischen Landesregierung, *Energiebericht Steiermark 2017*, Graz 2017, S. 64

Die Transformation der Energieversorgung als vielfältige Herausforderung

Ob Dezentralisierung oder Eigenverbrauch – die politische und gesellschaftlich erwünschte Transformation des heimischen Energiesystems von fossilen zu erneuerbaren Energieträgern stellt die bewährte und über viele Jahrzehnte gut ausgebaute leitungsgebundene Energieinfrastruktur in Österreich und respektive in der Steiermark vor mannigfaltige, technisch hochkomplexe, Herausforderungen. Die immer häufiger auftretende Entwicklung, dass traditionelle Endverbraucher, unabhängig ihrer spezifischen Größe, zu teilweisen Selbstversorgern – sogenannten *Prosumern* – werden, welche nicht nur den eigenen Bedarf decken, sondern zudem auch überschüssige Energie in das Niederspannungs- und Verteilnetz einspeisen, führt zu veränderten Gebrauchsmustern und Anforderungen an die Netzinfrastruktur. Die existierende Leitungsinfrastruktur erfüllt damit zusätzlich und entgegen ihrer, bei der Planung und Auslegung vor vielen Jahren, angestammten Rolle, vermehrt die Funktion der kleinteiligen, dezentralen Überschusseinspeisung und Versorgungssicherung im individuellen Störungsfall. Ein als langjährig und gänzlich bekannt betrachtetes Nutzerverhalten mit hinterlegten Lastprofilen ist angesichts dieser Entwicklungen zunehmend tradiert und mit Unwägbarkeiten behaftet. Darauf basierende Netzkonzeptionen, Fahrweisen und -pläne von Kraftwerken sowie etablierte Tarifsysteme für die Finanzierung der regulierten Netzdienstleistungen werden verstärkt in Frage gestellt.

Die bedingt durch den regional und national ungleich verteilten Zubau an erneuerbaren Energieträgern auftretende Disparitäten zwischen Erzeugungs- und Verbrauchsstrukturen führen vermehrt zu versorgungskritischen Schwankungen und Unplanbarkeiten welche eine bedarfsgerechte Steuerung und einen deutlich höheren Energieausgleichbedarf erforderlich machen. Während Reservekraftwerken, physischen oder virtuellen Energiespeichern und anderen Ausgleichsoptionen wie beispielsweise Power-to-X-Technologien angesichts veränderter Stromflüsse im Hoch- und Niederspannungsnetz sowie Spannungsproblemen in Folge von Über- und Unterspannungen so zunehmend eine systemkritische Rolle zukommt, gewinnt die geordnete Breitstellung von Flexibilitäten und strombasierten Konversionsprozessen an Bedeutung.

Den für die Netz- und Systemführung sowie für die Frequenz- und Spannungshaltung systemverantwortlichen Netzbetreibern kommt hierbei eine maßgebliche Funktion bei der Koordinierung, Steuerung und dem Austausch von regionalen und überregionalen Lastflüssen zu. Letztere nahmen insbesondere in Folge des fallenden Trends bei der innerösterreichischen Stromaufbringung sowie den Bestrebungen zur Etablierung eines europäischen Energiebinnenmarktes seit dem Jahr 2000 kontinuierlich zu und beliefen sich zuletzt auf rund 12 PJ

(2015) in der Steiermark[3]. Hierbei spielt auch die zentrale Rolle des Bundeslandes als überregionaler, sehr bedeutender Schnittpunkt für den zentraleuropäischen Öl- und Gastransport, beispielsweise durch die Trans-Austria-Gasleitung (TAG), die Süd-Ost-Gasleitung (SOL) sowie die Adria-Wien Ölpipeline (AWP), eine nicht unbedeutende Rolle.

Unter Berücksichtigung der fortschreitenden intelligenten Ertüchtigung („*Smartifizierung*") der Netzinfrastruktur, dem forcierten Ausbau eines flächendeckenden Ladestellennetzes für Elektromobile, der sukzessiven Ökologisierung von Wärmesystemen sowie der kontinuierlichen Substitution fossiler durch erneuerbare Energieträger, erscheint die Annahme eines signifikanten Anstieges des Gesamtstromverbrauchs als sehr nachvollziehbar und wahrscheinlich.

Der hierfür entstehende Bedarf nach leistungsstarken und intelligenten Stromnetzen, welche Aufbringungs- und Nachfrageverhalten technisch ermöglichen, zuverlässige in Gleichklang bringen und ein netzdienliches Verhalten mittels intelligenter Anreizsysteme in Echtzeit erlauben, stellt einen signifikanten Finanzierungsaufwand dar.

So investieren die Energienetze Steiermark als zuständiger Netzbetreiber im Versorgungsgebiet der Steiermark mit rund 500.000 Kunden-Zählpunkten sowie einem knapp 35.000 km langen Strom- und Erdgas-Versorgungsnetz jährlich in etwa 60-70 Millionen Euro in die Ertüchtigung, Modernisierung und den Ausbau der Leitungsinfrastruktur. Österreichweit wurden die anfallenden Kosten für die Modernisierung des heimischen Übertragungs- und Verteilnetzes seitens der zuständigen Regulierungsbehörde, der Energie-Control Austria, für den Zeitraum 2015 bis 2020 mit 5,7 Milliarden Euro veranschlagt[4]. Angesichts dieser Herausforderungen und Größenordnungen erscheint die Aussage, dass es sich bei der Energiewende um das größte Infrastrukturprojekt der zweiten Republik handelt, als zutreffend.

Der Industriestandort Steiermark in Zahlen

Ob Schwerindustrie, Bergbau oder Sachgüterproduktion – der produzierende Sektor in der Steiermark gilt seit jeher als bedeutender Job-, Wohlstands- und Innovationsmotor für die Region. Mit rund 34% der steirischen Bruttowertschöpfung (2015) und knapp 30% der direkt unselbständig Beschäftigten gilt der produzierende Sektor als größter Arbeitgeber und stärkste Wirtschaftskraft in

3 Amt der Steiermärkischen Landesregierung, *Energiebericht Steiermark 2017*, Graz 2017, S. 51
4 Industriellenvereinigung (IV), *Innovativ. Effizient. Nachhaltig. Österreichs Industrie für Energie und Klima der Zukunft*, Wien 2016, S. 21

der Steiermark[5]. Indirekt hängt rund jeder zweite Arbeitsplatz in der Steiermark von der Industrie ab, wobei hier vor allem die fünf Industriezweige Maschinen- und Fahrzeugbau, Metallerzeugung und -bearbeitung, Elektrotechnik und Elektronik, Holz & Papier sowie Nahrungs- und Genussmittel als größte Jobmotoren zu nennen sind. Geprägt durch eine, mit dem Bergbau und der Schwerindustrie, traditionell sehr stark im Primärsektor angesiedelten, energieintensiven Industrie sowie einer überdurchschnittlich stark ausgeprägten Sachgütererzeugung agieren viele steirische Industrieunternehmen heutzutage als Technologiezulieferer und Dienstleister für die Weltmärkte. So werden beispielsweise rund 3 von 4 der vor Ort in der Steiermark erzeugten Produkte exportiert und wertmäßige Gesamtexporte in Höhe von jährlich knapp 20 Milliarden Euro erzielt[6].

Frühzeitig wurde dem internationalen Wettbewerb und der daraus resultierenden Exponiertheit mit der systematischen Verzahnung und Verflechtung von Wissenschaft und Wirtschaft Rechnung getragen und in universitäre sowie außeruniversitäre Forschungs- und Bildungseinrichtungen investiert. Mit 20 von 38 Kompetenzzentren in Österreich – zu Themenfeldern wie beispielsweise Green Tech, Elektrotechnik und Mobilität – zählt die Steiermark österreichweit zu den innovativsten und zukunftsorientiertesten Regionen[7]. Mit einer Forschungs- und Entwicklungsquote (F&E) von rund 4,8 Prozent[8] belegte die Steiermark zuletzt zudem im Vergleich von 220 europäischen Regionen den Platz des Vizeeuropameisters hinter der Region Baden Württemberg.

Der ökologische Fußabdruck der steirischen Industrie

Die steirische Industrie ist gekennzeichnet durch traditionell stark im Primärsektor und der Sachgüterproduktion angesiedelte Industriezweige und Unternehmungen. Mit rund 37% (67 PJ, 2015) am gesamten, jährlichen energetischen Endenergieverbrauch in der Steiermark entfällt ein vergleichsweise hoher Anteil auf den produzierenden Sektor[9]. Insbesondere die energieintensive Eisen- und Stahlfertigung sowie die Papier- und Mineralstofferzeugung gelten hier als jene Industriezweige, welche die höchsten Verbrauchsmengen auf sich vereinen. Mit rund 5,5 Millionen Tonnen CO_2-Äquivalent (2014) zeichnet sich der produzierende Sektor zudem für rund 44% der jährlichen Treibhausgasemissionen der

5 Industriellenvereinigung (IV) Steiermark. *Die Industrie in der Steiermark*, Graz 2015
6 Industriellenvereinigung (IV) Steiermark. *Die Industrie in der Steiermark*, Graz 2015
7 Industriellenvereinigung (IV) Steiermark, *Industriestandort Steiermark in Zahlen*, Graz 2015
8 Industriellenvereinigung (IV) Steiermark, *Industriestandort Steiermark in Zahlen*, Graz 2015
9 Amt der Steiermärkischen Landesregierung, *Energiebericht Steiermark 2017*, Graz 2017, S. 59

Steiermark verantwortlich[10]. Damit liegt er deutlich über dem auf Bundesebene erhobenen Anteil von knapp einem Drittel der jährlich, österreichweit emittierten THG-Emissionen. Gemessen an den pro Kopf Emissionen liegt die Steiermark mit knapp 9,8 Tonnen CO_2-Äuqivalent zudem deutlich über dem österreichischen Durchschnitt von 8,4 Tonnen CO_2-Äuqivalent pro Kopf und Einwohner[11]. Letzteres ist vor allem auf den vergleichsweisen hohen Anteil der Eisen- und Stahlproduktion in der Steiermark zurückzuführen.

Die negativen Folgewirkungen des ausgeprägten steirischen Industriesektors für Klima und Umwelt in der Steiermark zeigen sich insbesondere bei Berücksichtigung der Anteile der einzelnen Energieträger am energetischen Endverbrauch. Von insgesamt 179 PJ wurden im Jahr 2015 knapp 56% aus den fossilen Energieträgern Erdöl (34%, 61 PJ), Erdgas (19%, 33,2 PJ) und Kohle (3%, 6 PJ) gedeckt. Der Anteil der elektrischen Energie (19%, 34,4 PJ) und erneuerbarer Energien (18%, 32,6 PJ) nimmt damit weiterhin eine – wenn auch kontinuierliche wachsende – nachrangige Rolle ein[12].

Die sich daraus ergebende Notwendigkeit der sukzessiven Dekarbonisierung und Ökologisierung der Energieaufbringung, des -transports und der -verteilung, die schrittweise Abkehr von zumeist importierten fossilen Energieträgern wie Erdöl und Kohle sowie der effizientere und sparsamere Umgang mit Energie jeglicher Art wird damit offensichtlich. Dabei sind die hierfür erforderlichen Maßnahmen zum Klimaschutz, Ressourceneffizienz und Energiewende in Einklang zu setzen mit den legitimen Ansprüchen und Sicherheitsvorstellungen des Wirtschaftsstandortes nach Wettbewerbs- und Konkurrenzfähigkeit und Versorgungssicherheit. Eine effiziente und nachhaltige Energieaufbringung und -verteilung, welche zum Großteil auf erneuerbaren Energien basiert, muss somit sowohl sicher, zuverlässig, leistbar und nachhaltig sein, um den Lebens- und Wirtschaftsstandort Steiermark positiv weiter zu entwickeln. Als zentraler Schnittstelle beim Gelingen dieser Transformation kommt der leitungsgebundenen Energieinfrastruktur eine erfolgskritische Rolle zu. Ob durch umfangreiche Erneuerungs- und Verstärkungsmaßnahmen der Netzinfrastruktur, der sukzessiven Ausrollung von intelligenten Mess-, Zähler- und Regelungseinrichtungen oder der verbesserte Nutzung von (industriellen) Abwärme- und Flexibilitätspotentialen – die Netzinfrastruktur muss sich veränderten Gebrauchsmustern anpassen und deren technische Nutzbarmachung mit netz- und marktgetriebenen Ansätzen ermöglichen.

10 Amt der Steiermärkischen Landesregierung, *Energiebericht Steiermark 2017*, Graz 2017, S. 64
11 Amt der Steiermärkischen Landesregierung, *Energiebericht Steiermark 2017*, Graz 2017, S. 64
12 Amt der Steiermärkischen Landesregierung, *Energiebericht Steiermark 2017*, Graz 2017, S. 58

Die steirische Klima- und Energiestrategie gibt den Weg vor

Die Klima- und Energiestrategie des Land Steiermark, welche den steirischen Beitrag zur Erfüllung der österreichweiten, europäischen und globalen energiepolitischen Zielsetzungen vorgibt und ambitionierte Maßnahmen im Bereich der Klima- und Energiepolitik formuliert, liefert hierbei einen wertvollen Beitrag. Sie stellt den Anspruch das Bundesland bis zum Jahr 2050 klimaneutral und energiesicher zu machen und gleichzeitig die internationale Wettbewerbsfähigkeit des Standortes zu erhalten. Vor dem Hintergrund einer kontinuierlich wachsenden Bevölkerung, einer sich positiv entwickelnden Wirtschaft und unter Berücksichtigung des Einflusses der Witterung und des saisonalen Temperaturverlaufes in der Steiermark bedarf es ambitionierter und sichtbarer Anstrengungen um diese Ziele zu erreichen. So müssen die innersteirische Erzeugung aus erneuerbaren Energieträgern konsequent ausgebaut, der Importe von fossilen Energieträgern reduziert und die Dekarbonisierung sowie Ökologisierung im Bereich der Wärme und Mobilität weiter forciert werden, um die steirischen Klima- und Energieziele zu erreichen.

Auf der Erzeugungsseite wurde mit der systematischen Erhebung der Eignungsflächen für die Errichtung von Windkraftanlagen in der Steiermark sowie mit dem bereits erfolgten Baustart des Murkraftwerks Graz und den noch in Planung befindlichen Wasserkraftwerken in Gratkorn und Stübing ein erster Schritt zu einer umweltschonenderen und nachhaltigeren Energieerzeugung gesetzt. Durch die weitere Erschließung von industriellen Abwärmequellen wie zum Beispiel des Papier- und Zellstoffwerkes der Sappi Austria Produktions-GmbH, der Stahl- und Walzwerk Marienhütte GmbH oder der Kläranlage der Stadt Graz in Gössendorf konnte klimaschädliches CO_2 eingespart und eine Steigerung der Effizienz in der Nah- und Fernwärmeversorgung gemeinsam mit der Industrie erzielt werden. Im Bereich der Ökologisierung des Mobilitätsbereichs wurde – auch vor dem Hintergrund der hohen Bedeutung der Automobil- und Zulieferindustrie für die Steiermark – die Modellregion Elektromobilität im Großraum Graz geschaffen und ein Prozess initiiert um in absehbarer Zeit eine flächendeckende E-Tankstellen Ladeinfrastruktur in der Steiermark aufzubauen. Des Weiteren wurden zur Sicherstellung der Versorgungssicherheit sowie zur Ertüchtigung der steirischen Strom- und Gasnetze umfangreiche Erneuerungs- und Verstärkungsmaßnahmen wie zum Beispiel die selektive Verkabelung von Netzabschnitten oder der systematische Aufbau einer Smart Meter Infrastruktur inklusive der dahinterliegenden Datenübertragungs- und Steuerungsinfrastruktur, initiiert. Die steirischen Smart City Regionen Leoben, Hartberg, Weiz-Gleisdorf und Graz-Mitte arbeiten zudem ähnlich wie die Leuchtturmprojekte „Big Solar“ und „Helios“, welche die Umsetzung und Realisierung von Großsolaranlagen in

Verbindung mit Langzeitspeichern zum Ziel haben, sukzessive an zukunfts- und innovationsorientierten Energie-, Mobilitäts- und Klimalösungen.

Die Energiewende als neue Herausforderung und Chance zugleich

Ob Erzeugung oder Netz, Gas oder Strom – die Transformation des heimischen Energiesystems führt zu technisch hochkomplexen Herausforderungen und eröffnet gleichwohl neuartige Chancen und Wachstumsmöglichkeiten. Insbesondere einer Region wie der Steiermark, in welcher Technologie, Forschung und Innovation, traditionell ein hoher Stellenwert zukommt, bietet eine zukunfts- und innovationsorientierte Konzeption und eine kosteneffiziente und maßvolle Umsetzung der Energiewende mannigfaltige Möglichkeiten. Während die Politik und der Gesetzgeber die notwendigen Rahmenbedingungen wie beispielsweise zügige Genehmigungsverfahren für Infrastrukturprojekte und Planungssicherheit für Investoren gewährleisten müssen, bedarf es den zuständigen Netzbetreibern als Dreh- und Angelpunkte der Energiewende, für eine kosteneffiziente, technologieneutrale und intelligente Netzinfrastruktur zu sorgen. Eine bereits vorhandene und bewährte Energieinfrastruktur (beispielsweise Erdgasnetz oder unterirdische Gasspeicher) sollten dabei für die Integration von neuen und innovativen Technologien (beispielsweise Power-to-X-Technologien) ebenso genutzt werden wie die Möglichkeiten einer sektorübergreifenden Optimierung physischer Netz-, Kommunikations- und Informationsinfrastruktur. Der Industrie als maßgeblicher Akteur kommt bei der umsichtigen Umsetzung der Energiewende eine ebenso verantwortungsvolle wie auch notwendige Rolle zu.

Gerhard Christiner

Energiewende der Industrie – die entscheidende Rolle der Übertragungsnetze

Historie und Funktion des Übertragungsnetzes für die Industrie in Österreich

Das Übertragungsnetz gewährleistet seit jeher den sicheren, überregionalen Austausch von elektrischer Energie und stellt damit eine zentrale Funktion im Gesamtsystem dar. Auf nationaler Ebene ist das Übertragungsnetz in Österreich das Bindeglied zwischen den neun Bundesländern beziehungsweise den wesentlichen Verteilernetzbetreibern in Österreich. International ist das Übertragungsnetz der APG eine zentrale Infrastruktur in Mitteleuropa und, mit der Ausnahme der Slowakei, mit allen Nachbarländern direkt verbunden. So spielt das Übertragungsnetz sowohl bei der Versorgung von Endkunden, aber auch bei der Versorgung von Industriekunden mit großen Energie- und Leistungsbedürfnissen eine zentrale Rolle.

Die ersten vergleichbaren Konzepte zur weiträumigen Stromübertragung gehen auf die Anfänge des 20. Jahrhunderts zurück. Die damalige Konzeption der partnerschaftlichen Störaushilfe sowie der synergetischen Nutzung verschiedener Erzeugungstechnologien, zur Deckung des steigenden Energiebedarfs, baute auf zwei Prämissen: Erhöhung von Versorgungssicherheit und Systemeffizienz. Diese beiden Zielfunktionen sind heute in einer hochdigitalisierten Welt aktueller denn je – wenngleich sich die Player im System drastisch verändert haben. Galt es damals, die Energiequellen Kohle in Deutschland und flexible Pumpspeicherkraftwerke in Österreich – also Grundlast und Spitzenlast – zusammenzuspannen, so sind es heute volatile, erneuerbare Energiequellen die in einem europäischen Marktgefüge gemeinsam mit den konventionellen Kraftwerken agieren.

Die heutige geographische Ausdehnung des „Synchronverbundes" über Kontinentaleuropa ist ein wesentlicher stabilisierender Faktor und somit eine tragende Säule der Versorgungssicherheit. Durch die räumliche Ausdehnung und die damit verbundene inhärente Trägheit rotierenden Massen, ist die Fehlertoleranz im Vergleich zu kleinen „Inselsystemen" signifikant größer. Zudem wurde durch die Nutzung von geografisch fixen Energiequellen, oft weitab von den Verbraucherzentren, und die Forcierung des länderübergreifenden Energieaustausches, in

Verbindung mit einem Handelssystem für Strom, eine neue Form der Systemeffizienz geschaffen. Diese spiegelt sich in einem vergleichsweise erschwinglichen Preisniveau der wohl hochwertigsten Energieform wieder, die mit einer Verfügbarkeit von 99,99%[1] die Lebensader der heutigen Gesellschaft darstellt.

Nutznießer und Treiber der Erschließung von heute vorwiegend erneuerbaren Energiequellen aus Wind und Fotovoltaik sind gleichermaßen sowohl private Haushalte, als auch zunehmend die Industrie. Denn auch vor allem in diesem Bereich steigt der Anspruch auf die Verwendung nachhaltiger Energie bei gleichzeitig hoher Verfügbarkeit. Letztendlich sind Versorgungssicherheit und Versorgungsqualität speziell im Industriesektor die Grundvoraussetzungen für den Wirtschaftsstandort Österreich.

Grüne Industrie – woher kommt der Strom

Zweifellos sind die Auswirkungen des Klimawandels eine Thematik aller Kontinente der Erde. Eine Abstimmung von wirkungsvollen Maßnahmen zur Reduktion von Treibhausgasen ist daher wohl zumindest im europäischen Gefüge durchzuführen, wenngleich ein weltweite Koordinierung über beispielsweise das Pariser Klimaabkommen die notwendige Basis dafür legt. Die Abkehr von fossilen Energiequellen im Stromsektor, aber auch im Wärme- und Verkehrsbereich bis hin zur Industrie (Sektorenkopplung) ist seit dem Platzgreifen der Energiewende der letzten Jahre in vielen Teilen der Erde und vor allem auch in Europa durch den Zubau von Wind und Fotovoltaik-Kraftwerken geprägt.

Somit sind Versorgungssicherheit und Nachhaltigkeit keine rein nationalen Fragestellungen mehr, sondern erfordern den Blick weit über die Staatsgrenzen hinaus. Dies erscheint einerseits logisch, da auch die höchsten beziehungsweise effizientesten Vorkommen von Wind und Fotovoltaik in Europa nicht gleich verteilt sind. Andererseits bedeutet dies konsequenter Weise auch Energietransporte von Regionen hoher erneuerbarer Potenziale in Regionen mit geringerem Potenzial.

So ist beispielsweise bei Windkraftwerken entlang der deutschen oder der dänischen Küstenlinien mit einer jährlichen Ausnutzungsdauer von rund 4.000 Stunden zu rechnen. Im windreichen Ost-Österreich ist im Vergleich dazu mit ca. 2.000 Volllaststunden pro Jahr die potenzielle Ausbeute noch immer beachtlich, wenn auch bereits deutlich geringer als in den windreichsten Regionen Nordeuropas. Windkraftwerke im zentralen Alpenraum wären technisch möglich, allerdings erscheint das großteils über staatliche Förderungen eingesetzte Kapital bei einem Bruchteil der möglichen Windstunden wenig effizient und nicht sinnvoll

1 Ausfalls- und Störungsstatistik für das Berichtsjahr 2015 der Energie Control Austria

verwendet. Je weiter man in Europa Richtung Süden geht, zum Beispiel in den mediterranen Raum, umso größer ist die potenzielle Ausbeute von Strom aus Fotovoltaik-Kraftwerken, währenddessen diese in Richtung Nordeuropa aufgrund der geografischen Gegebenheiten weitaus geringer ist.

Daraus lässt sich schlussfolgern, dass eine europäische Energiewende auch die Einbeziehung der natürlichen Ressourcenvorkommen in ganz Europa zur Grundlage haben muss. Dies impliziert, dass Regionen mit hohen Potentialen an zum Beispiel Windvorkommen weit mehr produzieren müssen, als die lokalen Verbraucher benötigen würden. Beispiele hierfür sind die Küstenlinien Deutschlands oder aber auch die österreichischen Bundesländer Niederösterreich und Burgenland.

Diese regionale Überproduktion muss konsequenterweise mittels Stromnetzen zu den Verbrauchern, in den Regionen mit geringerem Potenzial, transportiert werden. Hier spielt die Form der Energieübertragung und auch Zwischenspeicherung in der Zukunft also eine zentrale Rolle – sowohl für Versorgungssicherheit, also auch für die Erschließung nachhaltiger Energiequellen.

Herausforderungen und Lösungen für die (Strom-) Infrastruktur

Seit der vollständigen Liberalisierung des Stromsystems in Europa kann Strom (und Gas) neben der schon länger bestehenden Möglichkeit zur physischen Übertragung auch über Märkte gehandelt werden.

Der Strombereich ist also gewissermaßen ein Vorreiter der Europäisierung, als die Triebfeder gilt seit jeher Versorgungssicherheit und Versorgungsqualität. Seit dem Aufbau der ersten Übertragungsnetzfragmente in Europa wurde das System zur grenzüberschreitenden Stromübertragung stetig weiterentwickelt und ausgebaut. So entstand aus der 1951 gegründeten UCPTE[2] mit 8 Mitgliedstaaten schrittweise die heutige Vereinigung der Strom- Übertragungsnetzbetreiber in Europa (ENTSO-E[3]). Diese zählt heute 43 Mitglieder aus 36 Ländern. In dieser Organisation werden heute in weit über 100 Arbeitsgruppen alle wesentlichen Themen zum Netzbetrieb, Netzausbau, Strommarkt sowie Forschung und Entwicklung gemeinsam behandelt (zum Beispiel auch zum koordinierten Netzbetrieb, zum Schutz kritischer Infrastruktur oder zur Überwachung der Einhaltung aller gemeinsam festgelegten technischen Regeln bei jedem einzelnen TSO in Kontinentaleuropa).

Sowohl die Vorgängervereinigungen, als auch ENTSO-E hatten beziehungsweise haben das Ziel, einen einheitlichen, organisatorischen Rahmen für den internationalen Stromtransport abzustimmen. In der Vergangenheit wurde dies

2 Union pour la coordination de la production et du transport de l'électricité, Gründung1951
3 European Network of Transmission System Operators – Electricity, Gründung 1999

vorwiegend anhand von Abkommen auf vertraglicher Basis – mit strengem, gegenseitigem Monitoring der Einhaltung – realisiert. Aktuell tritt hier erstmals in der europäischen Geschichte ein harmonisierter Gesetzesrahmen für die Stromwirtschaft in Europa auf den Plan – die Network-Codes[4] beziehungsweise Guidelines. Im Zuge des dritten Liberalisierungspaketes der europäischen Union und nach Vorgabe der europäischen Vereinigung der Regulatoren[5] wurden europäische Gesetze durch Arbeitsgruppen der ENTSO-E erarbeitet. Diese unterteilen sich in Markt-, Netzanschluss- und Network Codes zur betrieblichen Zusammenarbeit in Europa.

Dieser bedeutende Meilenstein in der europäischen Elektrizitätswirtschaft führt also erstmals einen einheitlichen Mindeststandard auf gesetzlicher Basis ein, der die Prozesse und Koordinierungserfordernisse für die gravierenden Umbauten im Stromsystem der nächsten Jahre beziehungsweise Jahrzehnte maßgeblich prägen wird.

Grenzüberschreitende Handelsaktivitäten und Stromflüsse sind auch die Treiber für die zunehmende Erfordernis, den Stromfluss zunehmend international mit den Nachbarnetzbetreibern zu koordinieren und die Transport-Infrastruktur bedarfsgerecht zu ertüchtigen.

Um den weitreichenden Auswirkungen und Wechselwirkungen der Stromflüsse in ganz Europa entsprechend zu begegnen, hat sich APG bereits Ende des Jahres 2008 als Gründungsmitglied einer technisch-organisatorischen Sicherheitskooperation von derzeit 13 Übertragungsnetzbetreibern engagiert. Die sogenannte TSO Security Cooperation (TSC) ist mittlerweile – gemeinsam mit fünf weiteren Sicherheitskooperationen – die Basis einer sehr engen Zusammenarbeit der Übertragungsnetzbetreiber in Europa mittels gemeinsam entwickelter Werkzeuge. Die individuellen Netzsicherheitsberechnungen der einzelnen TSOs werden auf eine gemeinsame Serverplattform übertragen und dort zu einem Gesamtdatensatz zusammengesetzt. Dieser wird danach von allen Partnern analysiert und zur Konzeption und Koordination von wirkungsvollen und kosteneffizienten Sicherheitsprozessen verwendet. Nur so können heute zahlreiche kritische Lastflusssituationen frühzeitig erkannt und im Anlassfall erforderliche Notmaßnahmen rechtzeitig abgestimmt werden. Die Abwicklung dieser Aufgaben erfolgt täglich in einem Rund-um-die-Uhr Prozess. So ist es bereits üblich, dass Notmaßnahmen in Kooperation mehrerer TSOs über mehr als eine Landesgrenze hinweg durchgeführt werden (Multi-lateral Redispatch Action, MRA), da nur durch die gezielte Änderung des Kraftwerkseinsatzes an der richtigen Stelle Lastflüsse quer durch ganz Europa beeinflusst werden können.

4 https://www.entsoe.eu/major-projects/network-code-development/Pages/default.aspx
5 ACER – Agency for the Cooperation of Energy Regulators

Notwendige Grundvoraussetzungen für eine leistungsfähige Infrastruktur

Die reibungslose Funktionalität der Infrastruktur – insbesondere der Stromnetze – ist für unsere moderne Gesellschaft, speziell in Europa, längst zur Normalität geworden. Dies ist einerseits auf das übergeordnete Ziel der Stromwirtschaft insgesamt, nämlich dem Kunden das Produkt Strom möglichst 24 Stunden am Tag und 365 Tage im Jahr zur Verfügung zu stellen, zurückzuführen. Auf der anderen Seite ist dadurch das Bewusstsein für die Wichtigkeit einer leistungsfähigen und ständig weiterzuentwickelnden Infrastruktur ein Stück in den Hintergrund geraten, und dies obwohl sich heute so viele Menschen wie nie zuvor eingehend mit der Energieversorgung beschäftigen.

Dies manifestiert sich vor allem in der mangelnden Akzeptanz von neuen Infrastrukturprojekten, sei es bei Neubauten, aber auch bei Ertüchtigungen entlang bestehender Trassen.

Die Grundvoraussetzung zum Erhalt des heutigen Standards an Versorgungssicherheit ist demnach eine leistungsfähige Infrastruktur und dies bedeutet wiederum planbare und überschaubare Genehmigungsprozesse. Wurden Kraftwerke und Stromleitungen historisch gemeinsam entwickelt, so stehen die Stromnetzbetreiber heute vor der zunehmenden Herausforderung von zeitgerechten Bescheiderlassungen für die diversen Leitungsprojekte. Während die Genehmigung von leistungsfähigen, überregionalen Stromverbindungen meist viele Jahre dauert (Negativbeispiel Steiermarkleitung: > 20 Jahre) und Millionen an Vorprojektskosten in Anspruch nehmen, entstehen Wind und Fotovoltaik in vergleichsweise „rasender" Geschwindigkeit. Darüber hinaus entstehen speziell Windkraftwerke, geografisch zumeist weit weg von Verbraucherzentren, wodurch sich mit dem zunehmenden Erneuerbaren-Einfluss auch die Transporterfordernis steigert. Zudem korreliert die Einspeisung von Wind und Fotovoltaik nur mäßig mit dem Verbrauchsverhalten. Dadurch verschärft sich die Notwendigkeit des Energietransports im Sinne einer Zwischenspeicherung zusätzlich. So ist es in der jüngsten Vergangenheit nicht gelungen, den Ausbau der erneuerbaren Energieträger und der Stromnetze zu koordinieren. Mittlerweile hinkt der Netzausbau klar hinterher und dies stellt wiederum eine extreme Herausforderung dar, die hohen Standards an Versorgungssicherheit auch weiterhin aufrechtzuerhalten.

Rolle der APG für die Industrie in Österreich

In Österreich sorgt der Übertragungsnetzbetreiber Austrian Power Grid AG (APG) – eine Tochtergesellschaft des VERBUND-Konzerns – gemeinsam mit den derzeit über 140 Verteilnetzbetreibern rund um die Uhr für die Aufrechterhaltung der Versorgungssicherheit und Versorgungsqualität.

Die APG ist der größte österreichische Übertragungsnetzbetreiber. Mit seinen insgesamt rund 500 Mitarbeiterinnen und Mitarbeitern sorgt die APG rund um die Uhr für den sicheren Betrieb der höchsten Spannungsebenen und ist einer der wichtigsten kritischen Infrastrukturbetreiber in Österreich.

Zentrale Instrumente zum bedarfsgerechten Infrastrukturausbau in Österreich sind der Masterplan 2030 der APG mit einem entsprechenden energiewirtschaftlichen Entwicklungspfad, sowie der Zehn-Jahres-Ausblick auf notwendige Leitungs- und Infrastrukturprojekte im Netzentwicklungsplan. Dieser wird jährlich entsprechend der gemeldeten Kraftwerksprojekte aktualisiert und schlussendlich der Regulierungsbehörde E-Control zur Genehmigung vorgelegt. Das Gesamtwerk bildet in weiterer Folge im Zusammenspiel mit den weiteren nationalen Netzentwicklungsplänen die Grundlage für den europäisch abgestimmten Netzentwicklungsplan – den Ten Year Network Development Plan (TYNDP) der ENTSO-E.

Resümee und Ausblick

Als fundamentaler Teil des Gesamtsystems stehen die Stromnetze insgesamt – weitestgehend unbemerkt von der stark steigenden Anzahl an aktiven „Playern" – vor enorme Herausforderungen. Denn die zunehmende Demokratisierung der Stromerzeugung wird vielerorts mit einer „Dezentralisierung" gleichgesetzt. Der grundsätzlich nachzuvollziehende Wunsch der persönlichen „Stromautarkie" steht einem zu hinterfragendem Gesamtwirkungsgrad des Systems und einem massivem Koordinierungsaufwand aller Beteiligten gegenüber.

Faktisch ist jedoch in den letzten Jahren durch den Zubau der Erneuerbaren in Europa – großteils eben an entsprechend aussichtsreichen geografischen Flächen – ein ebenso gestiegener Transportbedarf in den Übertragungsnetzen Europas zu verzeichnen. Bei einem Wirkungsgrad der Übertragung von ca. 98,5% in den höchsten Spannungsebenen ist dieser Weg auch technisch gut begründbar.

In diesem Zusammenhang sind derzeit auf der technischen, als auch auf der Markt-Ebene umfangreiche Entwicklungsprozesse im Gange. Übergeordnet bleibt die Entwicklung eines europäischen Binnenmarktes nach Vorgabe der Europäischen Kommission ein wesentliches Ziel. Dabei stehen sowohl die Kopplung und Flexibilisierung bestehender Marktsysteme, die weitere Digitalisierung der Stromnetze und damit die Einbindung von Endkunden in das Marktgeschehen (zum Beispiel in den Regelenergiemarkt) im Fokus.

Um dieses Ziel zu erreichen, ist als Grundvoraussetzung eine entsprechende Optimierung beziehungsweise ein Ausbau der Stromnetze als Marktplattform unabdingbar. Momentan erschweren lange behördliche Verfahrungsdauern und fehlende Akzeptanz einen zeitgerechten Netzausbau allerdings massiv. Dies führt außerdem zu massiven Kosten für Engpassmanagement, welche im Falle eines, in der Langzeitbetrachtung vergleichsweise günstigen, Netzausbaus weitgehend vermeidbar wären.

Aus diesem Grund wird es zukünftig umso wichtiger sein den bisher verpassten Ausbau der Stromnetze möglichst rasch voranzutreiben. Erst dadurch würde der eigentliche Grundstein gelegt werden, um den initiierten Strukturwandel in der Energieversorgung erfolgreich fortzuführen.

Markus Mitteregger

Die Bedeutung des Energieträgers Gas und der Gasinfrastruktur für die Zukunft

Der Energieträger Gas ermöglicht die sichere Versorgung mit Energie für Strom, Wärme und Mobilität. Forschung für erneuerbares Gas weist in die Energiezukunft.

Die Versorgung mit nachhaltiger und leistbarer Energie für die Zukunft zu sichern, ist eine der größten Herausforderungen, vor denen wir in Europa im Zeitalter der Energiewende stehen. Der Energieträger Gas wird als Partner der erneuerbaren Energien auch in Zukunft eine wichtige Rolle spielen, zumal sich bei der Stromerzeugung in Europa durch den geplanten Ausstieg aus Atomkraft und Kohle und dem noch verfügbaren Ausbaupotenzial bei erneuerbaren Energien ein substantieller Konflikt hinsichtlich der künftig aufzubringenden Energiemengen und -leistungen abzeichnet. „Ressourcenschonung, Effizienzsteigerung, Speicherbarkeit und Reduzierung der Importabhängigkeit sind die Hauptthemen der europäischen Energiewirtschaft, denen wir uns mit aller Kraft widmen müssen", so lauten unisono die Kernbotschaften von Experten und Entscheidungsträgern.

Das Unternehmen RAG hat sich in den letzten Jahren zum mittlerweile viertgrößten technischen Erdgasspeicherbetreiber Europas entwickelt und leistet damit einen wichtigen Beitrag für die Versorgungssicherheit mit Energie. Gerade im vergangenen, lang anhaltenden Winter hat sich eindrucksvoll gezeigt, dass ohne den Energieträger Gas und der entsprechenden Infrastruktur in Form der Gasspeicher Versorgungsengpässe auch in der Strom- und Wärmeversorgung aufgetreten wären. Daran ist gut erkennbar, wie eng Gas-, Wärme- und Stromwirtschaft miteinander verflochten sind und es auch bleiben werden. Gas als Energieträger ist daher für den Energiemix der Zukunft insoweit von Bedeutung, als es in großen Mengen gespeichert werden kann und daher nicht nur zum Ausgleich der Schwankungen in der Verfügbarkeit von Windkraft und Sonnenenergie sondern auch des saisonalen Energiebedarfs erforderlich ist.

Forschung und Innovation

Die Speicherung von Energie ist demnach als Schlüsselthema für die weitere, künftige Entwicklung des Energiesystems anzusehen.

Stromgewinnung aus Sonnenenergie und Wind unterliegt starken wetterbedingten Schwankungen. Eine nachfrageorientierte Produktion, wie bei konventionellen Kraftwerken üblich, ist nicht möglich. Bereits heute gibt es in Europa Gebiete – zum Beispiel das nördliche Burgenland – wo an windreichen Tagen die Stromproduktion aus Windkraft die Nachfrage deutlich übersteigt. Bei zunehmendem Ausbau der Stromerzeugung aus Wind und Sonne und bei Wettersituationen wie „Dunkelflaute" gewinnt die Frage der Energiespeicherung massiv an Bedeutung. Selbst in Österreich werden Pumpspeicherkraftwerke in den Alpen diese Funktion vor allem saisonal bei weitem nicht erfüllen können.

RAG beschäftigt sich daher mit der Zukunftstechnologie „Power-to-Gas", die es ermöglicht, den Energieträger Gas aus Wind und Sonne herzustellen und somit in die bereits vorhandene Gasinfrastruktur zu integrieren. Gefördert vom Klima- und Energiefonds beforscht RAG in zwei Projekten in einer vorhandenen Lagerstätte in Pilsbach/Bezirk Vöcklabruck, die Speicherbarkeit von aus Sonnenenergie gewonnenem Wasserstoff (www.underground-sun-storage.at) sowie die Umwandlung von Wasserstoff und Kohlendioxid durch Mikroorganismen zu Methan. (www.underground-sun-conversion.at).

International wird intensiv nach Lösungen geforscht, um CO_2-Emissionen nachhaltig zu reduzieren. Durch den zunehmenden Umstieg auf volatile, erneuerbare Energiegewinnung gibt es mehr denn je Bedarf an speicherbaren Energieträgern. Vor allem Energieträger mit hoher Energiedichte, wie Methan, werden für industrielle Anwendungen, Wärmeerzeugung und zur Nutzung im Transport benötigt.

Im Forschungsprojekt „Underground Sun Conversion" wird ein Verfahren erforscht, das sowohl eine Lösung für die Erzeugung von Energieträgern mit hoher Energiedichte bietet, als auch die Speicherfrage löst. Darüber hinaus wird das Ziel verfolgt, die bestehende und bewährte Gasinfrastruktur uneingeschränkt weiter zu nutzen. Ausgangspunkt dafür ist die „Power to Gas"-Technologie, bei der Überschüsse aus der Produktion erneuerbarer Energie (Wind oder Sonne) mittels Elektrolyse in Wasserstoff und/oder Methan umgewandelt werden.

Das Ziel des Forschungsprojekts ist es, vorhandene (Poren)Erdgaslagerstätten als natürliche „Reaktoren" zu nutzen. So finden sowohl der Methanisierungsprozess als auch die Speicherung auf natürlichem Weg in unterirdischen Porenlagerstätten statt. Darin liegt das große Potenzial, welches gleichzeitig die bislang fehlende aber dringend benötige Flexibilität im Umgang mit erneuerbaren Energien schafft.

Dieses Verfahren kopiert und wiederholt den natürlichen Prozess der Entstehung von Erdgas. So findet der Methanisierungsprozess in untertägigen Gesteinsschichten statt, abgekürzt um Millionen von Jahren:

Aus Sonnen- oder Windenergie und Wasser wird zunächst in einer oberirdischen Anlage mittels Elektrolyse Wasserstoff erzeugt. Gemeinsam mit vorhandenem CO_2, das so einem nachhaltigen Kreislauf zugeführt wird, wird dieser Wasserstoff in eine verfügbare Erdgaslagerstätte eingebracht. In über 1.000 Metern Tiefe wandeln nun natürlich vorhandene Mikroorganismen diese Stoffe in relativ kurzer Zeit in erneuerbares Erdgas um, welches zunächst in dieser Lagerstätte gespeichert, bei Bedarf jederzeit entnommen und über die vorhandenen Leitungsnetze zum Verbraucher transportiert werden kann. Diese weltweit einzigartigen Forschungsprojekte zeigen Wege und Lösungen für die Herstellung von „erneuerbarem Erdgas" – einem nachhaltigen Energieträger als Basis einer CO_2-neutralen energetischen Kreislaufwirtschaft auf.

Erste Laborversuche aus dem Vorläuferprojekt „Underground Sun Storage", das ebenfalls vom Klima- und Energiefonds gefördert wird, zeigen, dass in die Lagerstätte eingebrachter Wasserstoff mit CO_2 mikrobiologisch in Methan umgewandelt wird. Damit kann es gelingen, einen nachhaltigen Kohlenstoff-Kreislauf zu etablieren. Gemeinsam mit einem Konsortium werden Laborversuche, Simulationen und ein wissenschaftlicher Feldversuch an einer existierenden Lagerstätte der RAG durchgeführt. Ziel ist es auch, die Übertragbarkeit der gewonnenen Ergebnisse auf viele andere Lagerstätten weltweit zu prüfen. Die angestrebten Ergebnisse sind daher von herausragender Bedeutung, die führende Position Österreichs im Bereich der saisonalen Speicherung erneuerbarer Energie in Erdgaslagerstätten weiter auszubauen und das im Projekt entwickelte Verfahren – sowohl Technologie als auch Know-how in breitem Stil zu exportieren.

In der Nutzung von erneuerbarem Gas aus Reststoffen und synthetischem Methan liegt generell viel Erwartungspotenzial, das für Österreich mit bis zu 2 Mrd. m^3 beziffert wird. Darüber hinaus kommen noch große Potenziale aus „rezentem" Erdgas, soferne das Forschungsprojekt Underground Sun Conversion dies aufzeigt.

Die Nutzung von Gas als Kraftstoff ist ein weiteres sehr vielversprechendes Einsatzgebiet und kann wesentlich zur Schadstoffreduktion in Abgasen (CO_2, Feinstaub, Stickoxide) beitragen. Eine Innovation ist in diesem Zusammenhang auch die LNG- Technologie: durch die Verflüssigung von Methan (Abkühlung auf unter -160°C) wird die Energiedichte derart erhöht, dass Gas effizient und umweltfreundlich als LKW-Treibstoff für die Langstrecke oder im Schiffsverkehr eingesetzt werden kann. RAG plant die Errichtung einer ersten LNG-Tankstelle im Zentralraum Oberösterreich, um auch im Schwerverkehr der Verwendung des umweltfreundlichen Treibstoffes Gas einen Impuls zu verleihen.

Wir sind fest davon überzeugt, dass die derzeit weitreichenden und vielfältigen Forschungen im Bereich Energie erfolgreiche Lösungen zur Erreichung der gewünschten Ziele bringen werden – dazu sehen wir es als nötig an, alle Ansatzpunkte zu nutzen und insbesondere „technologieoffen“ zu forschen.

V. „Green Industry“ – Welche neuen Technologien können wegweisend sein?

Manfred Klell

Energiewende und Wasserstoffwirtschaft

Die ökonomischen, ökologischen, sozialen und gesundheitlichen Folgen von Klimawandel und Umweltbelastung durch Schadstoffe stellen eine ernsthafte Bedrohung unserer Lebensqualität dar. Eine nachhaltige Lösung bieten Energiewende und Wasserstoffwirtschaft mit der **kompletten Dekarbonisierung** unseres Energiesystems durch den vollständigen Ersatz der derzeit vorherrschenden fossilen Energieträger durch grünen Strom und grünen Wasserstoff. Die Energiewende zur nachhaltigen Stromerzeugung und die Wasserstoffwirtschaft stellen die nächste große industrielle Revolution dar. Als solche erfordern sie einen radikalen Paradigmenwechsel in Gesellschaft, Politik und Wirtschaft. Sie bieten nicht nur die Aussicht auf eine gesunde und lebenswerte Umwelt für spätere Generationen, sondern auch eine wirtschaftliche Chance durch den Aufbau innovativer Technologien. Durch rechtzeitige Re-Positionierung von Forschung und Industrie kann Knowhow aufgebaut werden, das in weiterer Folge nachhaltige wirtschaftliche Erfolge generiert. Andererseits besteht die Gefahr, dass Europa bei zu langem Zögern seine bereits angeschlagene Technologieführerschaft endgültig an Asien verliert. Die Gründe, die für die Energiewende und Wasserstoffwirtschaft sprechen, sind vielfältig und erscheinen logisch zwingend.

Die **Weltbevölkerung** wächst, noch mehr deren Bedarf an **Energie und Ressourcen.** Derzeit werden ca. 80 % des globalen Energiebedarfs aus fossilen Quellen gedeckt, aus Kohle, Erdöl und Erdgas, die durch Verbrennung in Wärmekraftmaschinen wie Motoren und Turbinen Nutzenergie liefern. Fossile Energieträger stehen nur begrenzt zur Verfügung, ihre Verbrennung ist ineffizient und umweltschädlich. Die Umwandlung von Wärme in mechanische Nutzenergie gelingt nur zu etwa 2/3, der Rest der Wärme ist nach dem Carnot Wirkungsgrad als Anergie nicht nutzbar. Die Schadstoffe und Umweltgifte der heißen Verbrennung sind verfahrensbedingt und werden nur zum Teil durch Nachbehandlung konvertiert, als Verbrennungsprodukt von Kohlenwasserstoffen entsteht immer das Treibhausgas Kohlendioxid, dem Hauptverursacher des anthropogenen Anteils des Klimawandels.

Schäden an **Gesundheit** und **Umwelt** durch die fossilen Energieträger nehmen global stark zu, die Lebensqualität vor allem in Ballungszentren entsprechend ab. Die Kosten für Gesundheitsschäden und für Folgeschäden aus Wetterextremen wie Dürren oder Überschwemmungen steigen exponentiell. Da diese

Belastungen vor allem sozial schwache Menschen existenziell betreffen, wird zunehmend auch eine soziale **Komponente** sichtbar. Als Folge dieser Belastungen entstehen Entwicklungen, die durch neue Unworte wie „Klimaflüchtlinge" und „Ressourcenkriege" charakterisiert werden. Ressourcen und Umwelt sind auf unserem Planeten nur begrenzt vorhanden und da die Besiedelung anderer Planeten noch viel ferner liegt als die Energiewende und Wasserstoffwirtschaft, empfiehlt sich ein rascher und radikaler Umstieg von fossilen auf erneuerbare und schadstofffreie Energieträger.

Statt des früher bemühten Sinnspruchs „Bäume wachsen nicht in den Himmel" gilt heute zunehmend die Einstellung „nach mir die Sintflut" – was angesichts des steigenden Meeresspielgels eine neue Bedeutung erhält. Letztlich ist auch eine Abkehr vom **„Wirtschaftswachstumswahn"** erforderlich, in einem begrenzten System wie unserer Welt ist der Ansatz eines unbegrenzten wirtschaftlichen Wachstums schlichtweg unsinnig und unmöglich umzusetzen.

Leider ist der Mensch aber entgegen allen Gerüchten kein logisch bestimmtes Wesen, sondern gesteuert von seinen oft irrationalen Gefühlen und Ansichten, was persönliches Glück bringen könnte. In unserem konsumorientierten Materialismus hat das egoistische Streben nach Geld und Macht jeden altruistischen oder ethischen Ansatz des Strebens nach dem Gemeinwohl weitgehend abgelöst. Der antiquiert wirkende Begriff „Gemeinwohl", laut Duden „dem allgemeinen Wohl dienend", findet sich bei uns noch im Steuerrecht, wo es Steuervorteile für „gemeinnützige" Institutionen gibt, die nicht auf Gewinn ausgerichtet, sondern sozialen Aufgaben dienend sind. Im praktischen und alltäglichen Leben gilt hingegen meist das Motto „**ME first**", kurzsichtig egoistische Geister stellen kurzfristige Gewinne über nachhaltige Ansätze und leugnen oft sogar den menschlichen Einfluss auf Klimawandel und Umweltzerstörung. Trotzdem folgt der Versuch einer logischen Begründung für eine rasche und vollständige Umsetzung von Energiewende und Wasserstoffwirtschaft.

Bevölkerung und Energiebedarf

Physiologisch betrachtet beträgt der energetische **Grundumsatz** des Menschen zur Aufrechterhaltung seiner Körperfunktionen, insbesondere der Körpertemperatur, ca. 7 MJ (1,94 kWh, 1670 kcal) pro Tag, was einer durchschnittlichen Dauerleistung von 80 W entspricht. Tatsächlich liegt der globale durchschnittliche **Tages-Energieverbrauch** bei 216 MJ (60 kWh, 5,2 kg Öläquivalent) pro Kopf oder einer durchschnittlichen Dauerleistung von 2500 W, womit ein bestimmtes Einsparungspotenzial besteht. Der Energieverbrauch ist geografisch sehr unterschiedlich verteilt, Spitzenreiter sind Staaten am Persischen

Golf, Kanada und die USA weisen knapp das Fünffache des Welt-Durchschnittsverbrauchs auf, Europa etwa das Doppelte, China die Hälfte, Indien ein Drittel und Afrika ein Viertel.

Die zunehmende Weltbevölkerung und der wachsende Energieverbrauch insbesondere der weniger industrialisierten Länder führen zu einem **exponentiell steigenden Energiebedarf.** Trotz unterschiedlicher Meinungen bezüglich der Reichweite von derzeit bekannten Reserven und geschätzten künftig noch abbaubaren Ressourcen an fossilen Rohstoffen ist jedenfalls davon auszugehen, dass deren Verfügbarkeit begrenzt ist. Wie Bevölkerungswachstum und Energieverbrauch sind auch die fossilen Energiereserven geografisch sehr ungleich verteilt, ein Großteil lagert in Ländern, wo Meinungsfreiheit und Menschenrechte systematisch missachtet werden. In globalen Energieszenarien wird das Maximum des Verbrauchs fossiler Rohstoffe meist in den nächsten Jahren angesetzt, so dass der zukünftige Bedarf nur durch den massiven Ausbau **alternativer** Primärenergiequellen gedeckt werden kann.

Als Roh- oder **Primärenergie** bezeichnet man die Rohform der Energie, die noch keiner Umwandlung unterworfen wurde. Die Aufschlüsselung der Primärenergiequellen zeigt, dass 2014 81 % des weltweiten Primärenergieverbrauchs von 570 EJ (158 PWh) durch fossile Energieträger gedeckt wurden, 14 % durch erneuerbare Energieträger und 5 % durch nukleare Energie.

Als End- oder **Sekundärenergie** bezeichnet man die umgewandelte Endform, in der die Energie gebraucht wird. Der weltweite Sekundärenergieverbrauch belief sich 2014 auf 390 EJ (108 PWh), das sind 69 % des Primärenergieverbrauchs, was dem ersten Umwandlungswirkungsgrad entspricht. Der Endenergieverbrauch verteilt sich zu etwa gleichen Teilen auf **Haushalte** (Heizung beziehungsweise Kühlung und Strom), auf die Industrie sowie auf den Transport. Die größten Zuwachsraten mit 3 bis 4 % jährlich weist der Transportsektor auf, der etwa 62 % des globalen Ölverbrauchs verursacht. 2010 hat die Zahl der weltweit registrierten PKW eine Milliarde überschritten. Während Länder wie China und Indien weniger als 5 PKW pro 100 Einwohner aufweisen, besitzt in Mitteleuropa etwa jeder zweite Einwohner einen PKW, Spitzenreiter sind die USA mit 75 PKW pro 100 Einwohner, der weltweite Durchschnitt liegt bei 12 PKW pro 100 Einwohner.

Der zweite Umwandlungswirkungsgrad von der gelieferten Sekundärenergie bis zur tatsächlich umgesetzten **Nutzenergie** des Verbrauchers beträgt etwa 50 %, so dass von den 570 EJ (158 PWh) Primärenergie tatsächlich nur etwa ein Drittel (69 % x 50 % = 35 %), das sind 200 EJ (55,5 PWh), vom Verbraucher genutzt werden. Neben der **Einsparung** von Energie durch eine Einschränkung des Energieverbrauchs der Menschen liegt also ein hohes Einsparungspotenzial in der Erhöhung der **Umwandlungswirkungsgrade**.

Schadstoffe und Gesundheit

Seit der Nutzbarmachung des **Feuers** durch unsere Vorfahren begleitet die Verbrennung kohlenstoffhältiger Brennstoffe mit Luft den technischen Fortschritt. Ab der industriellen Revolution und mit dem stark expandierenden Personen- und Güterverkehr haben die Emissionen aus der Verbrennung fossiler Kraftstoffe so stark zugenommen, dass sie zu einer Gefahr für die Umwelt und die Gesundheit geworden sind.

Bei der **idealen Verbrennung** von Kohlenwasserstoffen C_xH_y mit dem Sauerstoff O_2 aus der Luft entstehen Kohlendioxid CO_2 und Wasser H_2O. Bei der Verbrennung von 1 kg Kohle(nstoff) werden 3,67 kg CO_2 gebildet (400 g CO_2/kWh), bei der Verbrennung von 1 kg Benzin oder Diesel entstehen ca. 3,2 kg CO_2 (270 g CO_2/kWh), pro Kilogramm Methan (CH_4, Erdgas) fallen 2,75 kg CO_2 (200 g CO_2/kWh). Der einzige bekannte Kraftstoff ohne CO_2-Emission ist Wasserstoff (H_2).

Bei der **realen Verbrennung** fossiler Energieträger entstehen neben dem Treibhausgas Kohlendioxid CO_2 eine Reihe weiterer Schadstoffe: Durch unvollständige Verbrennung entsteht Kohlenstoff C, die Basis zur Bildung von Ruß und Feinstaub, durch lokalen Luftmangel bilden sich gasförmiges Kohlenmonoxid und Kohlenwasserstoffe, durch hohe Temperaturen entstehen Stickoxide und durch Einschlüsse im Kraftstoff etwa Schwefelverbindungen.

Bei **Stickoxiden** und **Feinstaub** verursachen vor allem Verbrennungsprozesse in Industrie und Verkehr weltweit teils erhebliche gesundheitsgefährdende Grenzwertüberschreitungen. Obwohl in Österreich in den letzten Jahren die emittierte Masse an Feinstaub zurückgegangen ist, hat die emittierte Partikelanzahl zugenommen. Dies bedeutet, dass vor allem die Anzahl an sehr kleinen Partikeln gestiegen ist. Diese werden etwa von Benzin- und Dieselmotoren emittiert, sie sind bei Durchmessern unter 2,5 mm Durchmesser (< PM 2,5) gesetzlich nicht limitiert und besonders gefährlich, weil sie lungengängig sind, Partikel kleiner 1 mm können auch im Blut und im Gehirn Gesundheitsschäden verursachen. Laut WHO-Statistik liegen global **Lungenkrankheiten** hinter Herzerkrankungen und Schlaganfällen an 3. Stelle der Todesursachen, in Ländern mit geringem Einkommen sogar an 1. Stelle. Laut OECD sind weltweit 3,5 Millionen Todesfälle pro Jahr auf Luftverschmutzung zurückzuführen, davon werden 50 % auf den Verkehr zurückgeführt, vor allem auf die Abgase von Dieselmotoren. Der volkswirtschaftliche finanzielle Schaden, der daraus resultiert, wird mit 3,5 Trillionen $ pro Jahr beziffert.

Treibhauseffekt und Klimaerwärmung

Der für das Leben auf unserer Welt notwendige natürliche **Treibhauseffekt** wird durch Wasser, Kohlendioxid und Methan verursacht. Er bewirkt, dass die mittlere Temperatur der Erdoberfläche bei durchschnittlich etwa 15 °C anstelle von sonst -18 °C liegt. Der **anthropogene** (vom Menschen verursachte) Anteil am Treibhauseffekt wird durch die Emission der Treibhausgase Kohlendioxid (CO_2, Referenzwert), Methan (CH_4, Wirksamkeitsfaktor 21), Distickstoffoxid oder Lachgas (N_2O, Faktor 310), teilhalogenierte Fluorkohlenwasserstoffe (H-FKW/HFCs, Faktor bis 11300), perfluorierte Kohlenwasserstoffe (FKW/PFCs, Faktor bis 6500) und Schwefelhexafluorid (SF6, Faktor 23900) verursacht. Die Simulationen des dafür 2007 mit dem Friedensnobelpreis ausgezeichneten Weltklimarates (IPCC, Intergovernmental Panel on Climate Change) zeigen, dass der vom Menschen verursachte starke Anstieg der Treibhausgase in der Atmosphäre die globale Klimaerwärmung verursacht. 59 % der CO_2-äquivalenten Treibhausgasemissionen stammen aus der Verbrennung fossiler Kraftstoffe, der Rest aus Rodung, der Viehzucht, der Landwirtschaft und aus Industriechemikalien. Global werden derzeit jährlich ca. 35 Mrd. Tonnen CO_2 emittiert, das entspricht einer Emission von etwa 13 kg CO_2 pro Kopf und Tag. Hauptemittent ist China mit einem Anteil von fast 30 % vor den USA, Indien und Russland.

Die **CO_2-Konzentration** in der Atmosphäre steigt ständig, sie liegt seit dem Jahr 2016 ganzjährig über dem Wert von 400 ppm (0,04 Vol%). Im Jahr 2016 war jeder einzelne Monat der jeweils wärmste seit Beginn der Wetteraufzeichnungen. Im letzten Jahrhundert ist die globale **Durchschnittstemperatur** um etwa 1 °C gestiegen, in Österreich ist der durchschnittliche Anstieg mit 2 °C Anstieg doppelt so hoch. Schon jetzt erleben wir häufigere Extremwetterereignisse wie Starkregen, Überflutungen und ausgedehnte Hitzeperioden mit negativen Auswirkungen auf die Land- und Forstwirtschaft sowie den (Winter-)Tourismus. Die **finanziellen Schäden** werden derzeit allein für Österreich schon mit 1 Milliarde € pro Jahr angegeben, Tendenz stark steigend.

Die Frage ist nicht, ob wir uns die Energiewende und Wasserstoffwirtschaft leisten können, sondern ob und wie lange wir es uns leisten können, diese nicht umzusetzen. Je nach Szenario wird bis zum Jahr 2100 von einer durchschnittlichen Erderwärmung von 2 °C bis 6 °C ausgegangen, wobei die Begrenzung auf 2 °C die kosteneffizienteste Variante darstellt. Die prognostizierten Auswirkungen einer höheren Erwärmung sind katastrophal, sie reichen von einem dramatischen Anstieg des Meeresspiegels, über Millionen von Klimaflüchtlingen bis zur Gefährdung der Nahrungsmittel- und Wasserversorgung sowie bis zum umfangreichen Aussterben von Tier- und Pflanzenarten.

Klimaziele und Maßnahmen

Unter internationalem Jubel wurde bei der **Klimakonferenz in Paris** (COP 21) im Dezember 2015 ein Klimaabkommen geschlossen, dem zufolge die globale durchschnittliche Erwärmung bis zum Ende des Jahrhunderts „auf deutlich unter 2 °C“ begrenzt werden soll. Die Simulationen des Weltklimarates zeigen, dass zur Erreichung dieses Ziels die CO_2-Emissionen ab sofort drastisch reduziert werden müssen, mit sogar „negativen“ Emissionen bis zum Jahr 2100. Das Abkommen wurde von 195 Staaten anerkannt, verbindliche Maßnahmen zur Erreichung dieses Zieles fehlen allerdings. Am 1.6.2017 erklärte Präsident Donald Trump den Ausstieg der USA aus dem Abkommen, die „logische Konsequenz“ seiner Twitter-Nachricht vom 6. Nov 2012 – 20:15: „The concept of global warming was created by and for the Chinese in order to make U.S. manufacturing non-competitive.“ Der Tweet fand 67691 „Likes“, die Ankündigung des Ausstiegs der USA aus dem Klimaabkommen führte zu einem Gewinn fossiler Werte an allen Börsen weltweit.

Die **Europäische Kommission** hat für das Jahr 2030 folgende Ziele gesetzt: Verringerung der Treibhausgasemissionen um mindestens 40 % (gegenüber 1990), Erhöhung des Anteils erneuerbarer Energie auf mindestens 27 % und mindestens 27 % Verbesserung der Wirkungsgrade. Dafür und für die weitere Reduktion der Treibhausgase um mindestens 60 % bis 2040 und um mindestens 80 % bis 2050 wurden entsprechende Fahrpläne für alle Mitgliedsländer entworfen. Auch hier handelt es sich aber nur um die Vorgabe von Zielen, es fehlen konkrete und verpflichtende Empfehlungen und Umsetzungsstrategien, geschweige denn Konsequenzen oder Strafzahlungen bei Nicht-Erreichen der Ziele.

Maßnahmen zur Reduktion der CO_2-Emissionen sind unpopulär, sie sind meist teuer und rechnen sich nur bei einer längerfristigen Sichtweise, sie sind manchmal mit gefühlten Einschränkungen für die Menschen verbunden und bedeuten für die Wirtschaft einen radikalen Paradigmenwechsel und zwischenzeitige Zusatzbelastungen. Damit gestaltet sich die Umsetzung solcher Maßnahmen schwierig, die politische Bereitschaft dazu ist begrenzt.

Die EU gibt täglich 1,5 Mrd. € für fossile Importe aus und es besteht der Verdacht, dass die Manager der Konzerne und staatlichen Institutionen, die an diesem florierenden Geschäft verdienen, den Klimawandel auch als eine Erfindung der Chinesen betrachten oder angesichts ihrer Gewinne dies zumindest bis zur nächsten Quartalsbilanz behaupten. Die europäische Autoindustrie versucht mit allen legalen und illegalen Mitteln, das konventionelle Motorengeschäft und damit den Ausstoß von Schadstoffen und CO_2 so lange wie möglich hoch zu halten. Der politische Wille zu einer Umschichtung von Mitteln aus der fossilen Wirtschaft auf die Wasserstoffwirtschaft oder eine wirksame CO_2-Besteuerung

(„**Steuer steuert**“!) gedeiht zaghaft. Konkrete Maßnahmen wie Umweltzonen, sektorale Fahrverbote oder Einschränkung der Zulassung fossil betriebener Maschinen werden selbst von „**unabhängigen Wissenschaftlern**“ kaum vehement gefordert. Zu groß ist der Druck der Lobbyisten aus der Industrie, die ihr fossiles Geschäftsmodell ohne Rücksicht auf Verluste bis zum letzten Tropfen Öl auspressen will. Förderungen für alternative Energieträger und deren Anwendung in Demonstrationsprojekten sind derzeit die einzige allgemein „geduldete“ Maßnahme.

Als positives Beispiel und Vorreiter darf **Norwegen** gelten, das zunächst ein Verbot der Neuzulassung von Benzin- und Dieselfahrzeugen ab 2025 angekündigt hat. Nach heftigen internationalen Protesten wird dieses Verbot nicht umgesetzt, es wurde aber durch eine entsprechende Besteuerung sichergestellt, dass Elektrofahrzeuge in allen Autoklassen die günstigste Variante sind. Damit sind die meisten neu zugelassenen Fahrzeuge in Norwegen elektrisch angetrieben. Auch wenn angeführt wird, dass dies aufgrund spezifischer Umstände nur in Norwegen möglich ist, das keine eigene Autoindustrie, dafür aber reiche Ölvorkommen hat, so gibt es doch bereits andere Länder, die zur Nachahmung aufrufen. Immerhin sind die Norweger nach dem von der UNO veröffentlichten World Happiness Report 2017 die glücklichsten Menschen weltweit.

Technologische Ansätze

Bei der Analyse und Bewertung verschiedener Technologien sind vor allem technische (Wirkungsgrad), ökologische (Emissionen) und ökonomische Gesichtspunkte (Kosten) von Interesse. In die Betrachtungen mit einzubeziehen ist in der Regel auch der Aufwand für die Errichtung der betreffenden Anlagen und Maschinen sowie deren Recycling und Entsorgung in einer **Life Cycle Analysis** (LCA).

Technologisch bedeuten Energiewende und Wasserstoffwirtschaft eine grundlegende **Umgestaltung** unserer fossil basierten Wirtschaft mit Wärmekraftmaschinen wie Turbinen und Motoren zu grünem Strom, grünem Wasserstoff und elektrochemischen Maschinen wie Elektrolyseuren, Batterien und Brennstoffzellen. Diese weisen zumindest theoretisch Wirkungsgrade nahe 100 % auf und emittieren weder Lärm noch Schadstoffe. Die **Elektrochemie**, die sich mit den komplexen chemischen Vorgängen in elektrochemischen Zellen befasst, und der **Maschinenbau**, der diese Zellen zu Systemen mit den nötigen Peripheriegeräten zusammenfasst, sind zukunftsweisende Innovationsfelder.

Der erste Schritt in der Energiewende ist der konsequente und flächendeckende Umstieg von fossilen Primärenergieträgern auf die **erneuerbaren Energieträger** Sonne, Wind und Wasser. Die dazu erforderlichen Technologien sind global verfügbar und technisch ausgereift, Wasserkraftwerke, Windturbinen und Photovoltaik liefern Strom, thermische Solarkraftwerke auch Wärme.

Da elektrische Energie aus erneuerbaren Quellen fluktuierend anfällt und sich nicht nach der Nachfrage richtet, ist zu Spitzenzeiten des Angebots eine Energiespeicherung in großem Maßstab erforderlich. Da elektrische Energie nicht langfristig speicherbar ist, bietet die großtechnische Nutzung von **Wasserstoff** als neuer Energieträger die unbedingt erforderliche Voraussetzung für das Gelingen der Energiewende. Elektrolyseure zerlegen mit Strom betrieben Wasser chemisch in Sauerstoff und Wasserstoff. Erste dieser sogenannten Power-to-Gas oder **Power-to-Hydrogen**-Anlagen sind erfolgreich in Betrieb. Wasserstoff ist praktisch unbegrenzt speicherbar, in Behältern, in unterirdischen Speichern oder ins Gasnetz eingespeist.

Grüner Strom und grüner Wasserstoff können im Stromnetz und dem Gasnetz verteilt werden und stehen im Sinne einer regenerativen Sektorenkopplung als Strom, Wärme und Kraftstoff für alle Anwendungen zur Verfügung. Biogene Energieträger können als Ergänzung bei entsprechender günstiger Verfügbarkeit ins Angebot eingebunden werden, ihre behauptete CO_2-Neutralität ist aber immer zeitlich und örtlich aufgelöst kritisch zu betrachten, auch fossile Energieträger haben vor Millionen von Jahren das CO_2 aus der Umgebung bezogen. Die Nachteile des geringen Wirkungsgrades und die Emissionen des Verbrennungsprozesses bleiben bestehen.

Der Ersatz von fossilen Energieträgern in der **Industrie** ist je nach Prozess gesondert zu betrachten, etwa in der Stahlindustrie kann Wasserstoff Kohlenstoff als Reduktionsmittel ersetzen, erste Pilotanlagen sind in Betrieb.

Im Haushalt sind elektrische Geräte und Maschinen global im Einsatz, lokale Energie- und Wärmeversorgungseinheiten mit der Kombination von erneuerbarer Stromerzeugung, Elektrolyse, Wasserstoffspeicher und Brennstoffzelle zur Rückverstromung sind am Markt, vor allem in Asien.

Den höchsten Anteil an fossilen Energieträgern mit über 90 % und auch die höchsten Wachstumsraten weist die Mobilität auf. Als emissionsfreie Technologie bietet sich die **Elektromobilität** mit Akkumulatoren – wie eine wieder aufladbare Batterie korrekt genannt wird – oder Brennstoffzellen an.

Batterien mit hohen Wirkungsgraden bieten sich bei kurzen Fahrten mit leichten Fahrzeugen an. Das Wiederaufladen der Batterie dauert allerdings viele Stunden und kann aufgrund physikalischer Grenzen nicht beliebig verkürzt werden. Hohe Ladeleistungen schädigen die Batterie vor allem hinsichtlich ihrer Lebensdauer, die stärksten Schnellladestationen liefern derzeit etwa 120 kW, wobei diese Leistungen nur unter optimalen Bedingungen und zu Ladebeginn möglich sind. Die chemischen Prozesse der Batterie sind stark temperaturabhängig, bei niedrigen Temperaturen sinkt ihre Funktionalität deutlich.

Die **Brennstoffzellentechnologie** scheint auf den ersten Blick komplizierter, der Kraftstoff Wasserstoff wird bei hohem Druck in einem Tank gespeichert, in der Zelle wird er mit Sauerstoff aus der Luft oxidiert und liefert Strom, bei PEM Brennstoffzellen bei einer Betriebstemperatur von etwa 80 °C, einziges Abgas ist reines Wasser. Durch die Trennung von Energiespeicher und Energiewandler sind deutlich höhere Energiedichten und damit Reichweiten der Fahrzeuge möglich, auch bei niederen Temperaturen bleibt die Leistung der Brennstoffzelle konstant. Die Betankung erfolgt wie bei konventionellen Kraftstoffen durch das Überströmen aus einem Reservoir an der Tankstelle. Dadurch sind deutlich höhere Tankleistungen möglich: werden an einer Zapfsäule 5 kg Wasserstoff in 5 Minuten getankt, wie bei PKW derzeit üblich, wird eine Energie von 600 MJ oder 167 kWh in 0,08 Stunden übertragen, was einer Betankungsleistung von 2 MW entspricht. Derartige Ladeleistungen sind für Batterien physikalisch undenkbar, auch ist die Bereitstellung der erforderlichen elektrischen Energie zeitlich und örtlich in diesem Ausmaß nicht möglich. Somit bietet sich die Brennstoffzelle als **„Heavy Duty Elektromobilität“** für kurze Betankungszeiten und hohe Reichweiten, für schwere PKW, LKW, Busse und Züge an, auch Schiffe und Flugzeuge laufen als Prototypen.

Energiewende und Wasserstoffwirtschaft in Österreich

In Österreich betrug der Primärenergieverbrauch im Jahr 2014 etwa 1,5 EJ (400 TWh), davon wurden etwa 66 % durch fossile Quellen gedeckt, 36 % aus Erdöl, 21 % aus Erdgas und 10 % aus Kohle. Etwa 34 % der Primärenergie wurden durch erneuerbare Quellen erzeugt, wobei Wasserkraft und biogene Brennstoffe vorherrschen. Der Sekundärenergieverbrauch in Österreich betrug 2014 mit 1,1 EJ (300 TWh) etwa 77 % des Primärenergieverbrauchs, der Nutzenergieverbrauch lag mit etwa 0,6 EJ (145 TWh) bei 35 % des Primärenergieverbrauchs. Die Bevölkerung in Österreich betrug Anfang 2017 fast 8,8 Mio. Einwohner. Laut Statistik Austria waren Ende 2016 4,8 Mio. PKW der Klasse M1 zugelassen, wovon 45 % Benzin- und 55 % Dieselfahrzeuge waren, es gab 9073 (0,2 %) Elektrofahrzeuge mit Batterie und 13 mit Brennstoffzelle.

Nach den vorliegenden Daten reicht das technisch verfügbare sowie rechtlich zugelassene **Ausbaupotenzial** an Wasser-, Wind- und Photovoltaikkraft in Österreich aus, um die gesamte Energieerzeugung Österreichs vollständig auf erneuerbare Stromerzeugung umzustellen. Derzeit gibt Österreich pro Tag 43 Mio. € für fossile Importe aus, dieses Potenzial steht bei einer vollständigen Dekarbonisierung für eine Umschichtung von fossilen auf erneuerbare Energieträger zur Verfügung, womit die Energiewende technisch und auch finanziell darstellbar ist.

Die Energiewende und Wasserstoffwirtschaft, wie sie Jules Vernes schon 1874 als **Vision** beschrieben hat, können bei entsprechendem Rückhalt in der Bevölkerung und bei entsprechendem Willen von Politik und Wirtschaft in Österreich umgesetzt werden. Neben der vollständigen Emissionsfreiheit des gesamten Energiesystems erreichen wir dadurch als zusätzliche Vorteile eine inländische und lokale Wertschöpfung sowie Energieautarkie, Versorgungssicherheit und Importunabhängigkeit.

In Österreich haben wir jetzt noch die Chance, durch eine frühzeitige und konsequente Positionierung von Energiewende und Wasserstoffwirtschaft in Ausbildung, Forschung und Industrie **Technologieführerschaft** auf diesem Gebiet zu erreichen. Dazu empfehlen sich die Einrichtung von interdisziplinär und anwendungsorientierten Universitätsinstituten, die die Themen Wasserstoffwirtschaft, Elektrochemie und Elektromobilität verbinden, die Gründung von entsprechenden Forschungseinrichtungen und Start-Ups und nicht zuletzt die Gründung von Firmen, die als OEM (Original Equipment Manufacturer) die Technologie unter österreichischen Eigenmarken vermarkten. Österreich hat eine lange ruhmvolle Geschichte von Erfindern und Pionieren auf vielen Gebieten, vor allem auch in der Mobilität. Oft scheint es aber etwas an Mut und Entschlossenheit zu mangeln, diese Erfindungen dann auch in wirtschaftlicher Eigenständigkeit zu verwerten.

Eine exzellente Möglichkeit, um Forschung, Industrie und Bevölkerung die Vorteile von Energiewende und Wasserstoffwirtschaft erfahrbar zu machen, stellt inzwischen die Durchführung von **Demonstrationsprojekten** dar, wo lokal und in bestimmten Anwendungen fossile Energieträger durch grünen Strom und grünen Wasserstoff ersetzt werden.

Der **Klima und Energiefonds** ermöglicht derartige Projekte in Österreich durch Förderungen, so wurden bisher etwa erfolgreich erste power-to-hydrogen Pilotanlagen in Betrieb genommen, Elektromobilität wird massiv gefördert, in Logistikanwendungen wurden Flurförderfahrzeuge mit Brennstoffzellen ausgestattet, Prototypen für PKW, LKW und Züge mit Wasserstoffantrieb sind in Entwicklung. Im Rahmen des größten bisherigen Förderprogramms in Österreich sollen in Energie-Vorzeigeregionen Projekte in dreistelliger Millionenhöhe die Energiewende voranbringen. In der WIVA P&G, Wasserstoffinitiative Austria Power and Gas, wollen führende Industrieunternehmen und Forschungseinrichtungen in vernetzten und über ganz Österreich verteilten Projekten die Umsetzbarkeit und den praktischen Betrieb aller genannten Komponenten der Energiewende und Wasserstoffwirtschaft für die Öffentlichkeit demonstrieren und erfahrbar machen.

Energiewende und Wasserstoffwirtschaft stellen den nächsten Schritt in der technologischen Evolution des Menschen dar, der als solcher unausweichlich und unaufhaltbar ist. Obwohl die Maßnahmen zu ihrer Implementierung eine völlige Neuorientierung von Gesellschaft, Wirtschaft und Politik erfordern, bleibt zu hoffen, dass diese Evolution, die gleichzeitig eine Revolution darstellt, im Sinne der Gesundheit und lebenswerten Umwelt nachfolgender Generationen möglichst rasch, konsequent und friedlich umgesetzt werden kann.

Literaturhinweis: M. Klell, H. Eichlseder, A. Trattner: Wasserstoff in der Fahrzeugtechnik, Springer Verlag, 4. Auflage, 2018 (in Vorbereitung)
Filmhinweis: George Miller: Mad Max Fury Road, 2015

Simon Moser, Horst Steinmüller

Selbstbild der österreichischen Industrie für das Jahr 2050: effizient, sauber und vernetzt

Einführung

Die Energiebilanz der Statistik Austria ist für den produzierenden Bereich nach ÖNACE-Kategorien aufgeteilt. Eine Legaldefinition für eine branchenspezifische Zuteilung in die Kategorien Industrie und Gewerbe beziehungsweise eine Definition, ab wann es sich um einen energieintensiven Betrieb handelt, gibt es nicht. Nur §7 Gewerbeordnung unterscheidet eine industriemäßige Gewerbeausübung primär auf Basis der Merkmale des Produktionsprozesses (wobei der Energieverbrauch keines dieser Merkmale darstellt). Nach ÖNACE sind die energieintensiven Industrien Österreichs vorrangig in den folgenden Bereichen zu finden: Eisen und Stahl, Nichteisenmetalle, Papier und Druck, Chemie und Petrochemie, Steine/Erden/Glas (u.a. Zement) sowie Lebensmittel- und Textilindustrie.

Die Industrie ist für einen wesentlichen Anteil des Energieverbrauchs in Österreich verantwortlich. Aus der österreichischen Energiebilanz der Statistik Austria ist abzuleiten, dass der produzierende Bereich im langjährigen Schnitt etwa 29% des nationalen Endenergieverbrauchs beansprucht. Die Energiebilanz zeigt, dass die energieintensiven Industrien etwa zwei Drittel des Energiebedarfs des produzierenden Bereichs beziehungsweise ein Fünftel des nationalen Gesamtenergiebedarfs ausmachen.

Gleichzeitig ist die energieintensive Industrie mit internationalen und europäischen Zielsetzungen und Vorgaben konfrontiert. So hat sich die EU zum Ziel gesetzt, bis 2050 um 80-95% weniger CO_2 als 1990 zu emittieren. Neben der Möglichkeit des umfangreichen Fuel-Switch impliziert dieses Vorhaben vor allem eine signifikante Reduktion des Primärenergieverbrauchs. Die österreichische Industrie gehört zu den energieeffizientesten weltweit und hat schon vor der Jahrtausendwende eine Vielzahl von emissionsmindernden Maßnahmen umgesetzt. Gemäß der Datenbasis ODYSSEE-MURE verbesserte sich die Energieeffizienz im Sektor Industrie in Österreich zwischen 2000 und 2012 um 1%. Hervorzuheben sind insbesondere die Stahl- und die chemische Industrie, die deutliche Effizienzfortschritte von bis zu 30% und mehr in diesem

Zeitraum verzeichnen konnten.[1] Internationale ExpertInnen sind sich darüber einig, dass sich die energieintensive Industrie aus Wettbewerbs- und Kostengründen mit ihrem Energieverbrauch beschäftigen muss und dies auch umfangreich tut.[2] Unter Beachtung der erreichten Effizienzsteigerungen, der den Energieverbrauch beeinflussenden Auflagen (zum Beispiel IPPC-/IED-Richtlinie, Emissionshandel)[3], der in der Industrie kurzen Amortisationszeiten und der Langlebigkeit vieler Anlagen sind vorhandene Energieeffizienzpotenziale weitgehend ausgeschöpft. Weitere Effizienzmaßnahmen stellen eine große Herausforderung für die Unternehmen dar und erfordern hohe Investitionen. So ist es nicht überraschend, dass das WIFO zwar einerseits berechnet, dass sich der nationale Energieverbrauch bis 2050 in Relation zu 2008 halbieren müsste, also der Gesamtenergiebedarf von 100% auf 50% sinkt, sich der Hochtemperaturbedarf aber nur von 17% auf 15% (Basis 2008) reduziert.[4]

In der Vergangenheit wurde Prozessintegration vielfach zur Erreichung von Energieeffizienzsteigerungen bei neuen und bestehenden industriellen Systemen angewandt. Die Reduktion des Ressourcenverbrauchs wird typischerweise durch verstärktes internes Recycling und Wiederverwendung von Energie- und Stoffströmen anstelle von neuen Ressourcen erreicht. Die Durchführung solcher Energieeffizienzprojekte bedingt Optimierungsstudien und geeignete Modelle der verfahrenstechnischen Anlagen. Signifikante Energieeinsparungen können bei einigen Prozessen durch bessere Systemintegration erzielt werden. Damit gehen oftmals geringere Treibhausgasemissionen, geringere Energiekosten, höhere Anlagenprofite und höhere Kapazitäten einher. Nichtsdestotrotz bedarf es einer optimalen mittel- bis langfristigen Investitionsplanung, um sunk costs zu vermeiden und Risiken zu minimieren. Historisch wurden Industrieanlagen so ausgelegt, dass sie geringen Ausfallsrisiken und einfachen Wartungsschritten unterlagen. Energieintensive Industrien, bei denen hohe stoffliche und monetäre Outputs an wenige Anlagen/Prozesse gekoppelt sind, neigen zur Risikominimierung. Veränderungen mit hohem Risikopotenzial für existierende und funktionierende Systeme sind daher unattraktiv. Programme zur kontinuierlichen und schrittweisen Energieeffizienzsteigerung stellen damit derzeit attraktive Optionen dar. Risikoarme, günstige Nachrüstungen werden bevorzugt.[5]

1 ODYSSEE-MURE (2015): Energieeffizienz-Länderprofil: Österreich. März 2015.

2 Moser S. (2013): Möglichkeiten der Einführung von Energieeffizienz-Verpflichtungen in Österreich. Dissertation.

3 Die IED-Richtlinie 2010/75/EU (gültig ab 7.1.2014) wird die bisherige IPPC-Richtlinie 2008/1/EG ersetzen, der Emissionshandel (EU-ETS) ist in der Richtlinie 2009/29/EG definiert.

4 Köppl et al. (2011): EnergyTransition 2012\2020\2050. Strategies for the Transition to Low Energy and Low Emission Structures. WIFO.

5 Textteile entstammen Moser, Leitner, Steinmüller (2014): F&E-Fahrplan Energieeffizienz in der energieintensiven Industrie. Eine Studie erstellt im Auftrag des Klima- und Energiefonds. Wien, November 2014.

Schlussfolgerung: Im laufenden Betrieb wird primär auf Produktqualität, Sicherheit und Zuverlässigkeit geachtet. Weitere Energieeffizienz-Maßnahmen im Bereich der Industrie sind also meist nur mehr beschränkt möglich beziehungsweise schon ausgereizt. Bei Investitionen im Bereich der Energieeffizienz – also außerhalb des Kerngeschäfts – ist jedenfalls zu beachten, dass die Anforderungen hinsichtlich der erwarteten Amortisationszeit sehr hoch sind.[6] Energieeffizienz ist insbesondere vor Investitionsentscheidungen zum Beispiel in Produktionsanlagen oder Gebäude ein wichtiges Thema.[7] Auch wenn die internationalen und europäischen Verpflichtungen nicht in allen Fällen explizit die Industrie betreffen, so ist angesichts geringer wirtschaftlich vertretbarer Einsparpotenziale eine schnell voranschreitende Forschungs- und Technologieentwicklung zu forcieren. Bessere **Möglichkeiten zur laufenden Energieeffizienzsteigerung sowie gänzlich neue und energieeffizientere Technologien beziehungsweise Prozesse, die bei den kommenden Investitionsentscheidungen bereit stehen sollen, müssen die Zielsetzung der F&E-Tätigkeit sein.**

Ziel der beiden, unter der Projektleitung des Energieinstituts an der Johannes Kepler Universität Linz im Auftrag des Klima- und Energiefonds erstellten F&E-Fahrpläne zum Thema „Energieeffizienz in der Industrie“ war es daher, in Zusammenarbeit mit den österreichischen Stakeholdern (Industrie, Anlagenbau, Institutionen, Forschungseinrichtungen) mögliche Handlungsfelder der Forschung- und Technologieentwicklung zu identifizieren.[8,9]

Methode, Ablauf, Anmerkungen

Die Fahrpläne zur Forcierung von Forschung, Entwicklung und Technologieinnovation für Energieeffizienz in der energieintensiven Industrie inklusive der Lebensmittel- und Textilindustrie inkludieren den spezifischen Handlungsbedarf in verschiedenen Segmenten, liefern dem Klimafonds Grundlagen für die Ausschreibung von F&E-Projekten[10] und können an die zuständigen europäischen Gremien (ERA-Net) weitergeleitet werden.

6 Moser, Leitner, Steinmüller (2014): F&E-Fahrplan Energieeffizienz in der energieintensiven Industrie. Eine Studie erstellt im Auftrag des Klima- und Energiefonds. Wien, November 2014.

7 Moser (2013): Energieeffizienz-Verpflichtungen für Energieversorger. In Priewasser, Steinmüller (Hrsg.): Energie- und Ressourcenmanagement, Band 1, Neuer Wissenschaftlicher Verlag.

8 Moser, Leitner, Steinmüller (2014): F&E-Fahrplan Energieeffizienz in der energieintensiven Industrie. Eine Studie erstellt im Auftrag des Klima- und Energiefonds. Wien, November 2014.

9 Steinmüller, Moser, Leitner (2016): F&E-Fahrplan Energieeffizienz in der Textil- und Lebensmittelindustrie. Endbericht für den Auftraggeber. Linz, August 2016.

10 Seit 2014 sind die Ergebnisse der Fahrpläne im „Energieforschungsprogramm” des Klima- und Energiefonds enthalten.

Ein Fahrplan ist ein Synonym für eine Strategie oder einen Projektplan. Der Begriff wird in verschiedensten Forschungs- und Entwicklungsbereichen verwendet. Kennzeichnend für den Fahrplan sind der nur vorbereitende Charakter und die grobe Planung der auszuführenden Schritte über einen längeren Zeitraum. Der Fahrplan dient dazu, langfristige Projekte in einzelne leichter zu bewältigende Schritte zu strukturieren, wobei Unsicherheiten und mögliche Szenarien zur Zielerreichung betrachtet werden. Er dient jedoch als richtungsweisender Leitrahmen.

Die Erstellung des F&E-Fahrplans „Energieeffizienz in der Lebensmittel- und Textilindustrie" folgte dem Vorgehen bei der Erstellung des F&E-Fahrplans „Energieeffizienz in der energieintensiven Industrie", welcher wiederum in Anlehnung an die „Energy Technology Roadmap Guide" der IEA erstellt wurde.[11] Das Energieinstitut an der JKU Linz hat in Kooperation mit dem AIT, den Projektbeiräten sowie Business Upper Austria und AEE INTEC die relevanten Unternehmen und Institutionen identifiziert. Diese wurden angefragt, sich am Erstellungsprozess zu beteiligen. Insgesamt brachten sich in den beiden Fahrplänen mehr als 100 VertreterInnen der Industrie, von Technologielieferanten, von industriellen Interessenvertretungen und aus der Wissenschaft ein.

Erster Schritt im Erstellungsprozess beider Fahrpläne war die Bildung einer Vision im Zuge eines Workshops. Die Vision skizziert dabei einen wünschenswerten Zustand für die Energieeffizienz der energieintensiven Industrie in Österreich und deren Wettbewerbsfähigkeit mit dem Zeithorizont 2050. Auf Basis der in der Vision entwickelten Zielsetzungen wurden in einem zweiten Workshop Forschungsfahrpläne für die Sektoren entwickelt, das heißt die grundsätzlichen, übergeordneten Forschungsbereiche sowie die konkreteren, spezifischen Forschungsthemen identifiziert.

Anlagenbauer beziehungsweise Technologielieferanten spielen bei den Fahrplänen eine wesentliche Rolle, insbesondere weil, so die Expertenmeinungen, der Grad der Energieeffizienz in den industriellen Prozessen zu einem gewissen Ausmaß zum Zeitpunkt der Investitionsentscheidung des Unternehmens vom Anlagenbauer beziehungsweise Technologielieferanten zugekauft wird. Vertreter der Anlagenbauer beziehungsweise Technologielieferanten wurden daher direkt in die Diskussion der einzelnen Branchen inkludiert und nicht separat als Gruppe geführt.

Die einzelnen Industriezweige stellen mitunter äußerst heterogene Branchen dar, mit einer Vielzahl unterschiedlicher Prozesse und Verfahren, die untereinander teils kaum vergleichbar sind (zum Beispiel Herstellung von anorganischen Grundchemikalien und Pharmazeutika). Teilweise stellen nur einzelne Unter-

11 IEA (2014): Energy Technology Roadmaps – a guide to development and implementation. 2014 Edition. IEA 2014.

nehmen bestimmte Produkte her beziehungsweise wenden die entsprechenden Produktionsverfahren an. Es ist daher schwierig, für derart unterschiedliche Produktionsprozesse einen generellen zukünftigen F&E-Bedarf für Energieeffizienzmaßnahmen abzuleiten und dann auf einen gesamten Sektor zu übertragen. Vor diesem Hintergrund gehen die Fahrpläne auf sektoraler Ebene auf die Spezifika der einzelnen Sektoren ein und variieren damit auch, was Struktur und Aufbau betrifft (zum Beispiel hinsichtlich der Anzahl der Themen oder dem Detailgrad).

Vision für das Jahr 2050

Die Vision stellt ein wichtiges Element eines Fahrplans dar und bildet den Zielrahmen aus Sicht der Industrie. Um eine Zielsetzung für den folgenden Backcasting-Prozess zu haben, haben die VertreterInnen der Industrie eine Vision entwickelt, welche einen *wünschenswerten* Zustand für die Ausrichtung der industriellen Prozesse in Österreich im Jahr 2050 skizziert. Es wurde jedoch von den Beteiligten betont, dass eine Politisierung der Vision missverständlich wäre und zu vermeiden ist. Auch bei den für die einzelnen Sektoren entwickelten Fahrplänen handelt es sich nicht um politische Fahrpläne, ebenso wenig wurde die technische Machbarkeit überprüft oder wurden Energieszenarien entwickelt.

Eine Politisierung und eine Ableitung von Verpflichtungen würden bedeuten, diesen Fahrplan falsch verstanden zu haben, denn dieser soll eben jene F&E-Bereiche und Technologien identifizieren, die zur Erfüllung der Vision erst erforscht werden müssen und ohne welche ebendiese Vision gar nicht realisierbar wäre.

Die TeilnehmerInnen des Workshops Vision wurden aufgefordert, die Vision ihrer Branche beziehungsweise ihres Sektors für das Jahr 2050 auch unter der Annahme visionärer Breakthrough-Technologies zu entwickeln. Die Sektorvisionen wurden in Gruppendiskussionen weiter geschärft und anschließend qualitativ und quantitativ ausformuliert. Auf Basis der im Rahmen des ersten Fahrplanprozesses 2014 ausformulierten Visionen der einzelnen Sektoren wurden Gemeinsamkeiten in Form der folgenden Gesamtvision abgeleitet. Diese wurde im zweiten Fahrplanprozess 2016 marginal verfeinert und im Rahmen des Dialogs Energiezukunft 2050, der vom Klima- und Energiefonds Ende 2016 durchgeführt wurde, von den Beteiligten des ersten Fahrplanprozesses verifiziert.[12]

Wie die Vision zeigt, gehen die VertreterInnen der Industrie beziehungsweise deren Interessenvertretungen bei der Beschreibung des „wünschenswerten Zustands" von zielführenden Rahmenbedingungen aus. Die Politik hat ein Umfeld

12 Siehe die Vision in Steinmüller, Moser, Leitner (2016): F&E-Fahrplan Energieeffizienz in der Textil- und Lebensmittelindustrie. Endbericht für den Auftraggeber. Linz, August 2016.

im internationalen Wettbewerb geschaffen, das den Ausstoß von CO_2 beziehungsweise den Einsatz von erneuerbaren Energien nicht zum Wettbewerbs- oder Standortnachteil werden lässt. Die Bevölkerung allgemein, aber speziell auch die KundInnen und MitarbeiterInnen akzeptieren und unterstützen die betrieblichen und politischen Maßnahmen. Dann sehen die VertreterInnen der Industrie eine effiziente, saubere und vernetzte Industrie am Standort Österreich. Aus technologischer Sicht erfordert dies Kreislaufwirtschaft und die kaskadische Nutzung von Ressourcen, produktbegleitende Dienstleistungen, flexible und adaptive Produktionstechnologien und -prozesse. Das erforderliche Know-How und die Forschungsinfrastrukturen sind vorhanden und erhöhen die Investitionssicherheit für neue Technologien und Produktionsstandorte.

Im Jahr 2050 sind das Umweltbewusstsein und die Akzeptanz von Energieeffizienzmaßnahmen seitens der Bevölkerung und der MitarbeiterInnen sehr hoch, die hohen Energieeffizienzstandards in Österreich werden allgemein anerkannt. Produktionsunternehmen bieten in der Breite produktbegleitende Dienstleistungen an, welche die Energieeffizienz auch **beim Kunden und Endverbraucher** deutlich steigern. Die Betrachtung des gesamten Lebenszyklus ist Standard. Es existiert ein ausgeprägter Markt für „Contracting" und Energiedienstleistungen.

Kreislaufwirtschaft und die **kaskadische Nutzung** von Ressourcen hat sich in der energieintensiven Industrie und darüber hinaus etabliert, Abwärme wird mit Hilfe von hocheffizienten Wärmeleitungen sektorübergreifend und dezentral nutzbar gemacht. In einem sich wandelnden Energiesystem werden alternative, nicht fossile Rohstoffe umfassend eingesetzt. Flexible und adaptive Produktionstechnologien und -prozesse erlauben es, alternative und sekundäre Rohstoffe sowie erneuerbare Energien optimal einzusetzen. Die Recyclingquote ist eine der höchsten weltweit, Österreich ist **Innovationsführer** im Bereich **industrieller Rohstoff- und Energieeffizienz.** Österreichische Rückgewinnungstechnologien werden weltweit exportiert.

Der Innovationsstandort Europa stärkt zugleich den Produktionsstandort Europa. Planbare politische Rahmenbedingungen auf europäischer und nationaler Ebene, die Gleichstellung bei der Förderung einzelner Energieeffizienztechnologien und die öffentliche, finanzielle Unterstützung beim Aufbau und Betrieb von **Forschungsinfrastrukturen** bei Unternehmen sowie Versuchs- und Pilotanlagen in Industrieparks machen radikale Prozessinnovationen möglich und begründen die **Technologieführerschaft** Österreichs. Das Investitionsrisiko ist dadurch entscheidend gemindert und die Amortisationszeit verkürzt, was die Bereitschaft der Unternehmen, in Energieeffizienzmaßnahmen zu investieren, deutlich erhöht. Der Zielkonflikt von Energieeffizienz einerseits und Luftqualität andererseits wird von der Politik wahrgenommen, die offiziellen Kennzahlen zur Messung von sektoraler Energieeffizienz sind den Produkttypen angepasst.

Der **Industriestandort** Österreich und seine zentrale Bedeutung für die österreichische Volkswirtschaft sind langfristig gefestigt. Die österreichische Industrie entwickelt energetisch optimierte Prozesse und Verfahren die einerseits in den österreichischen Produktionsunternehmen eingesetzt werden und andererseits durch den österreichischen Anlagenbau weltweit zum Einsatz kommen. Die Arbeitsplätze in der Produktion gehören zu den qualitativ hochwertigsten und sichersten. Verringerter Rohstoff- und Energieverbrauch, deutlich geminderte Emissionen sowie höhere Rohstoff- und Energieunabhängigkeit tragen dazu entscheidend bei.

Forschungsschwerpunkte

Ausgehend von dieser Vision erfolgte ein Backcasting-Prozess, in dem die für eine Erreichung dieser Vision erforderlichen Forschungsfelder abgeleitet wurden: Dazu zählen die hocheffiziente Nutzung der eingesetzten Energien mit einem Fokus auf kaskadische Nutzung. Sprunghafte Verbrauchsreduktionen werden aber nur durch sogenannte Breakthrough Technologies, also völlig neue Produktionsprozesse, möglich werden.

Die Forschungsfelder wurden branchenspezifisch festgelegt und in den einzelnen F&E-Teilfahrplänen bis zum Jahr 2050 beschrieben. Aufgrund der starken Heterogenität der Unternehmen, auch innerhalb einer Branche, sind Verallgemeinerungen schwierig: Erstens finden sich gleiche Forschungsfelder in mehreren Branchen, die dennoch nicht für jede Branche von gleicher Relevanz sind. Zweitens können Forschungsfelder in einer einzelnen Branche von hoher Relevanz sein, während sie in den anderen gar nicht vorkommen. Unter Anmerkung dieser Restriktionen sei dennoch folgender allgemeiner Überblick gegeben:[13]

Ein wichtiges branchenübergreifendes Forschungsfeld ist die hocheffiziente Nutzung der eingesetzten Energien und Ressourcen. Dies betrifft zu allererst die Produktionsprozesse selbst, wo eine Prozessintensivierung beziehungsweise inkrementelle Verbesserungen zu einer Erhöhung der Energieeffizienz pro erzeugtem Produkt führen können. Ebenso wird einerseits der Wiederverwendung von betriebsintern anfallenden Stoffen und andererseits dem Recycling von Produkten, die bereits im Gebrauch der KonsumentInnen waren, eine hohe Bedeutung eingeräumt, da Recycling mit einem geringeren produktspezifischen Energie-

13 Textteile entstammen Moser, Leitner, Steinmüller (2014): F&E-Fahrplan Energieeffizienz in der energieintensiven Industrie. Eine Studie erstellt im Auftrag des Klima- und Energiefonds. Wien, November 2014.

einsatz verbunden ist. Hinsichtlich einer optimalen Verwendung der eingesetzten Energien und Rohstoffe wird auf eine hocheffiziente kaskadische Nutzung fokussiert: Dies betrifft den Einsatz von Sekundärroh- und Sekundärbrennstoffen, die Speicherung von Energie zur Wieder- und Weiterverwendung in industriellen Prozessen sowie, je nach Temperaturniveau und -erfordernis, die Nutzung von Abwärme zu betriebsinternen Zwecken oder der Einspeisung in Wärmenetze.

Ein ebenfalls branchenübergreifendes Themenfeld ist die Suche nach neuen Produkten und Prozessen. Zwar können, wie oben dargestellt, durch neue Technologien auch bei bestehenden Anlagen Effizienzpotenziale erschlossen werden, sprunghafte Verbrauchsreduktionen sind bei gleichem Output aber nur durch sogenannte Breakthrough-Technologies, also völlig neuen Produktionsprozessen, zu erzielen. Die Richtung, in welche diese Durchbruchstechnologien gehen können, ist in einigen Branchen klarer als in anderen.

Die Vermeidung von Abgasen ist mit erhöhten Energieverbräuchen in der Produktion verbunden und betrifft die meisten Industrien. Daher wird ein wesentliches Forschungsfeld in der energieeffizienten Abgasvermeidung und -reinigung gesehen. Während der strukturellen Änderungen auf dem Weg zur Energiebereitstellung aus erneuerbaren Quellen ist als Brückentechnologie auch die Speicherung und/oder Nutzung von abgeschiedenen CO_2 (CCS/CCU[14]) mit zu berücksichtigen.

Bei Produkten wird hinsichtlich Energieeffizienz meist nur ein bestimmter Teil des Lebenszyklus betrachtet beziehungsweise werden einzelne Aspekte außer Acht gelassen. So wird bei energieverbrauchenden Produkten vorwiegend der Energiebedarf in der Nutzungsphase betrachtet. Dagegen finden gerade bei Produkten der energieintensiven Industrien die Verbräuche während der Produktion Beachtung. Hier wird von einigen Branchen eine Ausweitung der Betrachtung auf den gesamten Produktlebenszyklus gefordert.

Angesprochen wird auch Forschungsbedarf zu rechtlichen, organisatorischen und/oder systemischen Fragen, um durch Energiemanagementsysteme und Energiedienstleistungen energieverbrauchsrelevante Potenziale zum Beispiel der Abwärmenutzung als Fernwärme zu heben und nicht prozessrelevante Effizienzpotenziale zu finden.

14 Gemäß Bundesgesetz über das Verbot der geologischen Speicherung von Kohlenstoffdioxid (Bundesgesetzblatt I Nr. 144/2011 vom 28. Dezember 2011) ist die geologische Speicherung von Kohlenstoffdioxid nur für Forschungszwecke für Speicher mit einem geplanten Gesamtvolumen von weniger als 100.000 Tonnen erlaubt. Die Bundesregierung hat bis 31. Dezember 2018 und danach im Abstand von jeweils fünf Jahren einen Bericht über die Evaluierungen des Verbotes unter besonderer Berücksichtigung der international gewonnenen Erfahrungen dem Nationalrat vorzulegen.

Vergleichbare Literatur

Die von der Europäischen Kommission veröffentlichten Fahrpläne (keine Rechtsverbindlichkeit) für den Übergang zu einer wettbewerbsfähigen, CO_2-armen Wirtschaft bis 2050 und der Energiefahrplan 2050 haben – in Übereinstimmung mit dem EU-Ratsbeschluss zur Einhaltung des ursprünglich angedachten Zwei-Grad-Celsius-Ziels – eine langfristige Reduktion der Treibhausgasemissionen von 80-95 % zum Ziel.[15] Als Reaktion veröffentlichten europäische Branchenverbände in eigenen Roadmaps ihre Vorstellungen, wie ein solches Ziel von Seiten der Branche zu erreichen wäre.[16] Eine strukturelle Änderung der Energieversorgung von fossilen zu erneuerbaren Energieträgern wird in diesen Fahrplänen als Voraussetzung für eine CO_2-ärmere Produktion dargestellt. Höhere Energieeffizienz u.a. durch neue Technologien sowie die Notwendigkeit von Lebenszyklusbetrachtungen spielen ebenso eine sehr bedeutende Rolle (vgl. European Chemical Industry Council, Glass for Europe). Recycling wird als zielführende Methode gesehen, Produkte mit geringem Energieeinsatz wiederaufzubereiten (zum Beispiel Aluminium: bis zu -95 % im Vergleich zur Primärerzeugung; vgl. European Aluminium Association). Der klarste Bezug zum vorliegenden F&E-Fahrplan ist die Forderung, durch Technologieführerschaft und innovationsorientierte Politik das Fundament für die Sicherung eines energieeffizienten Produktionsstandorts Europa zu legen. Auf die Bedeutung grundlegend neuer „Breakthrough Technologies“ zur Erreichung der Zielsetzungen wird in mehreren der Roadmaps (unter anderem EUROFER, Confederation of European Paper Industries, European Cement Association) klar hingewiesen.

Im Oktober 2016 präsentierte die Industriellenvereinigung ihr Aktionspapier „Innovativ. Effizient. Nachhaltig. Österreichs Industrie für Energie und Klima

15 Fahrplan für den Übergang zu einer wettbewerbsfähigen CO_2-armen Wirtschaft bis 2050. Europäische Kommission KOM(2011) 112 endgültig vom 08.03.2011.

16 The European Cement Association: The role of Cement in the 2050 Low Carbon Economy; CEPI: Unfold the future. The Forest Fibre Industry 2050 Roadmap to a low-carbon bio-economy; Glass for Europe: Europe's flat glass industry in a competitive low carbon economy; EUROFER: A steel roadmap for a Low Carbon Europe 2050; cefic/ecofys: European chemistry for growth. Unlocking a competitive, low carbon and energy efficient future; European Aluminium Association: An aluminium 2050 roadmap to a low-carbon Europe. Lightening the load; European Petroleum Industry Association: 2030–50. EUROPIA contribution to EU energy pathways to 2050.

der Zukunft."[17] In diesem zieht die Industriellenvereinigung die Folgerungen aus „den verschiedenen Facetten des bereits laufenden Umbruchs [...], die es der österreichischen und europäischen Gesellschaft und Wirtschaft erlauben, die langfristig ausgelegte Transformation als Chance für die wirtschaftliche Entwicklung und eine hohe Lebensqualität zu nutzen." Dieses Aktionspapier kommt zum Schluss, dass von der Energiedienstleistung auszugehen ist und dass die Entwicklungen im Rahmen komplexer Systeme erfolgen werden. Das Aktionspapier führt des Weiteren aus, dass Innovationsmöglichkeiten von Breakthrough-Technologien genutzt werden müssen, weil eine erfolgreiche Umstellung ansonsten unrealistisch erscheint. Auch die Industriellenvereinigung sieht in der Forschung und Entwicklung im Bereich dieser Technologien eine Schlüsselkomponente für eine zukunftsfähige Transformation des Energiesystems.

Schlussfolgerungen

Die Energieeffizienz-Fahrpläne und die Publikationen der Industrie zeigen, dass sich die VertreterInnen der Industrie selbst *nicht* als außerhalb des gesellschaftlichen Commitments zu mehr Energieeffizienz und einem vermehrten Einsatz erneuerbarer Energien stehend sehen. Nichtsdestotrotz stellt für ein sich im (internationalen) Wettbewerb befindliches Unternehmen die Wirtschaftlichkeit das kritische Entscheidungskriterium dar. Eine Umstellung langfristig ausgelegter, mit hohen Einzelinvestitionen verbundener Prozesse ist insbesondere am Ende der Lebensdauer einer Anlage möglich. Zu diesem Zeitpunkt müssen energieeffiziente und/oder auf erneuerbaren Energiequellen basierende Technologien wirtschaftlich zur Verfügung stehen.

Im Rahmen der vom Energieinstitut an der JKU Linz begleiteten Erstellung des Kapitels *Industrielle Energiesysteme* wurden im *Dialog Energiezukunft 2050* die abgeleiteten Forderungen für die F&E-Forschungsschwerpunkte zusammengefasst. Im Jahr 2017 befindet sich, ergänzend zu den beiden Energieeffizienz-Fahrplänen, der Technologiefahrplan „Abstimmung des Energiebedarfs von industriellen Anlagen und der Energieversorgung aus fluktuierenden Erneuerbaren" in Ausarbeitung.

Die in den beiden F&E-Fahrplänen erfassten Forschungsthemen wurden dem Klima- und Energiefonds übermittelt und werden von diesem seit 2014 im *Energieforschungsprogramm* ausgeschrieben. Die Industrie hat sich also zielorientiert in der Definition der Forschungsthemen eingebracht. Nun gilt es für die Indust-

17 Industriellenvereinigung (2016): Innovativ. Effizient. Nachhaltig. Österreichs Industrie für Energie und Klima der Zukunft. Wien, Oktober 2016.

riebetriebe sowie die Anlagenbauer und Technologielieferanten, das Angebot zu nutzen und die einzelnen Themen voranzutreiben. Seitens der österreichischen Forschungscommunity besteht volle Unterstützung.

Peter Püspök

Elektromobilität als Schlüsselfaktor der Energiewende

Einleitung

Die vor ca. 25 Jahren eingeleitete Energiewende ist aufgrund des immer bedrohlicheren Klimawandels eines der wichtigsten Projekte des 21. Jahrhunderts. Durch die damals angestoßene technische Entwicklung ist inzwischen klargeworden, dass die Umstellung der Energieversorgung nicht nur aus klimaschützerischen Gründen Sinn macht, sondern dass die erneuerbaren Erzeugungstechnologien in der Perspektive auch wirtschaftlicher sind. Inzwischen sind viele unterschiedliche Faktoren im Spiel, die den Verlauf, die Richtung und die Geschwindigkeit der Energiewende beeinflussen. Vor allem die immer rasantere technische Entwicklung eröffnet immer neue Perspektiven. Daneben spielen aber viele Komponenten eine Rolle: Nationale Interessen, politische Präferenzen, Unternehmensinteressen – pro und contra, Konsumentenverhalten, Meinungsmache etc.

Wohin, wie und wie schnell sich die Energiewelt entwickeln wird, ist daher nicht bestimmbar, auch nicht wissenschaftlich. Ein politisch unterstützter klarer Entwicklungspfad wäre zwar wünschenswert, ist aber kaum realistisch. Hilfreich können „Leit-Visionen" sein, die versuchen in einer Art prophetischen Schau, eine möglichst große Vielfalt von Einflussfaktoren in eine zumindest wirtschaftlich vernünftige Gesamtkonzeption zu gießen. Der folgende Beitrag ist so ein (unwissenschaftlicher) Versuch. Bei der raschen Entwicklung der Energiewelt ist zu erwarten, dass dieser Beitrag schon in Kürze vor allem historischen Wert haben wird, entweder als richtige oder falsche Prophetie oder – am wahrscheinlichsten – als teilweise richtige und teilweise falsche Vision.

Ausgangspunkt Elektromobilität

Die politischen Bemühungen zur Forcierung der Elektromobilität beruhen einerseits auf der Erwartung der substanziellen Senkung der Treibhausgase und damit den angestrebten Fortschritten beim Klimaschutz. Andererseits ist davon auszugehen, dass Elektrofahrzeuge durch die wesentlich einfachere Technik –

wenn einmal in Großserie gefertigt – auch billiger als die hochkomplexen Verbrennungsfahrzeuge sein werden. Dazu kann man schon beim heutigen Stand der Forschung davon ausgehen, dass in den nächsten fünf bis zehn Jahren Batterien zur Verfügung stehen werden, die substanziell leistungsfähiger, und dennoch billiger als die heutigen Batterien sein werden. Der aus technischer, wirtschaftlicher und ökologischer Sicht sinnvolle Umstieg auf Elektromobilität wird zwar durch entgegenstehende Interessen der von der heutigen Verbrennungstechnologie profitierenden Wirtschaftszweige verzögert werden, ist aber letztlich nicht aufzuhalten.

Das entscheidende Element der Elektrofahrzeuge – die wohl auch zu einem ansteigenden Teil selbstfahrend sein werden – ist die Batterie. Derzeit werden weltweit von den Automobilkonzernen für die Forschung an Verbrennungsmotoren mehrere zig-Milliarden Euro pro Jahr investiert. Allein die deutsche Automobilindustrie hat nach einem Bericht des Verbandes der Deutschen Automobilindustrie im Jahre 2015 ca. € 25 Milliarden für die Motorenforschung ausgegeben. Weltweit dürften es ca. € 100 Milliarden sein. Dagegen hat die Batterieforschung erst in den letzten Jahren Fahrt aufgenommen. Da das entscheidende Zukunftsrennen der Automobilwirtschaft aber in den nächsten Jahrzehnten bei der Entwicklung möglichst effizienter und kostengünstiger Batterien liegen wird, kann man erwarten, dass immer größere Teile der enormen Forschungsbudgets in die Batterieentwicklung gehen werden. Volvo hat vor kurzem als erste Automobilfirma angekündigt, dass sie keinen neuen Verbrennungsmotor mehr entwickeln werden, sondern nur noch die bestehenden Motoren optimieren werden.

Die Automobilindustrie wird dadurch zum Zentrum der Entwicklung eines Stromspeichersystems, das über die Verwendung als Antriebsmedium für Fahrzeuge hinaus, eine zentrale Bedeutung für das Gelingen der Energiewende leisten wird. Hinter der Batterieforschung und -entwicklung stehen mit den großen Automobilkonzernen erstmals finanziell starke, hoch kompetitive Unternehmen, mit all der Professionalität und dem hohen wirtschaftlichen Interesse, das rasche Fortschritte erwarten lässt.

Es besteht unter Fachleuten der Energiewirtschaft Konsens, dass ein technisch effizientes und kostengünstiges Speichersystem der Schlüssel für die angestrebte Stromversorgung mit 100% erneuerbaren Energie-Formen ist. Neben den effizienten Wasserkraftspeichern (ökologisch und ökonomisch begrenzt ausbaubar) liegen große Hoffnungen bei der Technologie „Power to Gas“ (Methan/Wasserstoff) und „Power to Heat“ (Wärme-Flüssigkeitsspeicher). Die beiden letzteren Technologien unterliegen derzeit aber noch diversen Beschränkungen, vor allem wirtschaftlichen. Auch im Bereich der diversen Batterietechnologien ausserhalb der Batterien für die E-Mobilität gibt es beachtliche Forschungsanstrengungen. Die folgenden Überlegungen konzentrieren sich auf das Speichermedium Batterie, und zwar im Zusammenhang mit der Entwicklung der Batterien für Elektrofahrzeuge.

Batteriespeicher

Abhängig von den preislichen Entwicklungen der Batterietechnologien ist zu erwarten, dass dieses Medium relativ rasch zum Einsatz als Stromspeicher auch außerhalb der Kraftfahrzeuge kommen wird. Tatsächlich verfolgt der US-amerikanische Automobilkonzern Tesla bereits die Geschäftsstrategie, neben der Herstellung von Automobilbatterien, auch Batterien für die Stromspeicherung im Einfamilienhaus (Powerwall) und für Großspeicher (Powerpack) zu produzieren. Sowohl in den USA als auch Europa ist derzeit schon ein rasches Wachstum der Batteriespeicher im MW-Bereich zu beobachten – allerdings von einem niedrigen Niveau ausgehend. Derzeit geht es dabei um Anwendungen im Bereich der Ausgleichs- und Regelenergie.

Eine besondere Bedeutung wird dabei der Verwendung von sogenannten „Second Life Batterien" (SLB) zukommen. Das sind Batterien, die nach einigen Jahren (ca. 5-10 Jahren) aus diversen Gründen aus Elektroautos ausgetauscht werden und dann anderweitig Verwendung finden können.

Der Austausch kann erfolgen wegen graduellem Abfall der Batterieleistung und damit der Reichweite, oder – wahrscheinlicher – wegen rascher Fortschritte in der Batterietechnologie, die es attraktiv machen werden, die Batterien nach einigen Jahren gegen neue, mit deutlich besserer Leistung – und damit größerer Reichweite – auszutauschen. Damit bleiben „Altbatterien" für ein „Second Life" übrig, die im Normalfall noch eine bedeutende Lebensdauer von bis zu insgesamt 20 Jahren haben können und für verschiedene Verwendungszwecke herangezogen werden können.

Die wirtschaftliche Relevanz dieser SLB für das Thema „Speicher der Zukunft" leitet sich aus der hohen Anzahl an PKWs und der erwarteten Entwicklung der Elektromobilität ab. Die wirtschaftliche (und energiepolitische und klimaschützende) Überlegenheit der Elektromobilität gegenüber der Verbrennungstechnologie ergibt sich ja nicht nur aus den im Falle der Großserie günstigeren Herstellkosten, sondern auch aufgrund bedeutend geringerer Treibstoffkosten als auch substantiell niedrigerer Wartungskosten. Noch dazu kann man eine längere Lebensdauer der Elektrofahrzeuge erwarten. Es ist davon auszugehen, dass spätestens ab 2020 bedeutende Stückzahlen an E-Autos abgesetzt werden und dann ab ca.2025 kontinuierlich anwachsende Mengen an SLB zur Verfügung stehen werden.

Wenn man davon ausgeht, dass ca. 2020 die durchschnittliche E-Auto-Batterie zwischen 50 und 80 kWh Leistung haben wird und der Austausch nach ca. 5 bis 8 Jahren erfolgt, ergeben sich, je nach Anteil der E-Autos an den PKW-Zulassungen, sehr relevante Speicherkapazitäten durch SLB, die in Österreich in den 30er-Jahren dieses Jahrhunderts das Volumen der Wasserkraftspeicherkapazitäten erreichen und übertreffen können.

Einsatz der Batteriespeicher als Ortsspeicher/Quartiersspeicher

Beim Aufbau dieser potentiell hohen Speicherkapazitäten – ob aus Neu-Batterien oder SLB – erhebt sich die Frage des optimalen Einsatzes dieser Batterien. Aus Sicht des Autors bieten sich im Wesentlichen 3 Möglichkeiten an:

I. Aufbau zentraler Speicher (eventuell in aufgelassenen Atom-, Kohle-, Gaskraftwerken)
II. Haushaltsspeicherbatterien zur starken Erhöhung (Verdoppelung?) des Eigenverbrauchs in Haushalten mit Photovoltaikanlagen.
III. Aufbau von dezentralen „Ortsspeichern"/„Quartierspeichern" (OS/QuS) in geographisch/politisch zusammengehörigen Siedlungseinheiten. OS/QuS sind hier definiert als eine Zusammenstellung einer großen Zahl von Neubatterien/SLB zu einer Speichereinheit.

Es ist wahrscheinlich, dass alle 3 Varianten zur Anwendung kommen werden. Die folgenden Ausführungen konzentrieren sich jedoch auf Variante 3, die hier so genannten dezentralen OS/QuS, und das aus mehreren Gründen:

IV. Das Erreichen eines Ziels der Energiewende, nämlich 100% des Strombedarfs aus erneuerbaren Quellen zu erzeugen, setzt den Einsatz aller verfügbaren Technologien zur umweltverträglichen Energiegewinnung voraus. Der in allen Szenarien vorgesehene starke Beitrag der Photovoltaik wird jedoch nur dann erzielbar sein, wenn verfügbare Dächer nicht nur teilweise, sondern mit ihrer gesamten Fläche genutzt werden (Ganz-Flächen-PV/„Building-Integrated PV"BIPV/PV-Dachziegel). Das würde sowohl optische Verbesserungen bringen als auch den Stromertrag der Dächer wesentlich erhöhen. Die zusätzliche Energie kann für den zusätzlichen Energiebedarf der Haushalte (E-Autos, Wärme/Kälte, Warmwasser, Digitalisierung etc.) genutzt werden. In den meisten Fällen werden aber einigermaßen regelmäßig Stromüberschüsse entstehen, zumindest temporär. Deutlich größere Wasserkesselspeicher in den Haushalten können die Wärme direkt oder über Heizstäbe den PV-Strom zwar besser nutzen. Ein großer Teil des PV-

Stroms wird aber direkt verwendet oder als Strom gespeichert werden müssen.

V. Die Nutzung von Batterien in den Haushalten dafür ist zwar möglich, erscheint aber nicht die wirtschaftlichste und auch nicht komfortabelste Lösung zu sein. Abhängig von der Größe der Dachflächen wären zur Eigenverbrauchsoptimierung sehr leistungsstarke Batterien notwendig, deren Kapazität im Durchschnitt wohl nur relativ schwach genutzt würde.

VI. Die Abgabe von Überschussstrom in einen OS/QuS und der Abruf von Strom aus dem OS/QuS bringt den nicht unwesentlichen Vorteil eines Ausgleichs der zeitlich und mengenmäßig unterschiedlichen Verbrauchsprofile der angeschlossenen Produzenten und Verbraucher (Prosumer) im Einzugsbereich mit sich.

VII. Die Dezentralisierung der Speicherung bringt eine wesentliche Entlastung der Netze auf den meisten Ebenen mit sich und damit langfristig wesentliche Kostenersparnisse für das Gesamtsystem. Die Netzkosten sind in Österreich derzeit in etwa gleich hoch wie die Stromerzeugungskosten.

VIII. Eine dezentrale Energieversorgung über dezentrale Produktion, dezentralen Verbrauch und dezentrale Speicherung ist sicherheitspolitisch zu bevorzugen.

IX. Das den Menschen immanente Autarkiestreben, besonders auch beim Grundbedürfnis nach Energie, kann auf der politischen Ebene der Gemeinden und Städte/Stadtteile ein starker Motivationsfaktor und der notwendige Motor für eine rasche Umsetzung der Energiewende in diesem Bereich sein. Der gemeinschaftsfördernde Aspekt kann dabei zusätzlich eine positive Rolle spielen.

X. Für etwaig vorhandene andere dezentrale Stromerzeugungseinheiten (Wind, Kleinwasserkraft, Biomasse, Biogas) kann die dezentrale Speicherkapazität – soweit sinnvoll – ebenfalls genutzt werden.

XI. Die OS/QuS können aber vorallem eine essentielle Rolle für die Elektromobilität spielen, da sie mit angeschlossenen Stromtankstellen in der Lage sind, rasch hohe Leistung für Schnelllade-Vorgänge zur Verfügung zu stellen. Die Möglichkeit des Schnellladens wird von vielen Experten als einer der Schlüsselfaktoren für den Durchbruch der Elektromobilität angesehen. Bei zu erwartenden Batteriegrößen in Elektrofahrzeugen von 50 kWh bis 100 kWh und eventuell noch mehr, wird die Ladung über das Hausnetz weitgehend nicht mehr möglich und sinnvoll sein.

Das hier dargestellte Modell ist eine Vision, mit deren Umsetzung in den nächsten Jahren begonnen werden kann. Bis dahin sind eine Reihe von Vorarbeiten zu leisten, Fragen zu beantworten, Pilotprojekte zu initiieren, Modelle zu entwickeln, Partner zusammen zu bringen, politische Aufklärungsarbeit zu leisten etc.

Stakeholder und ihre Interessen

Im Folgenden sollen einzelne Stakeholder und ihre mögliche Motivationslage genannt werden und einige wichtige Faktoren aufgezählt werden, die für die Entwicklung dieses dezentralen Batteriespeicherkonzepts relevant sein werden:

I. Aspekte des „Batterielieferanten" – Autoproduzenten

- Interesse an der Schaffung eines möglichst großen potentiellen Abnehmerkreises für Batterien
- OS/QuS versprechen einen großen Bedarf an Neubatterien/Second Life Batterien (SLB). Durch eine Massenproduktion lassen sich „Economies of Scale" erreichen, die zu einer deutlichen Verbilligung der Batterien führen werden. Die Kosten der Batterien für die E-Fahrzeuge werden ein wesentliches Wettbewerbselement sein. Wahrscheinlich wird eine Konfektionierung in Form von Containern sinnvoll sein.
- OS/QuS versprechen Absatz von Batterien „en gros" statt „en detail" (Hausspeicher)
- Eventuell längerfristige Rahmenverträge mit Unternehmern der dezentralen Speicherwelt möglich/sinnvoll
- Imagegewinn für die Automobilhersteller als zentrale Agenten der Energiewende
- Strategische Option für Einstieg in das Stromgeschäft der Zukunft in diversen Bereichen (Stromdienstleistungen, Stromhandel, Stromspeicherung, etc.)
- Beitrag zum Aufbau von Schnellladestationen für die E-Mobilität als Teil der OS/QuS und damit Bezug zu Kerngeschäft
- Wegfall der Entsorgungskosten für die Batterien, durch attraktive Folgenutzung der SLB mit maximaler Verschiebung des Entsorgungszeitpunkts. Dies ermöglicht die Entwicklung neuer, effizienter Entsorgungstechnologien

II. Aspekte des Prosumers/der Prosumerin

- Weitgehende Erfüllung des latenten Autarkiestrebens in der Strom-(Energie-) Versorgung
- Sowohl sicherheitstechnisch als auch versorgungstechnisch sicherer als „Haushaltsautarkie" mit Batterie im Keller.

- Kostengünstige Strom- (Energie-)Versorgung durch Reduktion der Netzkosten
- Abgabe der technischen Systemverantwortung an professionellen Partner – potentielle Störungsanfälligkeit wird außer Haus verlagert
- Einbindung in ortsspezifische Gemeinschaftsaktion
- Beitrag zur Energiewende = „Enkellegitimation"

III. Aspekte des „Landesversorgers" (LV)

- Frühzeitiger Einstieg in langfristig absehbare Strommarktentwicklung
- Dadurch Absicherung eines Zukunftsmarktes
- Vermeidung von langfristigen Fehlinvestitionen (stranded cost) im Netzbereich
- Gestaltungsmöglichkeit der Lieferantenkette
- Bindung der ProsumerInnen und Kommunen an LV
- „Zukunftssichere" Strategie als Motivation für Belegschaft (Sicherung von Arbeitsplätzen) statt „Energiewende als Erleidens-Schicksal" – siehe EON, RWE etc.
- Imagegewinn als Treiber der Energiewende
- Zukunftssichere und politisch attraktive Erfüllung des „Versorgungsauftrags"
- Glaubwürdigkeitsvorsprung bei Kommunen und ProsumerInnen als seriöser „Energiepartner"
- Teilnahme am Regel- und Ausgleichsenergiemarkt möglich

IV. Aspekte der Gemeinde

- „Orts-Energie-Autarkie" als attraktives politisches Programm (auf Landesebene schon in den meisten Bundesländern als „Bundesländerautarkie" zum Programm erhoben)
- Gemeinschaftsbildend
- Wirtschaftlich attraktive Proposition für GemeindebürgerInnen
- Wirtschaftliche Vorteile für Gewerbebetriebe
- Gemeindeflächen (Dachflächen Rathaus, Flächen Wirtschaftshof, Flächen Kläranlagen etc.) können für PV sinnvoll und gemeinschaftsdienlich genutzt werden
- Etwaige bestehende Aktivitäten bei erneuerbaren Energien können wahrscheinlich eingebunden werden
- E-Mobilität kann gefördert werden – Beitrag zur Lösung von Verkehrsproblemen
- Imagegewinn für alle Beteiligten

V. Aspekte des Klimaschutzes

- Durch die Speicherungsmöglichkeit wird das Kernproblem der erneuerbaren Energien, nämlich die teilweise fehlende Kongruenz der Erzeugung mit dem Verbrauch, gelöst
- Durch den dann wirtschaftlich sinnvollen Ausbau der dezentralen Erneuerbaren – vor allem Ganzflächen-PV/BIPV – ergibt sich ein sehr hohes Steigerungspotential der für die Energiewende notwendigen Menge an „grünem" Strom – vor allem der PV

VI. Volkswirtschaftliche Aspekte

- Dezentralisierung des Energiesystems bringt längerfristig bedeutende Senkung der Netzkosten
- Starke Reduzierung der Anfälligkeit des Gesamtsystems gegenüber Terrorismus
- Sinnvoller Einsatz der SLB
- Wirtschaftlichkeit und Sicherheit bei der Entsorgung der Batterien
- Hoher „Kollateral-Nutzen" der Elektromobilität und daher Attraktivierung der E-Mobilität durch „doppelte" Einbindung der E-Autos in das System: als Batterielieferant und als Strombezieher
- Der Wert der SLB kann die Kosten der E-Autos vermindern und sie dadurch attraktiver machen
- Batterien können in ihrem energetischen Gesamtwert auf beide Nutzungsperioden hin technisch optimiert werden – „first life" und „second life"

Erfolgsfaktoren

- Entwicklung der E-Mobilität entsprechend den Erwartungen
- Kurz- bis mittelfristige wirtschaftliche Attraktivität des Modells für möglichst viele Partner
- Bereitschaft von Partnern Pionierrolle zu übernehmen
- Schaffung der gesetzlichen Voraussetzungen – speziell für Micro-Grids
- Kreative Lösung für Netzentgelte
- Attraktive Finanzierungsmodelle für Ganzflächen-PV/BIPV (Leasing? Genossenschaften?)
- Standardisierte, modulare Technik für Speicher (Container)
- Einsatz der Blockchain-Technologie zur Abrechnung zwischen den Partnern

Potentielle Projektpartner

- Batterielieferant – Autofirma
- Landesversorger
- Gemeinde
- „ProsumerIn“
- Batterie-Speichertechnik-Unternehmen
- Stromtankstellenbetreiber
- Finanzierungsinstitut
- Wissenschaftliche Förderung und Begleitung?
- Projektförderung durch öffentliche Hand (Klima-u. Energiefonds?)
- Projektkoordinator

Schlussbemerkungen

Um in Österreich eine Pionierrolle auf diesem Gebiet einnehmen zu können, mit all den möglichen positiven Effekten für die beteiligte Wirtschaft, sollten so bald als möglich Vorarbeiten begonnen/verstärkt werden. Wissenschaftliche Machbarkeitsstudien werden genauso notwendig sein, wie praktische Pilotprojekte. Besonders wichtig ist die Schaffung der gesetzlichen Rahmenbedingungen und die Einbettung in eine Gesamt-Energie-Strategie.

Viele Aspekte (positive und negative) des Konzepts „Elektromobilität als Schlüsselfaktor der Energiewende“ konnten in diesem Artikel nicht abgehandelt werden. Viele Entwicklungen in die aufgezeigte Richtung sind teilweise schon im Gange. Das Ziel dieses Beitrags ist aber erreicht, wenn er ein Denk- und Handlungsanstoß für den einen oder anderen Teilnehmer an dem großen und für uns alle so wichtigen Projekt Energiewende gewesen ist.

Zusammenfassung

Die Elektromobilität steht in den nächsten 5 bis 10 Jahren vor einem unaufhaltsamen Durchbruch. Die wesentlich einfachere Technik bringt in der Großserie Autos zu geringeren Kosten als Verbrenner. Zusammen mit deutlich niedrigeren Treibstoffkosten, Wartungskosten und längerer Lebensdauer wird der Umstieg rasch erfolgen. Die heutigen Nachteile Reichweite und Betankung werden gelöst, weil technisch lösbar. Die Automobilindustrie beginnt schon ihre derzeitigen jährlichen Zig-Milliarden-Investitionen in die Motorenforschung in die Batterieforschung umzuleiten. Mit den erwartbaren Quantensprüngen in der

Batterieentwicklung wird für das Kernproblem der fluktuierenden Erneuerbaren Energien, nämlich der Stromspeicherung, quasi als Kollateral-Nutzen eine effiziente und immer kostengünstigere Lösung gefunden. Konfektionierte Batterie-Großspeicher, zum Beispiel in Containern, werden dezentral als „Orts/Quartierspeicher“ hauptsächlich Sonnenstrom speichern und abgeben, auch als leistungsstarke E-Tankstellen. Diese Entwicklung bietet mannigfaltige materielle und immaterielle Chancen zum Beispiel für Automobilhersteller, Energieversorgungsunternehmen, Kommunen, Prosumer, Batterie-Speichertechnik-Unternehmen, Stromtankstellenbetreiber etc.. Wesentliche Ersparnisse beim Netzausbau und ein hoher positiver Effekt für den Klimaschutz sind der bedeutendste Nutzen für die Öffentlichkeit. Klare energiestrategische Zielsetzungen und geeignete gesetzliche Rahmenbedingungen sind notwendig.

Rainer Seele

Rezept für den Transformationsprozess in Richtung CO_2-Neutralität

Der Themenbereich Energie wird seit vielen Jahrzehnten intensiv und kontrovers diskutiert. In einem Aspekt sind sich Analysten jedoch einig: die Weltbevölkerung wird weiter wachsen – von derzeit etwa 7,5 Milliarden auf bis zu 10 Milliarden Menschen im Jahr 2050. In einer Welt mit 10 Milliarden Menschen braucht es mehr – mehr Wohnraum, mehr Agrarflächen, mehr sauberes Wasser. All das bedingt einen größeren Bedarf an Energie. Die Frage, die beantwortet werden muss: Wie kann der globale Energiebedarf klimaschonend abgedeckt werden?

Die Internationale Energieagentur (IEA) prognostiziert, dass Öl und Gas im Jahr 2040 mit einem Anteil von über 50 Prozent sowohl weltweit als auch in Europa immer noch einen bedeutenden Beitrag zur Energieversorgung leisten werden. Dies zeigt, dass trotz aller Bemühungen und Anstrengungen in Richtung „Low Carbon Economy", eine Zukunft ohne Öl und Gas aus derzeitiger Sicht nicht realistisch ist.

Energie- und Klimapolitik muss auch Wirtschaftspolitik sein

Unser Energiesystem befindet sich zweifellos im Wandel. Unbestritten ist die Notwendigkeit der Erreichung des international vereinbarten Klimaabkommens von Paris. Der eingeschlagene Weg hin zu mehr Umweltverträglichkeit, höherer Effizienz und geringeren Treibhausgas-Emissionen muss fortgeführt werden. Gleichzeitig ist zu gewährleisten, dass die gewählten Ansätze und Ziele, unter Berücksichtigung des steigenden Lebensstandards einer wachsenden Bevölkerungsanzahl, realistisch und durchführbar sind.

Die „Energiewende" in Deutschland hat es vorgezeigt: Anstatt einen ausbalancierten und emissionsarmen Energiemix zu etablieren, wurden die umfassenden und teuren Maßnahmen zum Ausbau erneuerbarer Energien durch die steigende Verstromung von Kohle konterkariert. Ein sehr bedauerlicher Rückschritt in Sachen Nachhaltigkeit. Dieses Beispiel verdeutlicht, dass das Fehlen eines systemischen Ansatzes für eine flächendeckende, sichere, nachhaltige und leistbare Energieversorgung problematisch ist.

Es ist daher essentiell, Energiepolitik nicht isoliert zu betrachten. Energiepolitik ist integriert in Umwelt- und Nachhaltigkeitspolitik, wesentlicher Bestandteil von Wirtschafts- und Wettbewerbspolitik und eng verknüpft mit Sozialpolitik. Eine nachhaltige Energie- und Klimapolitik muss daher mit einer aktiven Standort- und Industriepolitik im Einklang sein. Übereinkommen wie der Pariser Klimavertrag oder die Energie- und Klimaziele der Europäischen Union für 2020 und in weitere Folge für 2030 müssen die volkswirtschaftliche Machbarkeit und die Leistungsfähigkeit der Energiesysteme mitbedenken.

Dazu braucht es eine faktenbasierte Folgenabschätzung von strategischen Zielsetzungen und Maßnahmen, die alle Zielbereiche umfassen. Überambitionierte und realitätsferne Zielsetzungen gefährden die Leistbarkeit für Bürger und die Wettbewerbsfähigkeit der Unternehmen, und schwächen die wirtschaftliche und finanzielle Leistungsfähigkeit der gesamten Volkswirtschaft. Fehlen dadurch jedoch die notwendigen Mittel für Investitionen in Technologieentwicklung und Infrastruktur, so bleibt das Ziel eines CO_2-neutralen Energie- und Wirtschaftssystems unerreichbar.

Erdgas ist und bleibt das Fundament der europäischen Energieversorgung

Ein gut funktionierendes Energiesystem basierend auf einem ausbalancierten Energiemix – von erneuerbaren und fossilen Energieträgern – ist nicht nur für den wirtschaftlichen Erfolg eines Landes essentiell. Darüber hinaus ist es Voraussetzung, um eine moderne, nachhaltige, leistbare, wettbewerbsfähige und nicht zuletzt stabile Energieversorgung dauerhaft sicherstellen zu können.

Kohlenwasserstoffe, allen voran Erdgas, spielen dabei eine wichtige Rolle. Erdgas ist nicht nur die kostengünstigste Möglichkeit höhere Energieeffizienz zu erreichen, sondern auch die unmittelbare Chance um Treibhausgase signifikant zu reduzieren. Europaweit könnten durch den Ersatz von Kohle durch Erdgas 15% der gesamten Treibhausgasemissionen eingespart werden. Im Strombereich wäre sogar eine Reduktion von 40% der Emissionen möglich[1].

Erdgas ist deshalb auch der ideale und unverzichtbare Partner für erneuerbare Energien. Erdgas ist verfügbar, leistbar und umweltfreundlich und sollte für einen zukünftigen Energiemix dementsprechende Unterstützung finden. Laut IEA wird Erdgas mit fast 30% des primären Energiebedarfs in Zukunft der wichtigste Energieträger Europas sein.

1 Substituierung von Kohleverstromung durch die gesteigerte Nutzung der bestehenden Kapazitäten von Gaskraftwerken auf der Basis von 2012

Wie wichtig die Rolle von Gas ist, hat der letzte Winter – einer der kältesten der letzten 30 Jahre – deutlich gezeigt. Im langen Winter 2016/2017 hat die ausschließlich auf erneuerbare Energien beruhende Stromversorgung nicht funktioniert. An einigen Tagen wurde 40% der Stromversorgung mit Gas abgedeckt, weil Wind und Sonne nicht ausreichend verfügbar waren. Dieses Beispiel zeigt, dass Gas – und dazu gehören Kraftwerke, sowie Pipeline- und Speicherinfrastruktur – eine unverzichtbare Säule für eine sichere Energieversorgung ist.

Um dieses zentrale Element der europäischen Energieversorgung auch in Zukunft abzusichern, muss auf Herausforderungen im Gasmarkt angemessen reagiert werden.

Die europäische Gasproduktion wird in den nächsten Jahrzehnten sinken. Der Gasbedarf selbst wird leicht steigen. Um diese Lücke zu füllen, muss einerseits die bestehende europäische Produktion gestärkt werden. Ein Beispiel: Allein in Österreich sichert OMV durch ihre Aktivitäten im niederösterreichischen Weinviertel 10% des heimischen Rohöl- und 15% des heimischen Gasbedarfes. Um dies langfristig zu bewahren, braucht es entsprechende Investitionen. Essentiell dafür sind attraktive und langfristig stabile politische und regulatorische Rahmenbedingungen ohne Diskriminierung von einzelnen Energieträgern oder Technologien.

Andererseits muss die Lieferung von zusätzlichem Gas nach Europa sichergestellt werden. Dies kann durch den Ausbau von verlässlichen und seit vielen Jahrzehnten bestehenden Energiepartnerschaften – allen voran mit Russland – ermöglicht werden. Gerade Österreich und OMV können hier auf die Erfahrung von fast fünf Dekaden – 2018 wird Goldene Hochzeit gefeiert – Gaslieferverträgen verweisen. In all diesen Jahrzehnten ist jedes von OMV bestellte Molekül Erdgas auch geliefert worden.

Zur flächendeckenden Versorgung Europas mit Energie braucht es auch eine effiziente Infrastruktur. Die steigenden Mengen an Gasimporten können nur durch eine moderne und effiziente Gasinfrastruktur gewährleistet werden. Dabei dürfen einzelne Infrastrukturprojekte nicht politisiert werden. Eine gestärkte Energieinfrastruktur – durch den Bau der Nord Stream II Pipeline – sichert die Energieversorgung Österreichs und Europas.

Investitionen in Forschung als Beitrag für künftige CO_2-Neutralität

Um den Anforderungen an eine moderne Energieversorgung auch künftig gerecht zu werden, ist neben der Weiterentwicklung von Altbewährtem, die Forschung Treiber für die Innovationen der Zukunft. Zukunftstechnologien sind wesentlich, um alle vorhandenen Ressourcen effizient nutzen zu können. Nur so kann die österreichische Energieversorgungssicherheit dauerhaft sichergestellt, der Transformationsprozess des Energiesystems aktiv gestaltet und ein positiver Beitrag zur Reduktion der Treibhausgasemissionen geleistet werden.

Investitionen in die Forschung sind Investitionen in die Zukunft. Gerade vor dem Hintergrund des zentralen energiepolitischen Zieles der Energieversorgungssicherheit sind Investitionen in Forschung und Innovation von entscheidender Wichtigkeit. Gleichzeitig spielen sie eine wesentliche Rolle um die Transformation des Energiesystems vor allem in Hinblick auf CO_2-Neutralität bewältigen zu können. Technologieneutralität muss bei der Erforschung neuer Produkte und Verfahren das oberste Gebot sein.

Der Transport- und Verkehrssektor rückt in Bezug auf die erfolgreiche Reduktion der Treibhausgasemissionen immer mehr in den Fokus. Mobilität ist ein Grundbedürfnis der Gesellschaft, weshalb Forschung im Bereich zukünftiger Antriebskonzepte und Treibstoffen eine zentrale Bedeutung zukommt. Ein Schulterschluss mit der Automobilindustrie ist essentiell, wenn es darum geht die notwendige Energieinfrastruktur der Zukunft bereitstellen beziehungsweise ausbauen zu können.

Die OMV hat als Unternehmen, das in der Mobilität einen Markt mit rund 200 Millionen Menschen versorgt, die Zeichen erkannt und hat bereits in der Vergangenheit wichtige Schritte und Investitionen in die Mobilität der Zukunft getätigt.

So beschäftigt sich OMV bereits seit über 10 Jahren mit technischen Innovationen im Bereich erneuerbarer Kraftstoffe, etwa durch die Mitverarbeitung biogener Öle bei der Kraftstoffproduktion (auch „Co-Processing“ genannt). Dadurch kann ein wertvoller Beitrag zur Bereitstellung qualitativ hochwertiger Biotreibstoffkomponenten und zur Reduktion der Treibhausgasintensität von Kraftstoffen geleistet werden.

Zukunft: Wasserstoff

Neben einer Zukunft mit nachhaltigen Biokraftstoffen, sowie Erdgas als sauberer konventioneller Treibstoff wird dem Energieträger Wasserstoff große Bedeutung zukommen. Wasserstoff als Kraftstoff ist seit Jahren Forschungsthema der OMV und bedeutet einen weiteren Schritt in Richtung Nachhaltigkeit und schadstofffreier Mobilität.

Der Aufbau von Wasserstofftankstellen muss generell in enger Abstimmung zwischen Automobil- und Energieindustrie erfolgen, um einen optimierten parallelen Aufbau von Wasserstoffangeboten und Nachfrage zu gewährleisten.

Dahingehend ist OMV im Bereich der Wasserstoffmobilität in den letzten Jahren bereits in Vorleistung getreten. Seit 2012 baut sie in Eigeninitiative ihr Netz an Wasserstoffinfrastruktur in Österreich kontant aus:

- 2012: erste öffentliche Wasserstofftankstelle wird in Wien errichtet
- 2014: Aufbau der zweiten Wasserstofftankstelle in Innsbruck
- 2016: die dritte Wasserstofftankstelle entsteht in Asten in Oberösterreich
- 2017: im März wurde die vierte Wasserstofftankstelle in Graz eröffnet, die fünfte Wasserstofftankstelle in Wiener Neudorf folgt im Herbst.

Mit der Eröffnung der fünften Wasserstofftankstelle in Wiener Neudorf wird vorerst die letzte OMV-Wasserstofftankstelle in Österreich ans Netz gehen. Der Bau weiterer Wasserstofftankstellen in Österreich wird unter anderem auch von der Verfügbarkeit österreichischer Förderinstrumente und der Ausgestaltung des rechtlichen Rahmens abhängen.

OMV sieht in der Wasserstofftechnologie großes Potenzial. Deshalb engagiert sich OMV auch über die Grenzen Österreichs hinweg. Gemeinsam mit der Automobilindustrie haben sich OMV sowie weitere Energieversorger 2014 in einer Gesellschaft – H_2-Mobility – zusammen mit dem Ziel ein flächendeckendes Wasserstoff-Tankstellennetz geschlossen, analog zur erfolgreichen Einführung von Wasserstoff als Kraftstoff, aufzubauen.

Bis 2018 sollen etwa 100 Wasserstoffstationen in großen Ballungsräumen, sowie auf Fernstraßen und Autobahnen bis hin zu den Landesgrenzen errichtet werden. In einem nächsten Schritt sollen bis Ende 2023 an die 400 Wasserstofftankstellen in ganz Deutschland betrieben werden.

Es sollte also kein Zweifel bestehen: OMV meint es ernst. OMV ist vom Energieträger Wasserstoff überzeugt und leistet mit ihrem Engagement in der Errichtung einer bedarfsorientierten Wasserstofftankstellen-Infrastruktur einen wesentlichen Beitrag zu einer CO_2-neutralen Mobilität in der Zukunft.

Fazit

Von Energieversorgungsunternehmen wird erwartet, dass sie die Energieversorgungssicherheit in ihrem jeweiligen Land garantieren. Österreichische Leitbetriebe wie die OMV werden dieser Aufgabe künftig nur dann gerecht werden können, wenn es eine wettbewerbsorientierte Wirtschaftspolitik und ein klares Bekenntnis zur energieintensiven Industrie gibt. Besonders in einem Land wie Österreich, das einen überproportionalen Anteil an produzierenden Industrieunternehmen aufweist, ist die gleichrangige Behandlung von Nachhaltigkeit, Versorgungssicherheit, Wettbewerbsfähigkeit und Leistbarkeit essentiell.

Wirtschaft und Industrie bekennen sich dazu ihren Beitrag zur Reduktion der Treibhausgase zu leisten. Angesichts des hohen Anteils von Energiekosten an den Produktionskosten der energieintensiven Industrie, haben diese Unternehmen ein ureigenstes Interesse daran, ihre Anlagen und Technologien so effizient wie möglich zu gestalten. Gerade die österreichische Industrie ist heute schon Musterschüler und einer der Pioniere in Europa im Bereich Energieeffizienz und erneuerbarer Energien.

Um einer treibhausgasarmen Wirtschaft gerecht zu werden, investieren die Unternehmen bereits heute in innovative Produkte und Verfahren der Zukunft. Aufgrund von langen Investitionszyklen, hohen Investitionskosten und langen Amortisationszeiträume sind dafür Planungssicherheit und beständige regulatorischen Rahmenbedingungen ebenso Voraussetzung wie das Grundprinzip der Technologieneutralität.

VI. „Energie- und Klimazukunft Industrie“ – Best Practice-Beispiele

Franz M. Androsch

Schrittweise Decarbonisierung – nicht nur eine technologische Herausforderung

Klimaschutz ist für energieintensive Industrien nicht nur eine technologische Aufgabe. Entscheidend für das tatsächliche Gelingen der „Dekarbonisierung" ist der politische Rahmen, und zwar nicht nur auf nationaler Ebene. Eine besondere Herausforderung stellt die Decarbonisierung für die Stahlindustrie dar.

Das „Paris-Abkommen" ist zweifellos ein wichtiger Schritt zu einem tatsächlich globalen Klimaschutzrahmen. Entscheidend wird jedoch die weitere Konkretisierung und Umsetzung sein, insbesondere eine zumindest annähernde Vergleichbarkeit von Zielen und Beiträgen, Maßnahmen und Mechanismen sowie – nicht zuletzt – von Anstrengungen aller maßgeblichen Emittenten und Regionen. Für eine global agierende Branche wie die Stahlindustrie, weltweit tätige Unternehmen wie den voestalpine-Konzern und letztlich für den Klimaschutz selbst ist das „global level playing field" mehr als ein bloß formales Kriterium.

Der aktuelle energie- und klimapolitische Rahmen in Europa wird bis dato von den „2030-Zielen" der EU bestimmt, die auch als Beitrag in den Paris-Prozess eingebracht wurden, derzeit in eine konkrete legistische Form („EU-Energieunion") gegossen werden, in weiterer Folge EU-weit harmonisiert und letztlich in den Mitgliedsstaaten umgesetzt und periodisch überprüft werden sollen. Zudem stehen über eine Zwischenetappe bis 2040 auch die in der „Roadmap" angestrebten Ziele bis 2050 bereits seit geraumer Zeit fest. Sie sollten auf entsprechend langfristiger Basis auch die Grundlage der österreichischen Energie- und Klimapolitik – allen voran der integrierten Energie- und Klimastrategie – bilden.

Provokant formuliert: Von „Paris" bis „Brüssel" und „Wien" kennt man also die quantitativen Ziele, aber weiß man auch den Weg dorthin und kennt man die richtig(zutreffend)en Maßnahmen?

Stahlindustrie ist unabdingbarer Teil der Lösung – aus mehreren Perspektiven

Die Diskussion um „Energiewende" und „Decarbonisierung" ist auch im nationalen Diskurs vor allem auf die Produktion fokussiert. Dies ist aufgrund der Emissions- und Energieintensität nachvollziehbar, greift aber zu kurz.

Die zweite Perspektive ist jene des Werkstoffes, seiner Produkte und Anwendungen. Schon jetzt leistet Stahl einen substanziellen Beitrag zu Energieeinsparung und damit CO_2-Verringerung, etwa durch Leichtbau im Automobil, innovative Hochtemperaturwerkstoffe, mit denen der Wirkungsgrad in Kraftwerken, Turbinen oder Motoren verbessert wird, oder durch Schienen- und Weichentechnologie für die Bahninfrastruktur sowie nicht zuletzt durch effizienteste Primärstahlproduktion. Dieses Potenzial wird sich künftig durch verstärkten Bedarf an erneuerbaren Energien, beispielsweise Windkraft oder Photovoltaik, oder durch Materialien und Komponenten für E-Mobilität noch deutlich erhöhen. Einer Studie der Boston Consulting Group[1] zufolge spart Stahl über derartige Anwendungen in deren Nutzung sechsmal so viel Energie und damit CO_2 ein, als in der Produktion entsteht.

Nimmt man Klimaschutz als globale Herausforderung und über den Tellerrand hinaus betrachtet tatsächlich ernst, wird man letztlich auch der ökologischen Produktbewertung (Stichwort: gesamte Lebenszyklusbetrachtung von Produkten und Wertschöpfungsketten) einen ganz anderen Stellenwert einräumen als man bisher musste.

Im Mittelpunkt der Energie- und Klimadiskussion steht derzeit aber noch weniger die Frage, *was* die Stahlunternehmen produzieren, als vielmehr das *Wie*. CO_2-mindernde Produktionstechnologien führen in der Stahlindustrie aber nicht per se zu neuen oder besseren Produkten; vereinfacht gesagt, wird Stahl aus Kundensicht nicht bloß deswegen „wertvoller", weil er möglichst CO_2-frei hergestellt wird, ansonsten aber im Wesentlichen über die bereits bestehenden Qualitäten und Eigenschaften verfügt. Die Stahlindustrie kann also auch die Kosten etwaiger Umstellungen im Unterschied etwa zu Energieerzeugern nicht einfach an Kunden beziehungsweise deren Endkunden weiterreichen.

Weniger CO_2 = geringerer Energiebedarf? Nein, im Gegenteil!

Doch nun zum eigentlichen Thema – worin liegen die Herausforderungen in der Technologieumstellung? Warum kann ein Stahlunternehmen nicht einfach „den Schalter umlegen" von fossilen zu erneuerbaren Energieträgern? Warum geht die Gleichung „weniger CO_2 = weniger Energie" für die Stahlproduktion nicht auf, sondern ist die Bereitstellung erneuerbarer Energie und die Versorgungssicherheit mit erneuerbarer Energie *die* entscheidende Voraussetzung?

1 stahl-online (2013), CO_2-Bilanz Stahl, Ein Beitrag zum Klimaschutz

Die Emissionsintensität ergibt sich zunächst aus schlichter Chemie in der auf Kohle/Koks basierten Route nach dem LD-Verfahren (das heißt Roheisenerzeugung im Hochofen, Rohstahlerzeugung im Sauerstoffkonverter), das nach wie vor weltweiter Standard für rund 75 % der Stahlherstellung ist. Koks wird in der Roheisenerzeugung im Hochofen als Reduktionsmittel für Eisenerz benötigt, er liefert den für den Prozess nötigen Kohlenstoff, um dem Eisenerz Sauerstoff zu entziehen und es damit zu Eisen zu „reduzieren". Weiters muss durch Zuführen von Sauerstoff im LD-Konverter der im Roheisen noch enthaltene Kohlenstoff anschließend oxidiert und gasförmig entfernt werden. Kohlenstoff plus Sauerstoff ergibt dabei Kohlendioxid. Eine Verringerung dieser prozessbedingten CO_2-Emissionen kann also nur durch teilweisen (beziehungsweise auf lange Sicht vollständigen) Ersatz von Kohlenstoff, das heißt durch andere metallurgische Verfahren, erreicht werden.

Die fossilen Rohstoffe sind nun aber gleichzeitig auch die bedeutendsten Energieträger. Die voestalpine-Stahlstandorte Linz und Donawitz sind weitgehend stromautark, indem der Strombedarf über den integrierten Energiekreislauf (auf Basis Kohle/Koks) abgedeckt wird; anfallende Prozessgase aus der Stahlproduktion (zum Beispiel dem Hochofen) werden in eigenen Kraftwerken in Strom umgewandelt, der wiederum in nachgelagerten Anlagen (zum Beispiel Walzwerken) verwendet wird.

Ist dieser auf fossilen Energieträgern beruhende Kreislauf zu ersetzen, würde voestalpine alleine an den beiden Standorten das Äquivalent von zusätzlich rund 33 TWh erneuerbaren Stroms aus dem externen Netz benötigen. Dies entspricht etwa 30 Wasserkraftwerken oder rund 4.000 Windkraftanlagen beziehungsweise umgerechnet auf die EU-Stahlindustrie insgesamt ca. 500 TWh oder an die 50.000 Windturbinen mit notwendiger Speicherung. (Diese Bedarfe werden derzeit allerdings weder in nationalen noch in europäischen Ausbauszenarien hinreichend berücksichtigt, von Bedarfsträgern anderer energieintensiver Industrien oder Sektoren sowie der E-Mobilität ganz zu schweigen.)

Von Zwischenschritten in Form von Brückentechnologien abgesehen, bedarf es dazu der Entwicklung und Industriereife völlig neuer, so genannter „Breakthrough-Technologien". Die EU-Stahlindustrie – die im Übrigen bereits über höchst effiziente und umweltfreundliche Anlagen verfügt – befasst sich damit bereits seit geraumer Zeit intensiv und fokussiert sich auf teils unterschiedliche, insgesamt aber überwiegend auf Wasserstoff basierende Ansätze, welche als Breakthrough-Technologien eine vollkommene Dekarbonisierung ermöglichen könnten, jedoch Brückentechnologien als Umstieg benötigen. Dazu zählen zum Beispiel CDA (Carbon Direct Avoidance, also CO_2-minimierte Herstellungsverfahren an sich), aber auch vielleicht CCU (Carbon Capture and Utilisation, beispielsweise die chemische Umwandlung von Kohlendioxid) und CCS (Carbon Capture and Storage), die unterirdische „Endlagerung" von CO_2.

Die Optionen variieren je nach Umfeldbedingungen eines Unternehmens, etwa regionalen Schwerpunkten und nationalen Gegebenheiten, und haben alle ihre Berechtigung; doch so unterschiedlich sie sein mögen, sie sind durchwegs noch Zukunftsmusik und im großindustriellen Maßstab jedenfalls erst in etwa 20 Jahren realistisch. Desweiteren müssen diese neuen Prozesse erst energieeffizient in den gesamten Produktionsprozess – die integrierte Stahlerzeugung – eingebunden werden.

Schrittweise Decarbonisierung: Der voestalpine-Weg

Das voestalpine-Szenario zur Erreichung der Klimaziele sieht aus heutiger Sicht eine schrittweise Decarbonisierung mit der langfristigen Vision einer vollständigen CO_2-Freiheit mittels Wasserstoffnutzung vor. Was sind im Überblick die technologischen Optionen und woran wird derzeit bereits geforscht?

- **Direktreduktion als erster Schritt.** Als Übergangstechnologie setzt voestalpine auf die neue Direktreduktionsanlage in Texas, USA. Dort werden HBI (Hot Briquetted Iron) beziehungsweise DRI (Direct Reduced Iron), also Eisenschwamm-Pellets, auf Erdgasbasis statt mit Kohle/Koks reduziert hergestellt, was bei Einsatz in den bestehenden Hochöfen in Linz und Donawitz eine konzernale CO_2-Reduktion um bis zu 5 % ermöglicht.
- **Zukunftstechnologien.** Langfristige F&E-Aktivitäten umfassen die Weiterentwicklung der Direktreduktion auf Basis von Wasserstoff anstelle von Erdgas sowie die weiterfolgende Erschmelzung von Stahl mit Wasserstoff anstelle von Kohle/Koks.

Potenzial der Direktreduktion mit Wasserstoff

HBI ist ein sehr flexibler Einsatzstoff. Man kann es in einem Elektrolichtbogenofen zu Rohstahl verarbeiten, oder im Hochofen einsetzen, wo es dazu beiträgt, die CO_2-Emission zu senken und die Leistung zu steigern, oder auch als Schrottersatz im Konverter für die Rohstahlerzeugung verwenden. Langfristig kann Erdgas im Direktreduktionsprozess praktisch gänzlich durch „grünen" Wasserstoff ersetzt werden, wenn dieser Prozess energiekostenseitig wirtschaftlich darstellbar und kapazitätsmäßig aus erneuerbarer Energie gedeckt werden kann. Direktreduktionsschachtöfen arbeiten heute in der betrieblichen Praxis schon mit Wasserstoffanteilen im Reduktionsgas von über 60 %. Wenn Wasserstoff künftig in ausreichenden Mengen und zu wirtschaftlichen Konditionen verfügbar wäre, könnte er eine noch ungleich bedeutendere Rolle für die Stahlerzeugung spielen, und in Verbindung mit Elektrolichtbogenöfen eine weitestgehende Dekarbonisierung bewirken. Unter heutigen Rahmenbedingungen ist die Reduktion von Eisenerz ausschließlich mit Wasserstoff im Vergleich zur konventionell basierten Erdgasreduktion wirtschaftlich allerdings nirgendwo auf der Welt darstellbar.

(Eine bestimmte Menge an Kohlenstoff wird jedoch selbst bei rein wasserstoffbasierter Stahlerzeugung auch in Zukunft benötigt werden, allein schon aufgrund der „schmelzmetallurgischen Arbeit", die zur Herstellung von höchstwertigen Stahlsorten reaktionstechnisch zu leisten ist, weshalb eine tatsächliche „Zero-Carbon"-Vision schon alleine chemisch-physikalisch unrealistisch ist. Kohlenstoff ist ein „zwingender" Legierungsbestandteil jeden Stahls).

H_2-FUTURE: Die Vision vom „grünen Wasserstoff" in der Stahlindustrie

Das Projektkonsortium H2FUTURE, bestehend aus voestalpine, Siemens und VERBUND sowie Austrian Power Grid (APG) und den wissenschaftlichen Partnern K1-MET und ECN (Energy research Centre of the Netherlands) errichtet derzeit am voestalpine-Standort Linz die gegenwärtig weltweit größte Elektrolyseanlage zur Erzeugung von grünem Wasserstoff. Das Projekt wird im Rahmen des Horizon 2020-Programmes von der EU-Kommission (Joint Undertaking Fuel Cells and Hydrogen) unterstützt.

Für die Erzeugung von Wasserstoff braucht es Strom. Derzeit wird Wasserstoff aber noch fast ausschließlich fossil, nämlich durch Erdgasreformierung/Synthesegasproduktion, hergestellt. Ziel von H2FUTURE ist es, „grünen", also auf erneuerbarer Basis gewonnenen Wasserstoff mit einer so genannten PEM (Protonen-Austausch-Membran)-Elektrolysetechnologie aus Wasser zu produzieren und den Einsatz des Wasserstoffes als Industriegas sowie den Einsatz der Anlage am Regelenergiemarkt zu testen.

Mit H2FUTURE werden zentrale Fragestellungen der Sektorkopplung von Energie und Industrie sowie die Übertragbarkeit der Technologie auf weitere Industriesektoren, die Wasserstoff im Produktionsprozess einsetzen, untersucht. Weiterer Schwerpunkt ist die Einbindung der reaktionsschnellen PEM-Elektrolyseanlage in die Regelenergiemärkte durch Entwicklung von Demand-Side-Management-Lösungen, also den Ausgleich von kurzfristigen Schwankungen im zunehmend volatileren Stromnetz durch Lastmanagement bei großen Verbrauchern. Neben den technologischen Fragestellungen sind vor allem auch (theoretische) Ableitungen aus den Projektergebnissen zur Umlegung auf die gesamte Stahlindustrie entscheidend wie beispielsweise:

Energiemengenbedarf bei Upscaling für die gesamte Stahlindustrie (und weitere Industrien beziehungsweise Sektoren), der dazu notwendige Ausbau der erneuerbaren Energien und deren zeitliche Verfügbarkeit sowie Versorgungssicherheit und Energiekostenvergleiche, erforderliche Installationen und Infrastrukturkosten für eine Grünwasserstoffproduktion, Investitionsumfänge für eine Umstellung und zeitlich realistische Horizonte. Und nicht zuletzt die notwendige globlale Umsetzung eines level playing field für diese Technologien der Decarbonisierung.

H_2FUTURE läuft bis 2021, Ende 2018 soll die Elektrolyseanlage ihren Betrieb aufnehmen.

Ein weiterer Beitrag der Industrie zu innovativen Konzepten kann beispielsweise auch durch Nutzung des Niedertemperaturbereiches („Anergy“-Anwendungen) oder vermehrt von Abwärme- und ähnlichen Potenzialen liegen.

Zukunftsvision: Die Stahlherstellung ohne CO_2?

Die direkte Herstellung von Stahl aus Eisenoxiden ohne Zwischenstufen stellt den visionärsten Forschungsansatz dar. Ziel des Projekts SuSteel (CO_2-freies nachhaltiges Stahlherstellungsverfahren mittels Wasserstoffplasmaschmelzreduktion, kurz *Su*stainable *Steel)* ist die Entwicklung einer neuartigen Wasserstoff-Plasmatechnologie für die Schmelzreduktion von Eisenerzen und die direkte Produktion von Stahl. Dabei soll Wasserstoff-Plasma sowohl zur Reduktion der Oxide dienen, als auch die Plasmaenergie zum Aufschmelzen des metallischen Eisens genutzt werden.

Bei Verwendung von Wasserstoff als Reduktionsmittel entsteht lediglich klimaneutrales Wasser so der Wasserstoff aus erneuerbaren Energien produziert wurde. Um die Entwicklung dieses grundsätzlich bereits weitgehend bewiesenen Konzepts zur tatsächlichen technologischen Umsetzung voranzutreiben, ist am Standort Donawitz der voestalpine eine Versuchsanlage geplant. In Zusammenarbeit mit den Konsortialpartnern Montanuniversität Leoben und K1-MET sollen unterschiedliche Konzepte etwa zur Herstellung des H2-Plasmas, Variationen der Eisenoxidzufuhr beziehungsweise Gasflüsse zur Kühlung sowie zu unterschiedlichen Reaktorgeometrien untersucht werden. Die Ergebnisse sollen bis 2019 die Machbarkeit der Schmelzreduktion von Eisenoxiden im Wasserstoffplasma und damit eine CO_2-freie Stahlherstellung im Klein-Maßstab beweisen.

Die CO_2-freie Stahlherstellung hätte dabei nicht nur eine enorme Vorbildwirkung für andere CO_2-emittierende Wirtschaftssektoren. Ein zusätzlicher Vorteil des angedachten Verfahrens wäre es, Stahl direkt aus Eisenerz und entsprechenden Legierungszusätzen erzeugen zu können. Der heute etablierte Verfahrensschritt vom Roheisen zum Stahl im LD-Verfahren könnte entfallen, damit würden sich auch gänzlich neue Möglichkeiten in der Legierungsentwicklung von neuen Stählen eröffnen.

Eine weitere Möglichkeit, die jedoch vom Potenzial her nicht an die „Wasserstoffoptionen" heranreicht, stellen Weiterentwicklungen bei Rohstoffen, etwa durch Vorbehandlung und Veredelung, und damit einhergehende Energie- und Emissionsverbesserungen dar.

Für sämtliche Varianten möglicher Verfahrenswechsel von Kohlenstoff- auf Wasserstoffmetallurgie ist, wie bereits dargestellt, vorab eine grundlegende Umstellung der Energiesysteme auf erneuerbare Energieversorgung erforderlich. Das bedeutet: Wie auch immer der technologische Weg im Detail aussehen wird, ist die für die jeweiligen Szenarien und Stufen erforderliche erneuerbare Energie – und zwar in ausreichendem Umfang, mit größter Versorgungssicherheit und zu global wettbewerbsfähigen Preisen – bereitzustellen.

Was technologisch machbar ist, muss noch lange nicht wirtschaftlich darstellbar sein

Abgesehen von der technologischen Realisierbarkeit stellt sich auf breiter Basis die Kostenfrage – und zwar sowohl in der Forschung und Entwicklung, im nachfolgenden „Upscaling" auf großindustrielle Maßstäbe, bei den Umstellungsinvestitionen und letztlich bei Betriebs- und Herstellungskosten.

Wie würden sich beispielsweise die Produktionskosten für eine Tonne Stahl je nach Technologieoption entwickeln? Sie stiegen (verglichen mit heutigem Verfahren = 100 %) bei Direktreduktion mit Erdgas auf ca.130 % und bei Direktreduktion mit Wasserstoff sogar auf bis zu 180 % – eine völlige Umstellung würde also fast eine Verdoppelung der Herstellungskosten nach sich ziehen, wobei insbesondere Energie, aber auch Rohstoffe zu den wesentlichen Kostentreibern gehören und die zusätzlichen Investitionskosten noch gar nicht inkludiert sind.

Was die Investitionen betrifft, würden aus heutiger Sicht für die beschriebenen Technologievarianten über 1 Mrd. EUR nur an Forschungs- und Entwicklungsaufwendungen bis 2030 und Upscaling bis 2035 sowie in der Folge an die 7 Mrd. Euro für eine vollständige Umstellung an den Standorten Linz und Donawitz zu veranschlagen sein. Diese Größenordnung zeigt, wie wichtig ausreichende Planungs- und Rechtssicherheit sind, um derart weitreichende Entscheidungen auch mit der entsprechenden kaufmännischen Umsicht treffen zu können.

In Zukunft wird es keine einheitliche „Patentlösung", keine „one-size-fits-all"-Breakthrough-Technologie geben können, sondern es wird sich vor allem in der Decarbonisierungsphase in Zusammenarbeit mit dem Energiesektor eine Palette an technologischen Möglichkeiten herausbilden, die in Summe zu einer nachhaltigen Verringerung von CO_2-Emissionen aus der Stahlindustrie führen – sofern die Transformation des Energiesystems hin zu erneuerbarer Energieversorgung als Vorbedingung zeitgerecht, in erforderlichem Umfang und für die Nutzer kostenneutral erfolgt ist.

Weder vom Energiemarkt noch von den technologischen Herausforderungen her wird dies ein einzelnes Land, geschweige denn eine einzelne Branche oder ein einzelnes Unternehmen für sich alleine bewerkstelligen können. Neben der Integration nationaler Energie- und Klimapolitik im Rahmen der EU-Energieunion bedarf es neuer, umfangreicher und innovativer Kooperationen aller Sektoren und Stakeholder und – nicht zuletzt – auch entsprechender Innovationsunterstützung auf europäischer und globaler Ebene. Wichtig dabei – und in nationalen Vorzeigeregionen schon vorbildlich umgesetzt – ist die Berücksichtigung sektorübergreifender Zusammenarbeit sowie von Entwicklungsnetzwerken einschließlich universitärer Einrichtungen oder anderen wissenschaftlichen Partnern sowohl national als auch international.

Der Weg zur Erreichung der Klimaziele durch Dekarbonisierung ist eine in ihrer Dimension wohl noch nie dagewesene Herausforderung für alle Akteure. Nur wenn sie als solche von allen begriffen, wahrgenommen und konsequent umgesetzt wird, werden unsere Nachkommen das „Paris-Abkommen“ im Rückblick auch tatsächlich als Meilenstein betrachten können.

Elisabeth Engelbrechtsmüller-Strauß:

Fronius und die Chancen einer Energierevolution

Veränderung

Abbildung 1: New Yorker 5th Avenue im Jahr 1900.

Abbildung 1 zeigt die New Yorker 5th Avenue im Jahr 1900. In der Mitte des Bildes findet man, wenn man genau hinsieht, zwischen all den Pferdekutschen, ein Automobil.

Abbildung 2 zeigt die New Yorker 5th Avenue im Jahr 1913. Dreizehn Jahre nachdem Abbildung 1 aufgenommen wurde, prägen Automobile das Stadtbild. Pferdekutschen gibt es auf dem Bild nicht mehr. Dazu wurde städtische Infrastruktur an das neue Beförderungsmittel angepasst, Ampeln installiert, neue Verkehrsregeln entwickelt, Parkplätze geschaffen und vieles mehr. Und noch etwas Wesentliches hat sich verändert: Im Gegensatz zu den Pferdekutschen, die im Jahr 1900 für die Menschen Beförderungsdienstleistungen erbrachten, waren die neuen Automobile jetzt im Besitz ihrer Lenker. Die Menschen wollten die neue Technologie Auto besitzen. Taxis gab es natürlich weiterhin, aber das Konzept, wonach ein Automobil ein persönlich besessenes Gut ist, entstand zu dieser Zeit.

Abbildung 2: New York City, im Jahr 1913

Die Veränderung, welche die neue Technologie Automobil in nur dreizehn Jahren brachte, war revolutionär. Das, obwohl diese Revolution für die meisten Zeitgenossen nur wenige Jahre zuvor völlig undenkbar war. So meinte H. Rackham, Präsident der Michigan Savings Bank, im Jahr 1903, dass das Pferd weiterhin als Transportmittel bestehen bleiben würde, während das Automobil nur eine vorübergehende Modeerscheinung wäre. Ein ähnliches Zitat ist von Kaiser Wilhelm II überliefert und selbst der Automobil-Pionier Gottfried Daimler ließ sich im Jahr 1901 zu einer Aussage hinreißen, wonach die weltweite Anzahl von Kraftfahrzeugen eine Million nicht übersteigen würde. Wie wir wissen, kam es anders.

Revolutionäre Veränderungen gab es seither immer wieder, man denke an den Personal Computer, das Internet, oder das Smart Phone. Innovationen wie diese haben die Art und Weise, wie Menschen und Organisationen miteinander kommunizieren und arbeiten in sämtlichen gesellschaftlichen Bereichen völlig verändert. Megatrends wie die Digitalisierung, neue Formen der Vernetzung, intelligenten Steuerung von Systemen und neue technologische Möglichkeiten beschleunigen das Entstehen von revolutionären Entwicklungen noch weiter.

Energierevolution

Wir glauben, dass die Energieversorgung heute in einem ähnlichen, revolutionären Umbruch steht und wir glauben, dass sich der Wandel in der Energiewelt in Richtung 100 Prozent erneuerbare Quellen entwickelt. In den kommenden Jahren und Jahrzehnten wird sich unser Umgang mit Energie ähnlich fundamental verändern, wie das Automobil im frühen 20. Jahrhundert die Mobilität der Menschen verändert hat.

In Hinblick auf die Beurteilung der Chancen und Risiken dieser Transformation der Energiewelt erscheinen uns zwei grundlegende Annahmen von Bedeutung:

I. Dass die Energierevolution nicht ein Phänomen ist, das in der näheren oder ferneren Zukunft liegt, sondern eines, das bereits in vollem Gange ist.
II. Dass an einer Energiewende hin zu 100 Prozent erneuerbarer Energie, nicht nur aus politischen oder gesellschaftlichen Gründen, sondern vor allem auch aus wirtschaftlichen Gründen, kein Weg vorbeiführt.

Die Energierevolution als heute real existierendes Phänomen zu begreifen, halten wir wichtig für all jene, die Chancen aus der Energiewende erkennen und nutzen wollen. Wer das will, sollte die Energiewende heute wirklich ernst nehmen und versuchen, diese in seinem Handlungsrahmen proaktiv mitzugestalten. Wer passiv bleibt, wird Gefahr laufen, von den auf uns zukommenden Veränderungen überrollt zu werden und sich auf der Verliererseite des Veränderungsprozesses wiederzufinden. Aus unserer Sicht tragen dieses Risiko Unternehmen, genauso wie Regionen und Staaten.

Die Energiewende nicht nur als politische, sondern vor allem auch als wirtschaftliche Motivation zu begreifen, scheint uns ebenso wichtig. Wir glauben, dass die Wirtschaftlichkeit von erneuerbarer Energie in einem unmittelbaren Zusammenhang mit der Dauer eines entsprechenden Transformationsprozesses steht. Gestaltet sich erneuerbare Energie wirtschaftlicher als angenommen, so könnte die Energiewende auch wesentlich schneller von Statten gehen als man sich das heute vorstellen kann. Der massive Abfall der Kosten für Solar- und Windenergie, aber auch die rasch sinkenden Preise von erst seit wenigen Jahren verfügbaren Speichertechnologien, lassen hierzu einigen gedanklichen Spielraum – mit entsprechenden, potentiellen Auswirkungen auf Unternehmen und Wirtschaft.

Ein großer Teil der Technologie, die für eine erfolgreiche Energiewende erforderlich ist, steht uns bereits heute zur Verfügung. Wind- und Sonnenkraftwerke produzieren schon heute kostengünstigen und vor allem wettbewerbsfähigen Strom, ohne die zum Teil horrenden externen Effekte und Kosten, die Kohle-, Gas-, Öl- oder Atomenergie mit sich bringen und welche üblicherweise nicht entsprechend eingepreist sind. Im Bereich der Energiespeicherung und auch der Energienetze gibt es noch einige durchaus große Herausforderungen und es ist noch ein langer Weg zu gehen, die Richtung zeichnet sich aber klar ab.

Betrachtet aus dieser Perspektive, stellt sich für uns also nicht primär die Frage nach dem ob, sondern jene nach dem wann, d.h. innerhalb welchem Zeitraum die Ziele des Pariser Abkommens erreicht werden. Von deren Erreichung gehen wir aus. Wir sollten uns aber auch auf die Möglichkeit einstellen, dass der Prozess der Dekarbonisierung unserer Energie, ähnlich wie die Ablöse der Pferdekutsche, durch das Automobil Anfang des 20. Jahrhunderts, wesentlich schneller passieren könnte, als wir uns das heute vorstellen können. In starkem Zusammenhang mit der Geschwindigkeit des Prozesses werden sich auch die damit verbundenen Chancen und Risiken gestalten.

Fronius und der Glaube an eine gute Zukunft

Was kann all das nun für ein einzelnes, österreichisches Unternehmen bedeuten? Im Fall von Fronius sehr viel. Gegründet wurde Fronius im Jahr 1945 von Günter Fronius in Pettenbach, Oberösterreich, als Hersteller von Batterieladegeräten. Wenige Jahre später kam das erste Fronius Schweißgerät auf den Markt. In folgenden Jahrzehnten wuchs Fronius zu einem stattlichen mittelständischen Betrieb heran. In den frühen 80er Jahren übergab Günter Fronius das Unternehmen an seine Kinder Brigitte Strauß und Klaus Fronius und in der Folge verliehen diese Fronius ein zunehmend internationales Profil.

Während all dieser Zeit war die Suche nach neuen Chancen ein ständiger Begleiter. So kam es, dass Fronius im Jahr 1992 damit begann, seinen ersten Solar-Wechselrichter zu entwickeln mit dem Ziel, in die Photovoltaik einzusteigen. Photovoltaik war damals als Technologie nicht neu und zum Beispiel in der Raumfahrt seit Jahrzehnten bewährt. Von einer großflächigen Anwendung der Technologie wie wir sie heute kennen, konnte man damals allerdings nur träumen. Im Wesentlichen gab es einen winzigen Markt von „Idealisten und Spinnern“, die oft eher belächelt als ernst genommen wurden.

Vielleicht war es damals ein bisschen wie mit den meisten Menschen im New York von 1900, die das Automobil als Modeerscheinung abtaten. In jedem Fall hielt das Fronius nicht davon ab, ein Risiko einzugehen, zu investieren und auf eine Technologie mit Potential zu setzen. Getrieben vom Glauben, dass sich die Gestaltung einer wünschenswerten Zukunft für zukünftige Generationen mit einer positiven wirtschaftlichen Entwicklung vereinbaren lässt und damit auch Geld verdient werden kann.

Heute machen die Aktivitäten von Fronius im Solarbereich etwa die Hälfte des jährlichen Konzernumsatzes aus. Aus einem kleinen Entwicklerteam wurde eine unverzichtbare Säule des Unternehmenserfolgs. Als Unternehmen strebt Fronius bis heute danach, ein Vorbild in Sachen Energieeffizienz zu sein. Das zeigt sich bis heute etwa in nachhaltigen Energielösungen an allen unseren Standorten, einer stark wachsenden E-Auto-Flotte, aber auch vielen anderen Bereichen. Unverändert geblieben ist vor allem auch die ständige Suche nach neuen Energielösungen mit dem Ziel, die Zukunft sowohl ökologisch als auch wirtschaftlich nachhaltig mitzugestalten.

Die Vision 24 Stunden Sonne

Wie bereits erwähnt, halten wir es für entscheidend, dass wir uns auf die Veränderungen im Zuge der Energiewende einstellen und ausrichten um die daraus hervorgehenden Potentiale nutzen zu können. Dieser Glaube und unsere ständige Suche nach neuen Energielösungen, mit dem Ziel einer Welt von 100 Prozent erneuerbarer Energie, hat sich bei Fronius im Bild einer Vision manifestiert, welche die ganze Fronius Organisation beeinflusst und prägt: die Vision von 24 Stunden Sonne (Abbildung 3). Diese Vision ist unser Leitstern in allem was wir tun. Sie gibt uns Orientierung in unseren Richtungsentscheidungen, sowohl bei den großen strategischen Entscheidungen als auch den kleineren, etwa wenn es um Eigenschaften von neuen Produkten und Dienstleistungen geht. Das gemeinsame Zukunftsbild von 24 Stunden Sonne hilft uns dabei, auf dieselben Ziele hinzuarbeiten, unsere Energie zu bündeln. In der Folge soll diese Vision näher beschrieben werden.

24 Stunden Sonne ist unser Verständnis einer wünschenswerten Energiewelt der Zukunft. Diese Welt liegt viele Jahre in der Zukunft, vielleicht mehrere Jahrzehnte. Aspekte dieser Welt sind bereits heute in allen Bereichen unseres Alltags sichtbar – in Photovoltaiksystemen auf unseren Dächern, in Elektrofahrzeugen, in intelligenten Energiemanagement-Anwendungen in unseren Häusern. Auch wenn wir noch einen weiten Weg zurücklegen müssen, bewegen wir uns doch auf diese Welt zu – in rasendem Tempo.

Fossile Energieträger gibt es in dieser Zukunftswelt nicht mehr. Auch Atomkraft gehört dort der Vergangenheit an. Die gesamte benötigte Energie stammt aus einer Vielzahl an erneuerbaren Quellen. Solar-, Bio-, Wasser-,Wind- und andere erneuerbare Energie wird in einem intelligenten, integrierten Energiegewinnungs-, und Vertei-

Abbildung 3: Die Vision 24 Stunden Sonne – eine Welt von 100% erneuerbarer Energie

lungssystem intensiv genutzt und gehört in der Welt von 24h Sonne zum Landschaftsbild. Vor allem Sonnenstrom spielt im Energie-Mix dieser Welt eine tragende Rolle.

Verglichen mit anderen Energieträgern, ist Sonnenstrom ohne Engpass verfügbar und hat größte Kostensenkungspotentiale realisiert. In der zukünftigen Welt von 24h Sonne ist es möglich geworden, diese Potentiale so weit auszuschöpfen, dass Sonnenstrom dort mit Abstand zur kostengünstigsten Energiequelle geworden ist. Dementsprechend sind Solarzellen dort immer und überall zu finden. Auf Dächern, an Fassaden, in Fensterscheiben von Gebäuden, Brücken und Fahrzeuge integriert.

So wird Sonnenstrom in der Zukunftswelt von 24h Sonne im Überfluss produziert. Um diesen Überfluss kostenoptimal in das Stromnetz zu integrieren, braucht es ein umfassendes Energie-, Netz- und Speichermanagement sowie erhebliche kurz- und langfristige Speicherkapazitäten. Beides ist erforderlich, um die Schwankungen in der Verfügbarkeit von Sonnenstrom auszugleichen und der jeweiligen Nachfrage anpassen zu können, sowohl kurzfristig (das heißt Tag vs. Nacht) als auch langfristig (das heißt Sommer vs. Winter). In der Zukunftswelt von 24h Sonne konnten die damit verbundenen Herausforderungen gelöst werden.

Der Schlüssel zur Lösung liegt in der Nutzung der Potentiale eines dezentralen Energiesystems mit erheblichen dezentralen Speicherkapazitäten in Gebäuden und Eigenheimen sowie eines intelligenten Energie-, Netz- und Speichermanagements. So ist einerseits möglich, Energie in einem großen Ausmaß lokal zu generieren und zu verbrauchen. Das ist effizient, schont die Netzinfrastruktur und spart Kosten. Andererseits bietet ein intelligentes Energie-, Netz- und Speichermanagement in Smart Grids vielfältige Optimierungspotentiale, sowohl für Energieversorger als auch für Anlagenbetreiber. So werden in der Welt von 24h Sonne Netzmanagementfunktionen und der Zugriff auf gespeicherte Energie in tausenden dezentralen sowie zahlreichen zentralen industriellen Speichern dazu herangezogen, das ständige Wechselspiel zwischen Energiebedarf und -verfügbarkeit auszugleichen. Teure Spitzenlast-Netzinfrastruktur wird damit obsolet und ermöglicht erhebliche Kosteneinsparungen.

Auch Unternehmen und Eigenheime optimieren in der Welt von 24h Sonne ständig ihre Energieerzeugung und -nutzung. Mit umfassenden Energiemanagement- und Speicherlösungen ist die Mehrzahl der smarten Eigenheime und Unternehmen in der Lage, ihren Energieverbrauch intelligent zu steuern und laufend zu optimieren. In Smart Homes sind die wichtigsten Energieverbraucher (zum Beispiel heizen, kühlen, Warmwasser) direkt ins lokale Energiemanagementsystem integriert. Auch das Wechselspiel aus Energieerzeugung, -speicherung und -bezug aus dem Netz wird lokal gesteuert und ständig optimiert. So ist ein Großteil der Eigenheime und auch viele Unternehmen während der Sommermonate völlig energieautark – und nicht nur das.

Denn in der Welt von 24H Sonne werden die Potentiale der Energiegewinnung aus Sonne maximal genutzt: Viele Gebäude erzeugen mehr Energie, als sie verbrauchen oder speichern können. Damit sind viele Gebäude auch Kraftwerke, die neben dem lokalen Verbrauch und der lokalen Speicherung von selbsterzeugter Energie auch erhebliche Strommengen ins Netz einspeisen. In der Vergangenheit wurde die Einspeisung von überschüssigem Sonnenstrom ins Netz oft zum Problem. In der Zukunftswelt von 24h Sonne ist dieses Problem gelöst. Einerseits durch ein intelligentes und integriertes Energie-, Netz- und Speichermanagement, andererseits durch Power-to-Gas Technologien.

Power-to-Gas bezeichnet die Umwandlung von Elektrizität in brennbares Gas aus erneuerbarer Energie, kurz EE-Gas, zum Beispiel Wasserstoff oder Methan. In der Zukunftswelt von 24h Sonne steht Power-to-Gas Technologie in industrieller Größenordnung zur Verfügung. Damit ist es möglich, Sonnenstrom unabhängig vom jeweiligen Strombedarf zu erzeugen und in die Stromnetze einzuspeisen. Überschüssiger Netzstrom wird aus dem Netz entnommen, in EE-Gas umgewandelt, und als solches gespeichert. Bei steigendem Energiebedarf wird das EE-Gas in Gaskraftwerken wieder in die benötigte Menge Elektrizität umgewandelt. Nicht zur Stromerzeugung benötigtes EE-Gas wird entweder anderweitig genutzt, etwa in der Industrie oder zur Betankung von Kraftfahrzeugen, oder aber gelagert, um, zum Beispiel während der Wintermonate, für den saisonalen Ausgleich zur Verfügung zu stehen.

Auf diese und auf viele andere Arten werden in der Zukunftswelt von 24h Sonne eine Fülle von Technologien in einem integrierten, intelligenten und in hohem Maße dezentralen Energiesystem genutzt, um auf umwelt- und ressourcenschonende Weise jedem Menschen die Energie bereitzustellen, die er zum Leben in unserer modernen Welt braucht.

Jedem Menschen bedeutet in diesem Zusammenhang auch Menschen in entlegenen Regionen, oder in solchen ohne hochentwickelte Energieinfrastruktur. Denn de-

zentrale, erneuerbare Energietechnologien ermöglichen auch die Elektrifizierung von benachteiligen Regionen in einer bisher nicht gekannten Effizienz. So wie viele Länder der Dritten Welt in der Telekommunikation die teure Festnetztelefonie übersprangen und direkt in viel kostengünstigere mobile Kommunikationstechnologien einstiegen, so werden viele benachteiligte Länder und Regionen in der Energieversorgung ein teures, infrastrukturintensives zentralisiertes System überspringen können und von Beginn an mittels eines dezentralen Systems elektrifizieren.

Schließlich schafft ein dezentrales Energiesystem ein enormes Maß an lokaler Wertschöpfung durch die tausendfache lokale Implementierung von Lösungen zur Energieerzeugung, -speicherung, und -verteilung. Das bedeutet vor allem auch die Schaffung von lokalen Arbeitsplätzen für eine lokale Energieversorgung. Teure Importe von fossilen Energieträgern und nuklearen Brennstoffen sowie die entsprechenden damit einhergehenden Auswirkungen entfallen damit – und die Wertschöpfung bleibt bei den Menschen, wo sie entsteht.

Klarerweise wird Fronius, global gesehen ein sehr kleines Unternehmen, ein derart großes Ziel nicht alleine realisieren können. Vielmehr braucht es zur Umsetzung von 24 Stunden Sonne hunderte, wenn nicht tausende Entwickler, Hersteller und Lieferanten von Technologien verschiedenster Art, welche die Schaffung von intelligenten, tief integrierten Energiesystemen erlauben. Des Weiteren erfordert es vielerlei Fachexperten, vom technischen Ingenieur hin zum Elektroinstallateur, die in der Lage sind, Energiesysteme wie die dargestellten zu planen, installieren, betreiben und zu servicieren. Und es wird all jene Expertise brauchen, die zur allgemeinen Umstellung der Energieinfrastruktur erforderlich ist – vom Finanzexperten bis zum Softwareentwickler. Vor allem aber braucht es Organisationen, Unternehmen und Menschen, die fähig und willens sind, in diese neuen Energielösungen zu investieren.

Die Vision beschreibt also nichts weniger als einen globalen Kraftakt, zu dem jede Organisation, jedes Unternehmen und jeder Mensch einen Beitrag leisten kann und soll. Dementsprechend beanspruchen wir diese Vision auch nicht ausschließlich für Fronius. Vielmehr möchten wir sie mit Organisationen, Unternehmen und Menschen teilen, die ein ähnliches Zukunftsbild haben wie wir – und wie Fronius bereit dazu sind, einen Beitrag zu leisten, zu tun was in ihrem Handlungsspielrum liegt, um diese Zukunft zu realisieren.

Sektorenkopplung

Um das Ausmaß der zur Realisierung der „24 Stunden Sonne Vision“, erforderlichen Umwälzungen im Energiesektor vollständig zu begreifen, muss der Energiebegriff ganzheitlich verstanden werden. Oft wird von Energiewende gesprochen, tatsächlich gemeint wird aber nur eine „Stromwende", das heißt die Umstellung unserer elektrischen Energie auf 100% erneuerbare Quellen. Das greift allerdings zu kurz, weil so Öl, Gas und Kohle als Energiequellen für unsere Mobilitäts- und Wärme-Bedürfnisse nicht berücksichtigt werden. Energiewende ganzheitlich gedacht bedeutet also den vollständigen Ersatz von fossilen Energieträgern, nicht nur in der Stromerzeugung, sondern insbesondere auch in der Mobilität und der Erzeugung von Wärme. Man spricht in diesem Zusammenhang von Sektorenkopplung.

Sektorenkopplung steht für die Zusammenführung jener Energiesektoren, die heute vorwiegend oder ganz aus mit Elektrizität versorgt werden, mit den noch weitgehende fossil versorgten Sektoren der Mobilität und Wärme. Diese Energiesektoren sind heute weitgehend voneinander getrennt. Die Digitalisierung, eine schnell wachsende Elektromobilität und immer günstiger werdender Strom aus erneuerbaren Quellen lassen diese Grenzen aber zunehmend verschwimmen. Damit eröffnet sich enormes Potential, fossile Energieträger durch erneuerbare Energie zu ersetzen. So basiert der Energieverbrauch der meisten Haushalte heute nach wie vor zu rund zwei Drittel auf fossilen Energieträgern wie Kohle, Öl oder Gas. Im Sektor Mobilität liegt dieser Anteil sogar bei mehr als 90 Prozent. Durch die intelligente Verbindung dieser Sektoren wird es möglich, immer mehr fossile Energie durch erneuerbare Energie zu ersetzen. Lösungen dafür gibt es bereits.

Dass die erforderliche, oben beschriebene Veränderung enorm ist, steht außer Frage. Bedeutet sie doch nichts weniger als eine fast vollständige Umstellung unserer Energie auf ein völlig neues, erneuerbares Fundament. Dennoch sind nicht nur wir davon überzeugt, dass es machbar ist, wenn wir folgendes erreichen:

- Die Vermeidung jeglichen unnötigen Energieverbrauchs (zum Beispiel durch Maßnahmen zur Gebäudedämmung, technische Geräte mit niedrigerem Energieverbrauche, etc.).
- Eine weitgehende Elektrifizierung unserer Energiesysteme (d.h. Ersatz von Öl, Gas und Kohle als direkte Energiequelle durch elektrischen Strom).
- Die Bereitstellung des Großteils der benötigten Gesamtenergie in Form von kosteneffizientem, erneuerbarem Strom.
- Die Vernetzung und intelligente Steuerung unserer Energiesysteme mit dem Ziel einer maximalen Effizienz in der Energieerzeugung, Speicherung, Verteilung und Nutzung.

Der Beitrag von Fronius Solar Energy Heute

Fronius ist heute in allen diesen Bereichen tätig. Mit unseren Wechselrichtern und Heimspeichersystemen versorgen wir den rasch wachsenden, globalen Photovoltaikmarkt mit zuverlässigen Produkten für eine zuverlässige Versorgung mit Solarenergie.

Die Energiedrehscheibe Wechselrichter dient auch als Plattform zur Bereitstellung von intelligenten Energiemanagement-Systemen mit dem Ziel, eine maximale Effizienz in der Energienutzung im lokalen Energiesystem (zum Beispiel einem Einfamilienhaus oder einem Industriegebäude) sicherzustellen.

In diesem Zusammenhang spielt die Vernetzung und Kommunikation zwischen dem PV-System (und idealerweise eines dazugehörigen Heimspeichersystems) und Energieverbrauchern im lokalen Energiesystem eine große Rolle. Denn neben diversen Elektrogeräten zählen die Wärmeerzeugung sowie die Mobilität zu genau diesen. Mit entsprechenden Lösungen zur Warmwassererzeugung und zur Anbindung von Elektrofahrzeugen helfen wir damit schon heute, die oben beschriebene Kopplung der Energiesektoren voranzutreiben.

Schließlich nutzen Stromnetzbetreiber Funktionalitäten unserer Produkte dafür, ihre Netze immer stabiler und aufnahmefähiger für dezentral generierten Strom zu machen und damit in der Lage zu sein, erneuerbaren Strom effizient dorthin zu verteilen, wo dieser gebraucht wird.

Damit befinden auch wir uns mitten im Wandel. War Fronius noch vor wenigen Jahren vorwiegend ein Hersteller von elektrotechnischer Hardware für die Photovoltaik, so versteht sich das Unternehmen heute als Anbieter von Energielösungen, basierend sowohl auf Hardware als auch auf Software, im Bereich der dezentralen, erneuerbaren Energie.

Unsere PV-Wechselrichter bleiben dabei weiterhin eine unsere Kernkompetenzen und sie werden weiterhin eine Schlüsselposition im Angebot an unsere Kunden einnehmen. Wir erkennen aber auch an, dass der Mehrwert, den wir bieten können und für den unser Kunde bereit ist, sein Geld auszugeben, zunehmend im Bereich der Software und der ganzheitlichen Energielösung liegt. Somit bleibt Fronius auch weiterhin gefordert, offen zu bleiben für Veränderung und sich ständig weiterzuentwickeln, um so in der Lage zu bleiben, neue Chancen zu erkennen und auch erfolgreich zu nutzen.

Resümee

Das Pariser Abkommen formuliert wichtige Ziele zum Klimaschutz und wir von Fronius sind überzeugt davon, dass die Staatengemeinschaft diese Ziele nicht nur erreichen kann, sondern auch erreichen wird. Die politische Willenserklärung ist von größter Bedeutung und die zukünftige globale Energiepolitik wird wichtige Beiträge zur Erreichung dieser Ziele leisten.

Gleichzeitig sind wir davon überzeugt, dass der Wandel hin zu erneuerbaren

Energien nicht nur ein Ergebnis politischen Willens, sondern vor allem der Wirtschaftlichkeit sein wird. Erneuerbare Energie, vor allem aus Sonne und Wind, wird immer wettbewerbsfähiger und wir glauben daher, dass vor allem auch aus diesem Grund, erneuerbare Energie immer mehr fossile und auch atomare Energie ersetzen wird.

Eine der größten Herausforderungen ist dabei das schiere Ausmaß der durch erneuerbare Energie zu ersetzenden fossilen Energie. Um unser Energiesystem 100 Prozent erneuerbar zu gestalten braucht es also einen massiven Ausbau der Generation von erneuerbare Energie, mit Wind- und Sonnenstrom als zwei der tragenden Säulen. Darüber hinaus braucht es eine Nutzung von Effizienzsteigerungspotentialen, die sich aus der Sektorenkopplung, einer intelligenten Integration von Elektrizität, Mobilität und Wärme in einem elektrifizierten Energiesystem, ergeben.

Für den österreichischen Wirtschaftsstandort bedeutet das aus unserer Sicht vor allem jene Art von Herausforderungen, die jeder sich rasch vollziehende Wandel mit sich bringt. Wie das Beispiel des Automobils Anfang des 20. Jahrhunderts nahebringen sollte, glauben wir, dass der sich bereits im Gange befindliche Wandel, sehr rasch voranschreiten wird, vielleicht schneller als wir uns das heute vorstellen können, und auch mit größeren Auswirkungen als für uns heute denkbar ist.

Am wichtigsten im Umgang mit dieser Veränderung ist aus unserer Sicht, diese in ihrer ganzen Tragweite anzuerkennen und entsprechend ernst zu nehmen. Aus der Veränderung entstehende Chancen und Risiken könnten für viele Unternehmen, Organisationen und den ganzen Wirtschaftsstandort Österreich erheblich sein. Es gilt also, diese Chancen und Risiken zu analysieren, zu bewerten und entsprechende Strategien zu formulieren. Zugrunde liegen sollte immer der Versuch, auf die Veränderungen in der Energiewelt nicht nur passiv zu reagieren, sondern vielmehr, im Rahmen des jeweiligen Handlungsspielraums, proaktiv mitzugestalten.

Sabine Herlitschka

Infineon Technologies Austria AG: Mit Innovationskraft Klima- und Energiewandel mitgestalten

Die Weltbevölkerung wächst rasant, immer mehr Megacitys entstehen und der weltweite Energiebedarf steigt immens. Im Jahr 2050 werden mehr als neun Milliarden Menschen auf der Erde leben. Damit steigt der Bedarf an Wohnraum, Ernährung, Energie und Mobilität, während die Ressourcen immer knapper werden. Gemäß der Erkenntnis, dass die beste Energieressource die effiziente Nutzung von Energie ist, werden entsprechend energieeffizientere Technologien einen noch wichtigeren Stellenwert einnehmen. In der Automobiltechnik werden die Fahrzeuge immer emissionsärmer, sicherer und zunehmend vernetzter. Das automatisierte und schließlich autonome Fahren ist keine Science-Fiction, sondern die Technologien dafür werden heute bereits getestet. Das „Internet der Dinge" wird zunehmend unseren Alltag prägen, was eine umfassende Vernetzung von Menschen, „smarten" Gegenständen, Geräten und Fahrzeugen bedeutet. Dieser hochgradige Vernetzungsgrad muss durch umfassende Sicherheitstechnologien vor missbräuchlichem Zugriff geschützt werden. Als Mikroelektronik-Hersteller stellt sich Infineon genau diesen zentralen Fragestellungen der Zukunft, indem wir innovative Produkte entwickeln, die unsere Welt einfacher, sicherer und umweltfreundlicher machen.

Energieeffizienz steht im Mittelpunkt

Da Energieeffizienz, neben Mobilität und Sicherheit, eines der drei Schwerpunktthemen der Geschäftsstrategie von Infineon ist, sind wir der zukünftigen Entwicklung der erneuerbaren Energie verpflichtet. Halbleiter spielen eine entscheidende Rolle um höchste Energieeffizienzraten erzielen zu können, und damit Einsparungen von Energie zu erreichen. Daher ist die Entwicklung energieeffizienter Produkte ein zentrales Element unserer Aktivitäten, Energie zu sparen und den Klimawandel anzugehen. Dafür ist es unumstößlich, die Verringerung des Kohlenstoffdioxid-Ausstoßes zu forcieren. Unsere Produkte und Innovationen ermöglichen eine Einsparung von rund 52 Millionen Tonnen CO_2 während des Einsatzes in der Endanwendung. Das entspricht in etwa der CO_2-Belastung, die jährlich durch den Stromverbrauch von ca. 70 Millionen Menschen entsteht –

mehr als die Einwohnerzahl der zehn größten Städte der Europäischen Union. Damit schaffen wir einen erheblichen Nettonutzen im Vergleich zu den CO_2-Emissionen, die bei der Fertigung dieser Produkte anfallen (siehe Abbildung 1).

Infineon hat schon frühzeitig Strategien entwickelt, die den Materialeinsatz auf das prozesstechnisch minimale Maß reduzieren und die CO_2-Emissionen begrenzen.

Seit 2014 veröffentlicht der Infineon-Konzern über das „Carbon Disclosure Project“ (CDP) Informationen zu Chancen und Risiken für das Unternehmen durch den Klimawandel. Infineon erreichte für die diesjährige CDP-Klimawandel-Berichterstattung einen Platz unter den besten Unternehmen des Sektors „Information Technology“ und den Status „Sector Leader in der DACH-Region (Deutschland, Osterreich und Schweiz).

Abbildung 1 CO_2-Bilanz Infineon-Konzern

Nachhaltige Rahmenbedingungen schaffen und globale Klimaziele unterstützen

Die wachsende Knappheit natürlicher Ressourcen ist in der heutigen Zeit eine der größten globalen Herausforderungen. Den Wirkungsgrad der Ressourcennutzung zu optimieren, bietet sowohl ökologische als auch wirtschaftliche Vorteile und ist ein wesentlicher Bestandteil unserer weltweiten Nachhaltigkeitsstrategie. Nachhaltigkeit bedeutet für Infineon eine ausgewogene Balance zwischen erfolgreichem Wirtschaften und einem bewussten Umgang mit Mensch und Umwelt. Und ja, diese beiden Ziele sind vereinbar! Wir verstehen Nachhaltigkeit daher als eine Symbiose aus Wirtschaftlichkeit, Ökologie und sozialem Engagement, wobei wir kontinuierlich die Bedeutung kultureller Vielfalt respektieren und anerkennen. Dies spiegelt sich in unserer CSR (Corporate Social Responsibility)-Richtlinie wider, die Leitlinien für eine verantwortliche und nachhaltige Wirtschaftstätigkeit festlegt. Sie basiert auf der Erfüllung gesetzlicher Anforderungen an den Orten, an denen das Unternehmen wirtschaftlich tätig ist, und der Verpflichtung, die zehn Prinzipien von UN Global Compact zu befolgen, die der Infineon-Konzern 2004 unterzeichnet hat.

Darüber hinaus bilden interne Regelwerke und Anforderungen, freiwillige Selbstverpflichtungen sowie die Anforderungen unserer Kunden einen zusätzlichen Rahmen unserer Herangehensweise. Neben einem umfassenderen Verständnis der Systeme unserer Kunden, der Optimierung unserer Produkte und Lösungen sowie der Erzielung angemessener Rentabilität entsprechend unserer Zielsetzung, ist es unabdingbar, dass wir unser Unternehmen nachhaltig führen und uns verantwortungsvoll für die Gesellschaft engagieren.

So hat Infineon ein globales Managementsystem eingerichtet: IMPRES (Infineon Integrated Management Program for Environment, Energy, Safety, and Health). Dieses integriert Zielsetzungen und Prozesse der ökologischen Nachhaltigkeit einschließlich Energiemanagement sowie Arbeitsschutz. IMPRES wurde weltweit nach der ISO 14001 und OSHAS 18001 zertifiziert. Darüber hinaus wurde es an unseren wichtigsten europäischen Fertigungsstätten und unserer Konzernzentrale in München nach dem ISO 50001 Energiemanagementstandard zertifiziert. Für Infineon bedeuten Verantwortung und Nachhaltigkeit mehr als nur die reine Erfüllung von Verordnungen und Vorschriften. Es beinhaltet unsere Verpflichtung zu effizientem Ressourcenmanagement im Interesse des Umweltschutzes und der ökologischen Innovation.

Auch in Hinblick auf die Ziele des Pariser Klimaabkommens von 2015 hat sich Infineon entsprechend positioniert. Diese Einschätzung wird in einem Bericht der Investmentbank Credit Suisse bestätigt, in dem Infineon explizit als ein durch das Klimaabkommen positiv beeinflusstes Unternehmen aufgeführt wird:

- Nachhaltiges globales Wachstum der erneuerbaren Energien durch effiziente Halbleiterlösungen.
- Die Zwischenspeicherung der elektrischen Energie wird an Bedeutung gewinnen, da die Erzeugung von Solar- und Windstrom über den Tag und das Jahr deutlich schwanken kann. Auch hier werden Leistungshalbleiter von Infineon ein entscheidender Teil der Lösung sein.
- Eine noch höhere Effizienz zukünftiger Geräte und Maschinen wird einen entscheidenden Beitrag zur CO_2-Reduktion darstellen. Beispielsweise können Infineon-Komponenten zur Drehzahlregelung elektrischer Motoren die abgegebene Leistung verlustarm dem Bedarf anpassen und so den industriellen Stromverbrauch erheblich senken.

- Zunehmend stringente Emissionsziele für Fahrzeuge werden durch unsere Automobil-Halbleiterlösungen ermöglicht. Zum Beispiel werden Aggregate wie Lenkung und Lüfter elektrifiziert, um deren Leistung dynamisch an den Bedarf anzupassen.
- Des Weiteren wird ein deutlich höherer Anteil an Fahrzeugen mit Hybrid- oder rein elektrischem Antrieb ausgestattet werden müssen, um die Emissionsziele zu erreichen. (Quelle: Credit Suisse „ESG Spotlight – COP21: Who Wins? Who Loses", 14. Dez. 2015).

Dieses Engagement wird anerkannt: der Infineon-Konzern ist unter anderem zum siebten Mal in Folge im „Dow Jones SustainabilityTM Europe Index" gelistet. Gemäß „Dow Jones SustainabilityTM World Index" zählen wir zu den 10 Prozent der nachhaltigsten Unternehmen der Welt.

Know-how aus Österreich unterstützt Energie- und Klimaziele

Im Mittelpunkt der Aktivitäten von Infineon Austria stehen zwei Themen: die Erhöhung der Energieeffizienz und die System-Miniaturisierung durch innovative Leistungshalbleiter. Bereits 1997 wurde das weltweite Infineon-Kompetenzzentrum für Leistungselektronik in Villach etabliert. Diese Energiesparchips haben eine Schlüsselfunktion in elektronischen Geräten. Sie wandeln die Netzspannung aus der Steckdose auf die Erfordernisse des jeweiligen Geräts um. Die wichtigste Anforderung dabei ist es, die Energieverluste – meist von Abwärme – zu minimieren. Innovative Chips wie diese optimieren bei Autos, in der Unterhaltungs- und Haushaltselektronik, bei Energieversorgungen sowie in Industrieanlagen den Energieverbrauch. Leistungselektronik überträgt Energie vom Kraftwerk bis zum Verbraucher effizient über tausende Kilometer. Von der Solarzelle über das Stromnetz bis zur Waschmaschine – mit klugen Stromzahlern, sogenannten Smart Metern, lässt sich jede Kilowattstunde minutengenau auswerten. Auch das hilft, Strom zu sparen. Rund zwanzig Prozent, Tendenz steigend, der weltweit verbrauchten elektrischen Energie werden für Beleuchtungszwecke aufgewendet. Dabei ist ein deutlicher Trend zur Energieeinsparung bei Beleuchtungsanwendungen zu erkennen. Hierfür sind entsprechend effiziente Lichtquellen und elektronische Komponenten nötig. Bei Infineon in Villach werden entsprechende energiesparende Produkte hergestellt. Damit das so bleibt, arbeiten wir bereits an der nächsten Generation von Chips aus neuen Materialien wie Galliumnitrid (GaN) und Siliziumkarbid (SiC). Diese können Strom weitaus effizienter umwandeln und ermöglichen eine weitere Miniaturisierung in der Anwendung.

Elektromobilität – wir bewegen (uns in) die Zukunft

Schon heute leben über 50 Prozent der Weltbevölkerung in urbanen Zentren. Entsprechend hoch ist das Verkehrsaufkommen. Zukunftsfähige Mobilität gilt als eine der zentralen Herausforderungen der Gegenwart, nicht zuletzt, weil die Wucht der Urbanisierung zunimmt: 2100 werden 75 bis 80 Prozent der Menschen in Städten leben und mobil sein. Hybrid- und Elektrofahrzeugen kommt in der Gestaltung nachhaltiger Mobilität eine Schlüsselrolle zu, denn ihre energieeffizienten Antriebe bieten gegenüber Fahrzeugen mit herkömmlichen Verbrennungsmotoren einen entscheidenden Vorteil: Sie ermöglichen die effektive Senkung des verkehrsbedingten Kohlendioxidausstoßes. Neue Trends bei Fahrerassistenzsystemen und die Vernetzung mit dem Internet der Dinge geben der Weiterentwicklung der Elektromobilität der Zukunft einen kraftvollen Schub.

Die nächste Generation von Fahrzeugen zu gestalten, lautet daher unser Ziel im Forschungsfeld Automotive. In Teilbereichen der Elektromobilität wie bei Steuerelektronik-Bauteilen für den Antrieb von Elektrofahrzeugen wird das globale Geschäft von Österreich aus vorangetrieben. Das Ergebnis sind intelligente Autos mit höherer passiver Sicherheit. Gemeinsam mit Spitzenunternehmen aus Industrie, Forschung und Energiewirtschaft beteiligt sich Infineon Austria auch an der bundesweiten Plattform Austrian Mobile Power (AMP). Das Ziel: Elektromobilitätskonzepte voranzutreiben.

Nicht nur „predigen", sondern vorleben

Infineon Austria lebt den Leitsatz „einfacher, sicherere und grüner" nicht nur mit seinen Entwicklungen und Produktlösungen, sondern setzt diesen auch an seinen Standorten nachhaltig um. So verstehen wir gelebte Glaubwürdigkeit.

Als ein Vorreiter von Industrie 4.0 in Österreich steht das Thema Energieeffizienz auch hier an erster Stelle. Der 2015 neu errichtete „Pilotraum Industrie 4.0" in Villach setzt zukunftsweisende Methoden der Digitalisierung und Automatisierung im Echtzeitbetrieb um. Das Projekt leistet auch nachhaltige Beiträge zur Erhöhung der Energieeffizienz und bringt wesentliche Einsparungen entlang der gesamten Wertschöpfungskette. Gebäudeinfrastruktur und Systeme sind für die intelligente Kontrolle und Regelung der Anlagen mit Sensorik und Smart Metern ausgestattet. Dadurch wird der Energieverbrauch noch exakter auf die jeweilige Fertigungsauslastung abgestimmt. In einem Pilotprojekt konnten 2016 durch intelligente Regelung bei Kältemaschinen rund elf Prozent Energie eingespart werden. Die dabei erhobenen Daten werden für Rechenmodelle und Simulationen zur Erhebung von weiteren Einsparungspotenzialen genutzt. Bei der Konzeption von neuen Verfahren, Technologien und Innovationen legt Infineon Austria großen Wert auf Umweltverträglichkeit und Nachhaltigkeit. Bereits seit längerem hat das Unternehmen die Wärmeversorgung am Produktionsstandort Villach von Erdgas auf Fernwärme umgestellt und damit zu einer nachhaltig regionalen und autarken Wärmeversorgung beigetragen. Dadurch wurden in den vergangenen Jahren fast 70 Prozent weniger Energie aus Erdgas benötigt. Mit bis zu 20 Prozent Abwärmenutzung und kontinuierlichen Systemverbesserungen gehört die Fabrik in Villach zu den energieeffizientesten Halbleiterfertigungen weltweit. Die ständige Verbesserung der Energieeffizienz wird im Projekt Energieeffizienz 2020 vorangetrieben. Zudem erfolgt im Rahmen eines Best-Practice-Sharings ein permanenter Erfahrungsaustausch mit weiteren Infineon-Standorten sowie auch mit Unternehmen außerhalb der Halbleiterindustrie.

Das permanente Wachstum am größten österreichischen Standort in Villach verlangt nach einem durchdachten Mobilitätskonzept für die Mitarbeiterinnen und Mitarbeiter. Unter dem Motto „Green Way“ werden für den Weg zur Arbeit ganzjährige, attraktive und nachhaltige Alternativen zum eigenen PKW geschaffen. Das klare Ziel ist es, den PKW-Verkehr zu reduzieren. Maßnahmen dafür sind beispielsweise attraktive Fahrgemeinschafts-Parkplätze für Mitarbeiterinnen und Mitarbeiter, eine Mitfahr-App, um entsprechende Fahrgemeinschaften einfach und unkompliziert zu finden, ausreichend Fahrradabstellplatze sowie Ansätze, das öffentliche Verkehrsnetz an die Bedürfnisse der Belegschaft anzupassen. Die Anschaffung von Elektrofahrzeugen für Dienstwege beziehungsweise E-Ladestationen unterstützen eine umwelt- und ressourcenschonende Mobilität.

Infineon Austria stellt über unternehmenseigene Prozesse eine umweltgerechte Beschaffung bei Dienstleistungen und Equipment sicher. Dieses System wurde auch auf die Bewertung der Umweltleistungen unserer Lieferanten ausgeweitet. Mit Erfolg: Rund 90 Prozent der Hauptlieferanten des Standortes Villach verfügen über ein zertifiziertes Umweltmanagementsystem. Basierend auf den konzernweit geltenden Leitlinien, wie z. B. den „Principles of Purchasing“, im Rahmen unserer weltweit gültigen „Business Conduct Guidelines“, sind alle Dienstleister und Zulieferer angehalten, unsere Standards bei der Arbeitssicherheit, beim Gesundheits- und Umweltschutz sowie bei den Arbeits- und sozialen Bedingungen zu erfüllen. Ein weiterer Garant für eine erfolgreiche Zusammenarbeit ist die Festlegung von Umwelt- und Arbeitssicherheitsaspekten in unseren Rahmeneinkaufsvertragen. Zusätzliche Anforderungen an unsere Lieferanten werden in den sogenannten „Technischen Lieferbedingungen“ formuliert.

Infineon-Produkte gehen auch umweltbewusst auf die Reise: In Villach ersetzen sogenannte Pendelverpackungen die bisher verwendeten Kartonverpackungen für den Transport von gesägten Wafern (6 und 8 Zoll), vor allem für Lieferungen des Standortes nach Warstein (Deutschland) und Cegled (Ungarn). Pendelverpackungen sind wiederverwendbare Transportboxen aus Kunststoff. Damit lassen sich derzeit pro Jahr bis zu 55.000 Kartons und bis zu 110.000 Stück Schaumstoffe einsparen.

Im Geschäftsjahr 2016 wurden durch den Einsatz der Pendelverpackung 200.000 Euro eingespart. Die Pendelverpackung wurde standortübergreifend von Infineon-Mitarbeitern zusammen mit Zulieferern entwickelt.

Exzellentes Innovationsmanagement für eine lebenswerte Zukunft

Neue Ideen, neue Wege und neue Lösungen sind eine wesentliche Erfolgsgrundlage für Infineon und für den Technologiestandort Österreich, heute und in Zukunft. Deshalb verfolgt Infineon seit Jahren eine Strategie, die exzellentes Innovationsmanagement in den Mittelpunkt stellt. Im Unternehmen, bei den Mitarbeiterinnen und Mitarbeitern sowie in der Zusammenarbeit mit Partnern wie Universitäten, Forschungsinstitutionen, Start-ups oder der heimischen Maker-Community. Als größte Forschungseinheit für Mikroelektronik in Österreich beschäftigen wir mittlerweile ein Viertel aller F&E-Mitarbeiterinnen und -Mitarbeiter des gesamten Infineon-Konzerns.

Es ist unser Bestreben, mit dem Wissen von heute, den Technologien von morgen und dem Willen aller, auch in den nächsten Jahrzehnten eine Welt vorzufinden, die einen sicheren und wertvollen Platz zum Leben bietet. Unsere Vision ist es, beständig Verbesserungspotenziale aufzuspüren, die Ressourcen immer gezielter zu nutzen, den Energieaufwand weiter zu minimieren sowie das globale soziale Miteinander in einer offenen Welt zu fördern.

Wolfgang Hesoun

„Energie- und Klimazukunft Industrie" – Best-Practice-Beispiele

Energiesysteme sind weltweit im Wandel, wie nicht zuletzt der wachsende Anteil erneuerbarer Energien zeigt. Dem „Renewables 2016 Global Status Report" zufolge wurden 2015 weltweit 147 Gigawatt (GW) an Energieerzeugung aus Erneuerbaren zugebaut – ein absoluter Rekord. Damit sind weltweit fast 1.900 GW Erneuerbare installiert. Und ihr Anteil wird steigen. Die International Energy Agency erwartet, dass er bis 2021 um 825 GW wachsen wird. Auch die Nachfrage nach Strom verändert sich grundlegend. Der weltweite Energieverbrauch wird weiter steigen, getrieben von den aufstrebenden Volkswirtschaften. Der International Energy Outlook 2016 erwartet von 2012 bis 2040 einen Anstieg um 48 Prozent. Ein noch größerer Wachstumstreiber als die Versorgung der gesamten Weltbevölkerung mit Strom ist die Digitalisierung sowie die Elektrifizierung weiterer Sektoren, beispielsweise des Verkehrs.

Trotz des massiven Ausbaus erneuerbarer Energien ist das weltweite Energiesystem aber alles andere als nachhaltig. Die zunehmende Ressourcenknappheit, eine oftmals instabile Versorgung und der Klimawandel machen das deutlich. Ehrgeizige Pläne sollen das ändern – vor allem mithilfe dezentraler Energieerzeugung und der Digitalisierung. Ihr Ziel: die Abkehr von fossilen Energieträgern. Diese Herausforderungen zu meistern, funktioniert aber nur mit einem massiven Umbau des Wirtschafts- und Energiesystems hin zu mehr Nachhaltigkeit. Dies erfordert auf der einen Seite eine verstärkte Wiederverwendung von Rohstoffen und auf der anderen Seite eine deutliche Steigerung des Anteils erneuerbarer Energien, die ja wie oben ausgeführt bereits in vollem Gange ist. Zugleich müssen Stromerzeugung und -nutzung wesentlich effizienter werden. Gelingen wird das nur mit erheblichen technologischen Fortschritten und Innovationen in der Energielandschaft. Und zwar in vielen Bereichen – etwa bei der Energieeffizienz sowie bei der Übertragung, Erzeugung oder Speicherung von Strom. Dafür muss das Technologie-Rad nicht neu erfunden werden. Viele der hierfür notwendigen Lösungen stehen bereits zur Verfügung oder werden derzeit entwickelt.

Zusätzlich gibt es Anschub vonseiten der Politik: Um ein neues Stromzeitalter einzuläuten, haben die Regierungschefs auf dem G7-Gipfel 2015 im süddeutschen Elmau ein klares Ziel formuliert: die Abkehr von fossilen Energieträgern bis zum Jahr 2100 und die Nutzung von Strom als universellem Energieträger und somit eine vollständige Dekarbonisierung. Schließlich wurde auf der UN-Klimakonferenz in Paris im Dezember 2015 eine neue Klimaschutzvereinbarung in Nachfolge des Kyoto-Protokolls verabschiedet. Das ist ein wichtiger Schritt in die richtige Richtung. Doch selbst um das das sogenannte 2-Grad-Ziel beim Klimawandel mit einer Trendumkehr bei den Emissionen bis 2020 zu erreichen, bedarf es noch großer Anstrengungen. Das birgt Herausforderungen, aber auch Chancen für Mensch, Natur und Wirtschaft.

Beim Übergang zu den erneuerbaren Energien sind auch hochmoderne Gas- und Dampfturbinen(GuD)-Kraftwerke unverzichtbar – dafür müssen sie möglichst emissionsarm und flexibel sein. In der Industrie, bei Kommunen, aber auch bei klassischen Kraftwerksbetreibern, zeichnet sich ein kontinuierlicher Trend in Richtung dezentraler Energieversorgung mittels kleiner Einheiten ab. Die in Wien ansässige Siemens-Geschäftseinheit für Industrial Power Plants ist in der Lage, bestens auf die individuellen Anforderungen der Kunden einzugehen und den wachsenden Markt für kleinere, dezentrale Industriekraftwerkslösungen aus einer Hand zu bedienen. Das Leistungsspektrum dieses österreichischen Kompetenzzentrums umfasst Engineering, Lieferung, Montage und Inbetriebsetzung von schlüsselfertigen GuD-Kraftwerken auf der Basis von Industriegasturbinen zwischen 20MW und 60MW. Derzeit wickelt diese Einheit Industriekraftwerksprojekte in Bolivien und Israel sowie auf Malta ab.

Auch GuD-Kraftwerke größerer Bauart sind weltweit in vielen Regionen gefragt. Etwa in Südkorea, wo Siemens bereits acht Gasturbinen seiner H-Klasse in Betrieb hat und weitere sieben in der Montage sind. Der größte Auftrag kommt derzeit aus Ägypten: Dort werden momentan drei große Kraftwerke mit jeweils acht Gasturbinen errichtet, jedes Kraftwerk leistet 4,8 Gigawatt. Sie sollen helfen, die Stromknappheit zu lindern und Emissionen zu reduzieren. Bis Mitte 2018 wird schrittweise die Gesamtleistung von 14,4 Gigawatt erreicht. Damit wird die Stromerzeugungsleistung in Ägypten um 45 Prozent erhöht. Siemens Österreich ist an diesem Projekt mit 24 Transformatoren für die Gasturbinen aus dem Transformatorenwerk in Weiz beteiligt. Das ägyptische Megaprojekt beweist, dass die Energieerzeugung aus fossilen Brennstoffen und erneuerbaren Energien kein Widerspruch ist, sondern diese sich vielmehr bestens ergänzen. Neben den drei großen Gaskraftwerken sind in Ägypten auch mehrere Windparks mit einer Leistung von insgesamt zwei Gigawatt geplant.

Auf den richtigen Mix und auf ein ausgeklügeltes System kommt es also auf dem Weg in die Energiezukunft an. Zunächst müssen erneuerbare Energien zu wettbewerbsfähigen Kosten verfügbar sein. Stromautobahnen und intelligente Netze müssen gebaut werden, um Angebot und Nachfrage in Einklang zu bringen. Auch die Entwicklung von Energiespeichern ist ein wichtiges Element. Denn je mehr fluktuierender Strom aus Erneuerbaren durch die Netze fließt, desto flexibler müssen diese werden – das gelingt nur mittels Speichertechnologien. Besonders wichtig werden Langzeitspeicher. Hier steht etwa die Wasserstoffelektrolyse zur Verfügung, mit deren Hilfe sich Elektrizität in gut speicherbare Energieformen wandeln lässt – beispielsweise Wasserstoff oder Chemikalien wie Ammoniak oder Methanol.

Zudem muss die Energienutzung in Gebäuden, Verkehr und Industrie viel effizienter werden. Auf all diesen Feldern arbeitet Siemens und hat bereits viele energieeffiziente Lösungen und Umwelttechnologien dafür anzubieten, gebündelt in einem eigenen „Umweltportfolio". Mit diesem erzielte Siemens im Geschäftsjahr 2016 insgesamt 36 Milliarden Euro Umsatz und half seinen Kunden, 521 Millionen Tonnen an Kohlendioxid-Emissionen einzusparen. Die Dringlichkeit, zu handeln ist einem Unternehmen wie Siemens aber auch bewusst, wenn es um das eigene Tun geht. Der Konzern hat sich daher das ehrgeizige Ziel gesetzt, seinen CO_2-Fußabdruck von 2,2 Millionen Tonnen pro Jahr (Stand: Geschäftsjahr 2014) bis 2020 um die Hälfte zu reduzieren und langfristig – bis 2030 – sogar CO_2-neutral zu werden.

Die Dekarbonisierung innerhalb eines Unternehmens wie Siemens voranzutreiben ist das Eine, sie weltweit in der Praxis umzusetzen das Andere. Ein entscheidender Faktor hierfür, wie bereits vorher erwähnt: der Ausbau erneuerbarer Energien. Doch allein Ausbau und Kostensenkung erneuerbarer Energien reichen nicht, um eine vollständige Dekarbonisierung zu erreichen. Vielmehr bedarf es umfassender Forschungsarbeiten, damit die Abkehr von fossilen Energieträgern gelingt.

Ein Beispiel für diese Forschungsanstrengungen ist das Energieforschungsprojekt Aspern Smart City Research (ASCR) in der Seestadt Aspern, einem großen Stadtentwicklungsgebiet im Nordosten Wiens. Die ASCR, bestehend aus Siemens, Wien Energie, Wiener Netze, Wirtschaftsagentur Wien und Wien3420, bearbeitet vier Forschungsthemen: Smart Building, Smart Grid, Smart ICT und Smart User. Das übergreifende Ziel ist, Gebäude und Energieverteilnetze so optimal zu verbinden, dass die zukünftigen Anforderungen des Energiemarktes erfüllt werden. Damit sollen eine störungssichere Energieversorgung sichergestellt und grundlegende Ziele der Energiewende erreicht werden.

Die in Aspern generierten Forschungsergebnisse sollen die urbane Energieerzeugung und den Energieverbrauch optimieren sowie so den CO_2-Ausstoß reduzieren. Anhand realer Daten von Bewohnern der Seestadt werden alle Komponenten im Energiesystem miteinbezogen. Die Erkenntnisse der ASCR sollen letztendlich auf ganze Städte anwendbar sein und zu einem effizienteren, ressourcenschonenderen Energiesystem beitragen. Die ASCR führt eines der innovativsten und nachhaltigsten Energieeffizienz-Demonstrationsprojekte Europas durch. Neben der Größe und Konstellation der Forschungsgesellschaft (stadtnahe Unternehmen und Industrie) sticht vor allem der integrative Ansatz hervor. Nicht Einzelelemente, sondern komplexe Zusammenhänge werden anhand realer Daten erforscht. Es nicht geht nicht um Teilaspekte, sondern das gesamte System: Gebäude, Stromnetz, Kommunikations- und Informationstechnologie sowie das Nutzungsverhalten fließen zusammen in ein großes Energieforschungsprogramm. Das ist in Europa einzigartig.

Weitere Themen in der Seestadt sind vorausschauende Gebäudeautomatisierungen und die Nutzung der Energie-Flexibilitäten von Gebäuden auch am Energiemarkt – all das in Formen, die auch von den Bewohnerinnen und Bewohnern „bewältigt" und akzeptiert werden können. Außerdem werden optimale Methoden der Erfassung des Netzzustandes und der Netzplanung entwickelt. Sämtliche Lösungen basieren auf einer übergreifenden IKT, für die die geeigneten Big-Data-Modelle entwickelt und erprobt werden. Um Interessierten einen Einblick in das Forschungsprojekt zu bieten, wurde in der Seestadt ein Demo-Center eröffnet. Beim Smart City Expo World Congress 2016 wurde das Forschungsprojekt ASCR als bestes „Smart Project" weltweit ausgezeichnet. Der Ansatz, alle Komponenten im Energiesystem – nämlich Gebäude, Netz, Nutzer und Informations- und Kommunikationstechnologien – einzubeziehen, überzeugte die Jury. Ziel der World Smart City Awards ist es, innovative Lösungen auszuzeichnen, die das Leben der Bürger in Städten positiv beeinflussen.

Ein weiteres Forschungsprojekt, das den Weg in die Energiezukunft ebnet, haben wir mit VERBUND und voestalpine gestartet. Dieses Projekt ist im Bereich Speichertechnologien angesiedelt. Wie bereits oben erwähnt, kommt diesen Technologien in Zukunft eine besondere Bedeutung zu, weil diese quasi als Ausgleichsmasse in den immer flexibler werdenden Netzinfrastrukturen fungieren können. Das Projektkonsortium H2FUTURE, bestehend aus voestalpine, Siemens und VERBUND sowie Austrian Power Grid und den wissenschaftlichen Partnern K1-MET und ECN, hat von der Europäischen Kommission den Zuschlag für die Errichtung einer der weltweit größten Elektrolyseanlagen zur Erzeugung von grünem Wasserstoff erhalten. Gemeinsam werden die Kooperationspartner an der Realisierung der innovativen Wasserstoff-Demonstrationsanlage am voestalpine-Standort Linz arbeiten und die Einsatzmöglichkeiten von grünem Wasserstoff testen.

Die Strombranche erlebt durch die Energiewende einen tiefgreifenden Umbruch mit Überkapazitäten an volatilen neuen erneuerbaren Energien aus Sonnen- und Windkraft. Wasserstoff, gewonnen aus CO_2-freiem Grünstrom, stellt hier ein gewaltiges Potenzial für den Einsatz als Industrierohstoff wie auch zur Energiespeicherung dar. Das Projekt H2FUTURE ist ein wichtiger Meilenstein auf diesem Weg zur Sektorkopplung zwischen Energie und Industrie. Der erzeugte grüne Wasserstoff wird künftig direkt in das interne Gasnetzwerk der voestalpine eingespeist. Damit werden zentrale Fragestellungen der Sektorkopplung, wie die Evaluierung von Potenzialen für den Einsatz von grünem Wasserstoff in den Prozessstufen der Stahlherstellung sowie die Übertragbarkeit der Technologie auf weitere Industriesektoren, die Wasserstoff im Produktionsprozess einsetzen, untersucht. Ein weiterer Schwerpunkt von H2FUTURE ist die Einbindung der reaktionsschnellen PEM-Elektrolyse-Anlage in die Regelenergiemärkte durch Entwicklung von Demand-Side-Management-Lösungen, also den Ausgleich von kurzfristigen Schwankungen im zunehmend volatileren Stromnetz durch Lastmanagement bei großen Verbrauchern.

Technologielieferant für den Protonen-Austausch-Membran-Elektrolyseur ist Siemens. Der Projektkoordinator VERBUND liefert Strom aus erneuerbaren Energien und ist für die Entwicklung von netzdienlichen Services verantwortlich. Siemens hat ein Elektrolysesystem auf Basis der PEM (Proton Exchange Membrane)-Technologie entwickelt, das es durch die Umwandlung von elektrischem Strom in Wasserstoff ermöglicht, große Energiemengen aufzunehmen und zu speichern. Das Elektrolysesystem ist bereits in mehreren Projekten erfolgreich im Einsatz und wird kontinuierlich von Siemens weiterentwickelt.

Wir wollen nun gemeinsam mit VERBUND und voestalpine in Linz die nächste Generation solcher Anlagen entwickeln. Dabei wird die Membran, die in der Anlage die Gase Wasserstoff und Sauerstoff trennt, eine doppelt so große Fläche haben wie bisher. Das ist einer der Aspekte, mit denen wir eine wettbewerbsfähige Elektrolysetechnologie der Zukunft entwickeln und bereitstellen wollen. Die Anlage in Linz soll ein standardisiertes Modul werden, mit dem wir in die nächstgrößere Leistungsklasse von über 50 Megawatt vorstoßen wollen. Der gewonnene Wasserstoff ist vielseitig einsetzbar, beispielsweise als Grundstoff in der Industrie – wie in Linz, aber auch als Treibstoff in der Mobilität und als Energieträger bei der Strom- und Gasversorgung. Weltweit werden jährlich über 500 Milliarden Kubikmeter Wasserstoff verbraucht, von denen bislang über 95 Prozent durch einen CO_2-lastigen Gasreformierungsprozess hergestellt werden. Mit Wasserstoff aus Elektrolyse kann dieser CO_2-lastige Wasserstoff ersetzt werden, wodurch sich die Emissionsbilanz von industriellen Prozessen stark verbessern lässt. Erfolgt die Elektrolyse mit Strom aus regenerativen Quellen, ist die Wasserstofferzeugung zudem nahezu klimaneutral.

Ein letzes Best-Practice-Beispiel will ich aus dem Bereich intelligente Netze anführen. Energieerzeugung war früher eine relativ simple Sache. Kraftwerke produzierten Strom, den Haushalte und Industrie verbrauchten. Mittlerweile fließt Strom nicht mehr nur vom Kraftwerk zum Verbraucher, sondern Prosumer, die Verbraucher und zugleich Produzenten sind, speisen ihren selbst erzeugten Strom ins Netz ein. Hinzu kommt, dass – wie oben bereits mehrfach erwähnt – die Einspeisemenge von Sonnen- oder Windenergie abhängig von der

Wetterlage stark schwankt. Das bringt herkömmliche Stromnetze an die Grenzen ihrer Belastbarkeit. Das Stromverteilungsnetz muss automatisiert und zu einem Smart Grid ausgebaut werden, um die Stabilität weiter aufrecht zu erhalten und die Stromversorgung in der gewohnten Qualität sichern zu können. Smart Grids bilden die Basis für ein nachhaltiges und effizientes Energiesystem, indem sie Energieproduzenten und -konsumenten wie Gebäude oder künftig auch Elektroautos einbinden und Angebot und Nachfrage möglichst gut ausbalancieren. Produkte, Lösungen und Services von Siemens für Schutz, Automatisierung, Planung, Steuerung, Monitoring und Diagnose der Netzinfrastruktur tragen zur aktiven Gestaltung der Energiezukunft bei. Siemens Österreich beteiligt sich an zahlreichen nationalen und internationalen Forschungs- und Demonstrationsprojekten, die darauf abzielen, Einzellösungen zu einem effizienten Energiesystem zu verbinden und so die Energiewende voranzutreiben.

Das Zusammenwachsen von Informationstechnologie und Betriebstechnologie ist ein entscheidender Treiber eines nachhaltigeren Energiesystems. Digitale Daten ermöglichen die effiziente Planung, Steuerung und Überwachung aller Prozesse. Digitalisierung in der Energiewirtschaft bedeutet auch, dass man die extrem raschen Innovationszyklen aus dem Umfeld moderner Informationstechnologien (Beispiel: Internet der Dinge, Blockchain) nutzt. Siemens untersucht im Rahmen von Innovationsprojekten eine Vielzahl dieser Technologien und erweitert die vielversprechendsten in Hinblick auf Sicherheit und Zuverlässigkeit, um sie in kritischen Infrastrukturen einsetzbar zu machen. Als Technologiepartner in Forschungsprojekten bringt Siemens seine umfangreiche Erfahrung in der Digitalisierung ein. Diese ist in allen Smart-Grid-Projekten der unterschiedlichen österreichischen Modellregionen in Oberösterreich, Wien, Salzburg, der Steiermark und im Burgenland ein zentrales Thema.

Weitere Digital-Grid-Schwerpunkte der Forschungseinheit von Siemens Österreich gemeinsam mit Geschäftsbereichen sind Virtuelle Kraftwerke – dabei werden verschiedene kleine Stromerzeugungsanlagen oder flexible Verbraucher virtuell zu einem großen Kraftwerk zusammengeschlossen, um gemeinsam effizienter an Strommärkten teilnehmen zu können –, Intelligente Ortsnetzstationen, in denen regelbare Ortsnetztransformatoren mithilfe von Smart-Meter-Daten und selbstlernendenden Applikationen dabei helfen, Spannungsgrenzen einzuhalten oder Kabel vor Überlastungen zu schützen, sowie Powermanagement im Gebäude und Smart Grid. Letzterer Bereich beschäftigt sich mit der wichtigen Rolle von Gebäuden als flexible Verbraucher im Smart Grid. Dafür müssen sie mit gebäudetechnischen Lösungen ausgerüstet sein, die miteinander kommunizieren und Informationen austauschen. Jeder dieser drei genannten Forschungsschwerpunkte wird auch im oben dargestellten Projekt der ASCR in Wien Aspern untersucht.

Der Weg zur Dekarbonisierung bedeutet für unsere Energiesysteme nichts Geringeres als eine Revolution. Um diese zu meistern, ist das Verständnis des Gesamtsystems von größter Bedeutung. Denn nur wer versteht, warum die einzelnen Energiesysteme für Strom, Wärme und Kälte, Gas und Mobilität immer mehr zusammenwachsen, und gleichzeitig die notwendigen Technologien bereitstellt, ist für die Energiewelt der Zukunft gerüstet. Bei Siemens stehen daher verschiedene Technologien im Fokus: von kompakten und leistungsstarken Umrichtern über effiziente Gleichstromsysteme und flexible Kurz- und Langzeitspeicher bis hin zum digitalen Zwilling der Energiesysteme und Märkte. Egal welche Branche, die Elektrifizierung spielt überall eine immer größere Rolle. Das Ende des fossilen Zeitalters und die aktuellen Effizienzziele treiben die Elektrifizierung in allen Geschäftsfeldern voran. Dies gilt für die Chemie ebenso wie für die Mobilität und die Energiesysteme. So prägt die Elektrifizierung auch andere wesentliche Forschungsprojekte: Siemens-Experten untersuchen etwa das große Potenzial chemischer Speicherlösungen, in der Ammoniaksynthese dagegen einen leicht speicherbaren und umweltfreundlichen Energieträger und unter dem Titel „eAircraft“ elektrische Flugzeugantriebe. Damit investiert Siemens in völlig neue Märkte, und das in Millionenhöhe. Mit gutem Grund, denn hier wird die Zukunft der Dekarbonisierung entschieden.

VII. Die neue Industrie: Neue Arbeitswelten, Soziales sowie die Sicht der Bevölkerung

Monika Auer

Öffentlichkeitsbeteiligung und Energiewende

Die größten Herausforderungen der Energiewende

Die Energiewende ist einer der großen Veränderungsprozesse, die den gesamten Globus beeinflussen wird – wenn auch in unterschiedlichen Weltregionen auf unterschiedliche Art und Weise. Für Europa ist damit ein tiefgreifender Veränderungsprozess verbunden: von der Energieaufbringung bis zu den EndverbraucherInnen werden sich über die gesamte Wertschöpfungskette Infrastruktur, Energiekonsum-Gewohnheiten etc. an neuen Rahmenbedingungen ausrichten, neue Produktionsweisen und Technologien werden entstehen, neue Dienstleistungen und Geschäftsmodelle auf den Markt kommen. Viele Menschen und Organisationen sind schon betroffen, noch mehr werden es in Zukunft sein.

Betroffenheit von und Interesse an einem Thema sind Voraussetzungen und Motor für Beteiligung. Wie sehen wesentliche Veränderungen aus und welche Aufgabenstellungen erwachsen daraus?

Infrastruktur für die Energiewende

Der Ausbau der dezentralen Energieerzeugung durch Energieversorger, -dienstleister und Private stellt die Energiewirtschaft und die Politik vor große Aufgaben: Netzausbau und -verstärkung, Entwicklung intelligenter Netze, Schaffung von Speicherkapazitäten und Regelenergie, Sektorkopplung, ein neues Strommarktdesign, Anpassung von Fördersystemen an Technologieentwicklung und Marktdurchdringung und so weiter.

Energiewende ist mehr als Stromerzeugung

Oftmals konzentriert sich die öffentliche Debatte zur Energiewende auf die Frage der Stromerzeugung – das liegt zwar nahe, denn E-Mobilität und PV-Anlagen sind im öffentlichen Bewusstsein gut verankert, mittlerweile ist auch von einem deutlichen Zuwachs des Stromanteils an der Wärmebereitstellung für Gebäude die Rede. Die Energiewende wird auch eine Wärmewende sein und die Europäische Kommission hat mit dem „Winterpaket" nicht nur „Saubere Energie für alle Europäer" angekündigt, sondern auch das Motto „Efficiency First" ausgegeben. Die Internationale Energieagentur unterstreicht seit Jahren in ihrem World Energy Outlook die eminent wichtige Rolle der Energieeffizienz als 2. Säule der Energiewende. In vielen Ländern mit einem hohen Konsumniveau ist auch die Frage der Suffizienz, also die Senkung des Energieverbrauchs durch weniger Energiekonsum, eine Rolle spielen müssen. Bis zu einer nahezu vollständigen Umstellung auf alternative, sprich nicht-fossile Antriebe sind auch hier Emissionsreduktionen durch Effizienz und Suffizienz beziehungsweise durch Verlagerung auf ÖV-Angebote ein wichtiges und höchst emotional besetztes Thema.

Keine Energiewende ohne Investitionen!

Die Internationale Energieagentur (IEA) und die Internationale Organisation für Erneuerbare Energien (IRENA) schätzen die zusätzlichen Investitionen für eine Energiewende auf 0,3 bis 0,5 % des globalen Bruttoinlandsprodukts 2050 ein, wobei positive Effekte bei der Wirtschaftsleistung und Beschäftigung zu erwarten sind und die vermiedenen Kosten für den Klimawandel mehr als ausgeglichen werden. Diese Investitionen müssen allerdings jetzt erfolgen, mit einem besonderen Schwerpunkt auf Energieeffizienz.[1] Im 66 %-Szenario (= 66 %-ige Wahrscheinlichkeit, dass das Zwei-Grad-Ziel erreicht wird) wurde eine notwendige jährliche Steigerung der Energieeffizienz um 2,5 % zwischen 2014 und 2050 berechnet. Die Finanzierung der Energiewende kann also nicht auf erneuerbare Energieerzeugungsanlagen und die Elektrifizierung der Mobilität reduziert werden. Die Aufbringung der Finanzmittel für die erforderlichen Energieeffizienzmaßnahmen v.a. im Gebäudebereich, der einen entscheidenden Beitrag zum Ziel Dekarbonisierung leisten muss, sind eine enorme Herausforderung. Die Upfront-Investitionen sind hier ein deutlich größeres Hindernis für GebäudeeigentümerInnen beziehungsweise für mögliche Finanzierer als im Bereich der Erneuerbaren, wo die Anlage und die erwartbaren Erträge aus der Energieproduktion als Sicherheit dienen. Eine Wärmedämmung bietet keine Sicherheiten.

1 IEA/IRENA 2017: PERSPECTIVES FOR THE ENERGY TRANSITION Investment Needs for a Low-Carbon Energy System, http://www.irena.org/DocumentDownloads/Publications/Perspectives_for_the_Energy_Transition_2017.pdf

Beteiligung und Energiewende: was hat das eine mit dem anderen zu tun?

Veränderungsprozesse sind in aller Regel von Widerständen und Interessenskonflikten begleitet, setzen aber auch Antriebskräfte frei. Sobald Trends erkennbar sind, zeichnen sich Gewinner und Verlierer ab, die die Entwicklung dieser Trends entweder blockieren beziehungsweise versuchen zu beschleunigen – Konflikte entstehen.

Das ist aber nicht alles.

Im Fall von Veränderungen des Energiesystems bleibt kein Bereich unserer Gesellschaft unberührt: von der Lebensqualität des/der Einzelnen (Wohnen, Mobilität etc.) die Gestaltung von Rahmenbedingungen im Bereich von Förderungen, Steuern und energierelevanten Gesetzesmaterien bis hin zu Wirtschaftsstrukturen – nicht nur der Energiewirtschaft, sondern aller Verbraucher in Gewerbe, Industrie und Dienstleistungssektor – werden sich verändern (müssen).

Eine derart tiefgreifende Transformation kann nur erfolgreich sein, wenn es gelingt, etablierte Verhaltensweisen in allen gesellschaftlichen Bereichen zu hinterfragen und soziale Innovationen zu etablieren. Viele Veränderungen in diesem Zusammenhang können nicht von oben verordnet werden, sondern sollten mit Beteiligung relevanter Akteure beziehungsweise der Öffentlichkeit entwickelt, gefördert und implementiert werden. Denn: In Beteiligungsprozessen besteht die Chance, dass Beteiligte die Herausforderungen besser verstehen, neue Chancen sehen und gemeinsam neue Praktiken entwickeln. Das eröffnet die Chance, robuste Lösungen zu finden, weil viele Perspektiven einfließen, Interessensgegensätze deutlich werden und Interessensausgleich stattfinden kann.

Damit weitet sich der Begriff der Beteiligung: von der „klassischen" Öffentlichkeitsbeteiligung bei Prozessen und Verfahren, die an einen konkreten Anlass geknüpft sind, an Projekte, Planungen etc., über Beteiligung in Form von zivilgesellschaftlichen Initiativen – Altes wird verändert, Neues erarbeitet und gemeinsam vorangetrieben – bis hin zu unternehmerischen Innovationen und zum Handeln des/der Einzelnen.

Öffentlichkeitsbeteiligung – aber richtig

Der Beitrag einer guten Öffentlichkeitsbeteiligung zur Energiewende besteht darin, Widersprüche, Barrieren und Konflikte im Zuge von Veränderungsprozessen konstruktiv (vielleicht sogar antizipativ) zu bearbeiten und gemeinsam tragfähige und haltbare Lösungen zu erzielen. Sie stiftet aber nur Nutzen, wenn sie nach gewissen Qualitätskriterien erfolgt.

Das kleine Einmaleins der Beteiligung

Beteiligung ist ein grundlegendes Element der Demokratie. Sie ermöglicht die Einbindung einer breiten Öffentlichkeit bei der Erarbeitung und Ausgestaltung von politischen Entscheidungen und öffentlichen Vorhaben oder auch der Entwicklung von grundlegenden Strategien. Von BürgerInnenbeteiligung sprechen wir, wenn es darum geht, dass BürgerInnen (egal ob Einzelpersonen oder Gruppen) sich bei Vorhaben einbringen, um ihren Interessen Gehör zu verschaffen. Öffentlichkeitsbeteiligung geht weiter: nicht nur BürgerInnen, sondern auch Interessensvertretungen, Unternehmen, Vereine, NGOs, Verwaltung etc. werden hier in Entscheidungsfindung und Gestaltungsprozesse einbezogen.

Stattfinden können solche Beteiligungsprozesse auf allen politischen Ebenen und im Wesentlichen zu allen öffentlich verhandelten und verhandelbaren Themen. Über längere Zeiträume wirksame Politiken, Strategien, Programme und Pläne bis hin zu Gesetzen können hier zur Diskussion gestellt und mit den Stakeholdern erörtert und bearbeitet werden, aber auch punktuelle konkrete Projekte.

Öffentlichkeitsbeteiligung hat zum Ziel, den Beteiligten Informationen über ein Vorhaben, ein Projekt zu vermitteln, Lösungen gemeinsam zu erarbeiten, die tragfähig sind, damit die Durchsetzungschancen zu erhöhen und gleichzeitig einen Interessensausgleich zu erzielen.

Die Form der Beteiligung ist jeweils maßgeschneidert zu entwickeln. Relevante Kriterien für das Projektdesign sind: Art des Vorhabens, Anzahl der Betroffenen, Konfliktpotenzial, Ausmaß des öffentlichen Interesses, zeitliche, finanzielle und personelle Ressourcenausstattung sowie rechtliche Vorgaben. Generell werden drei Intensitätsstufen unterschieden: Information, Konsultation und Kooperation. Information ist die Grundlage für jede Beteiligung. Informative Öffentlichkeitsbeteiligung ist dann anzuwenden, wenn keine Konflikte zu erwarten. Bei der Konsultation bringen die Beteiligten ihre Ideen, Vorschläge und Bedenken ein. Der Prozesseigner prüft die Stellungnahmen und berücksichtigt sie nach Möglichkeit, aber ohne Verpflichtung dazu. Bei der Kooperation gibt es einen offenen Gestaltungsraum, in dem die Beteiligten ihre Meinungen und Vorschläge einbringen und diskutieren, in dem Interessenskonflikte bearbeitet werden können und ein gemeinsam getragenes Ergebnis erarbeitet wird. Ergebnisse, die auf diese Art und Weise zustande kommen, sind wesentlich robuster und akzeptierter, erzeugen positive Energie und Commitment für den Umsetzungsprozess. Für alle Beteiligungsstufen gilt: Wesentlich für das Gelingen ist die klare Kommunikation zu Beginn eines Beteiligungsprozesses darüber, wie groß der Gestaltungsspielraum für die Beteiligten ist, wer was entscheidet, was schon entschieden ist und wie am Ende mit Ergebnissen umgegangen wird.

Wie bringt man gute Öffentlichkeitsbeteiligung auf den Weg?

Gute Öffentlichkeitsbeteiligung unterscheidet sich von Pseudobeteiligung in vielen Punkten und Qualitäten:

- Wichtiges Handwerkszeug für gelungene Beteiligung sind Methoden zur Kommunikation, zum Sichtbarmachen von Positionen, Interessen und Bedürfnissen und zur konstruktiven und co-kreativen Bearbeitung von Konflikten und zur Lösungsfindung, „Wer als Werkzeug nur einen Hammer hat, sieht in jedem Problem einen Nagel."[2] In den letzten Jahren wurde in zahlreichen Verfahren eine bunte Vielfalt an Methoden entwickelt (auf der Website www.partizipation.at finden Sie die umfangreichste Sammlung von Methodenbeschreibungen und Praxisprojekten im deutschen Sprachraum), die für alle Gruppengrößen und Vorhabenarten, Aufgabenstellungen und Themen eine maßgeschneiderte, praktikable und zielführende Herangehensweise ermöglichen. Sie können Off- und Online-Methoden anwenden – online am besten erfahrungsgemäß verschränkt mit einem Offline-Angebot. Gearbeitet wird mit TeilnehmerInnenzahlen vom Kleinstformat bis hin zur Offline-Großgruppenveranstaltung und breit angelegten öffentlichen Online-Konsultation.
- Unabdingbar ist die sorgfältige Auswahl der Beteiligten: je umfassender unterschiedliche Blickwinkel auf ein Vorhaben sind, desto haltbarer sind entstehende Lösungen in der Regel. Nicht immer sind diejenigen, die sich für eine Beteiligung melden, unbedingt auch jene, die ein möglichst großes Feld an unterschiedlichen Sichtweisen, Erfahrungen und Interessen abdecken, in vielen Beteiligungsprozessen wird daher bereits darauf geachtet, diese Heterogenität auf Seiten der Beteiligten mittels Zufallsauswahl in den Prozess hereinzuholen. Deshalb sollte am Anfang immer eine Analyse der Stakeholder und Akteure stehen und auch die Überlegung, wie man diese erreicht.
- Gute Planung ist nicht alles, aber ohne gute Planung ist alles nichts! Oftmals stehen Prozesse schon von Beginn an unter keinem guten Stern, weil diesem Punkt nicht genug Aufmerksamkeit zu Teil wurde und deshalb nicht mit ausreichender Sorgfalt erfolgt ist. Ein wenig mehr Aufwand in der Planungsphase vermeidet später eventuell „Folgekosten" – in Form von mangelndem Commitment, Unzufriedenheit mit der Kommunikation, weiter fortdauernden Protesten, Imageverlust etc. und oft auch monetäre Kosten.
- Entscheidend für die Akzeptanz von Prozess und Ergebnissen ist auch die Tatsache, dass Beteiligung zu einem Zeitpunkt erfolgt, zu dem nicht schon alles entschieden, sondern noch Handlungsspielraum gegeben ist und dass ausreichend Zeit dafür vorgesehen ist – der Start einer Beteiligung einen Monat

2 Zitat des Kommunikationswissenschafters Paul Watzlawick

vor Einreichen der Projektpläne oder sonstiger schwer oder nicht rücknehmbarer Schritte wird die Glaubwürdigkeit eines Prozesses stark beschädigen.

- Transparenz wird groß geschrieben: sowohl hinsichtlich des Prozesses selbst (was passiert wann mit wem und mit welchem beabsichtigten Ergebnis, wie wird damit weitergearbeitet?) als auch im Hinblick der in Rede stehenden Inhalte – vor allem bei technischen Fragestellungen ist es notwendig, ExpertInnenwissen für die Beteiligten zu erschließen (zum Beispiel Messungen und deren Auswertungen unter Anwesenheit von BürgerInnen vorzunehmen).
- Last but not least: Vor allem bei konfliktträchtigen Verfahren ist eine neutrale Prozessbegleitung Voraussetzung – entweder gibt es eine Finanzierung von neutraler Stelle oder mehrere Prozessbeteiligte treffen gemeinsam eine Auswahl und beteiligen sich je nach Finanzausstattung auch an den Kosten.

Welcher Nutzen erschließt sich durch Öffentlichkeitsbeteiligung?

Akzeptanz schaffen

Top-down-Entscheidungen finden immer weniger Akzeptanz, sowohl in Organisationen wie auch in der Gesellschaft – es ist das Ergebnis eines Kulturwandels, der sich seit den 1970er Jahren vollzogen hat. Andererseits wird es angesichts der Komplexität in sehr vielen Bereichen, sowohl in der Politik wie auch in Fachbereichen immer schwieriger, im Alleingang Entscheidungen zu treffen, die vielen Blickwinkeln und Themenaspekten gerecht und damit akzeptiert werden.

Fehlende Akzeptanz führt zu Verzögerung in der Umsetzung, Entscheidungen werden immer wieder hinterfragt und anstatt ins Tun zu kommen, ist man mit Rechtfertigung und Reparaturen beschäftigt, man verliert an Glaubwürdigkeit und Standing.

Das Wissen der anderen – der unterschiedlichen Teams, wissenschaftlichen Disziplinen und Bevölkerungsgruppen – und ihre Sichtweisen in konstruktiver Weise in eine Entscheidung einfließen zu lassen, ist ein Weg zu qualitätsvollen Lösungen und vor allem zu Ergebnissen, die breit akzeptiert werden. Dies ist der größte Nutzen von Beteiligung!

Demokratie lernen

TeilnehmerInnen an Beteiligung lernen trotz unterschiedlicher Positionen anderen zuzuhören, ihnen mit Wertschätzung zu begegnen und ihre Bedürfnisse und Interessen anzuerkennen – auch wenn sie den eigenen entgegenstehen. Dies sind eminent wichtige demokratische Fähigkeiten, die in Zeiten von Hashtag und Shitstorm mehr und mehr in Vergessenheit geraten oder verlernt, weil nicht gebraucht werden. Der gelassene Umgang mit Differenzen wird möglich, wenn man darauf vertrauen kann, dass man mit der Anerkennung der anderen nicht die eigenen Bedürfnisse automatisch aufgeben muss, sondern dass im weiteren Verlauf von einer guten Prozessbegleitung als Treuhänder achtsam damit umgegangen wird.

Wie gut ist Österreich für Öffentlichkeitsbeteiligung gerüstet?

Österreich ist für gute Beteiligungsprozesse theoretisch gut gerüstet – gut ausgebildete und erfahrene BegleiterInnen mit großer Methodenvielfalt und -praxis stehen bereit. Die Verwaltung hat seit dem Ministerratsbeschluss 2008 zu den „Standards zur Öffentlichkeitsbeteiligung" eine Leitlinie und Orientierung für die Konzeption eigener qualitätsvoller Beteiligungsprozess.

Das grundsätzliche Bekenntnis zu Beteiligung wird auf dem Weg zur Umsetzung erfahrungsgemäß durch mehrere Faktoren aufgeweicht: Es ist dann doch meist mehr Zeit vorzusehen als gedacht – Wahltermine oder ein bereits angekündigter Baubeginn stehen dem entgegen. Oder die Finanzierung gestaltet sich schwierig – substantielle Ausgaben „nur dafür, dass alle mitreden dürfen" müssen vor allem in Zeiten chronischer Budgetknappheiten gut argumentiert werden.

Verlauf und Ausgang eines Beteiligungsprozesses sind außerdem ungewiss – wenn man keinerlei Erfahrungen damit hat, wird so ein Verfahren leicht als zu hohes politisches Risiko eingeschätzt. Mehr Voneinander-Lernen und Erfahrungsaustausch könnten Vertrauen vermitteln und Mut machen.

Wir brauchen für die Energiewende Lösungen! – Keine zu haben ist schlicht keine Option. Beteiligung versetzt eine Gesellschaft in die Lage, Lösungen zu finden, wo vorher nur Interessen aufeinanderprallten. Auf kommunaler Ebene und auch auf Ebene der Bundesländer wurde und wird das in vielen Beispielen bereits vorgelebt (viele Projekte finden sie auf www.partizipation.at dokumentiert). Auf Bundesebene sind in Österreich bisher nur wenige Beteiligungsprozesse mit diesem Qualitätsanspruch durchgeführt worden. Ein gutes Beispiel ist die „Österreichische Bioökonomie FTI-Strategie", die 2016 in zwei innovativen, interaktiven Dialogforen sowie unter breiter Einbindung von Stakeholdern aus ganz Österreich erarbeitet wurde.

In Deutschland luden Umweltministerium und Umweltbundeamt im Frühjahr 2015 aus Anlass der Fortschreibung des Deutschen Ressourceneffizienzprogramms (ProGress II) zum Bürgerdialog „GesprächStoff – Ressourcenschonend leben: Bürgerinnen und Bürger im Dialog": fünf Bürgerwerkstätten mit 200 zufällig ausgewählten BürgerInnen und einen 6-wöchigen Online-Dialog später übergaben die BürgerbotschafterInnen einen „Bürgerratschlag" mit Empfehlungen an die Ministerin. [3]

Das Bestreben, unsere Wirtschaftsweise stärker auf erneuerbare, nicht fossile Ressourcen zu gründen, ist zuletzt stark gewachsen. Bioökonomie wird als wichtiges Element zur Lösung komplexer und vernetzter Herausforderungen und zur Erreichung wirtschaftlicher Prosperität gesehen. Auch in Österreich wird in Bioökonomie große Hoffnung gesetzt – seit 2013 ist die Bioökonomie als Bildungs- und Forschungsoffensive im Bereich Nutzung biogener Ressourcen im Arbeitsprogramm der österreichischen Bundesregierung verankert. Im Winter 2016 wurde im Ministerrat die Erarbeitung eines Umsetzungsplanes für Bioökonomie in und aus Österreich beschlossenDas Bestreben, unsere Wirtschaftsweise stärker auf erneuerbare, nicht fossile Ressourcen zu gründen, ist zuletzt stark gewachsen. Bioökonomie wird als wichtiges Element zur Lösung komplexer und vernetzter Herausforderungen und zur Erreichung wirtschaftlicher Prosperität gesehen. Auch in Österreich wird in Bioökonomie große Hoffnung gesetzt – seit 2013 ist die Bioökonomie als Bildungs- und Forschungsoffensive im Bereich Nutzung biogener Ressourcen im Arbeitsprogramm der österreichischen Bundesregierung verankert. Im Winter 2016 wurde im Ministerrat die Erarbeitung eines Umsetzungsplanes für Bioökonomie in und aus Österreich beschlossen.

Beteiligung hat mehrere Gesichter: Technologische und soziale Innovationen

Vom Methodenreichtum und dem umfangreichen Erfahrungsschatz aus Öffentlichkeitsbeteiligungsprozessen kann man vieles auch für andere Bereiche der Energiewende nutzbar machen.

Technologische Innovationen im Energiebereich auf den Boden bringen

Forschung und Technologienentwicklung bringen laufend Neuerungen hervor, die die Produktion von Energie aus erneuerbaren Quellen neu erschließen oder maximieren und solche, die die Effizienz im Verbrauch steigern oder Ein-

3 Fielitz, Julia; Domasch, Silke: Wie gelingt Bürgerbeteiligung auf Bundesebene? Erfahrungen aus dem Bürgerdialog „GesprächStoff – Ressourcenschonend leben: Bürgerinnen und Bürger im Dialog", Hg: Umweltbundesamt, Berlin 2017

sparungen erzielen – IT-basierte Dienstleistungen, Innovationen in der Gebäudetechnik, Produktneuerungen, Effizienzsteigerungen in der Produktion, neue Verfahrenstechniken, Geschäftsmodelle etc.

Technologische Lösungen sind, um wirksam zu werden, auf AnwenderInnen angewiesen. Oftmals scheitert die Technologie aber am Faktor Mensch, so sehen es zumindest die TechnikerInnen. Auf AnwenderInnenseite stellt sich die Sache anders dar: die Gebrauchsanweisung ist unverständlich, die angeblich selbsterklärenden Symbole an Bedienelementen bleiben rätselhaft, das neue Büro ist dauerhaft zu kalt beziehungsweise zu warm, trotz Interventionen beim Haustechniker, der am liebsten den Weg des geringsten Widerstandes gehen würde, aber zwischen allen Sesseln sitzt. Im Betrieb von Gebäuden, die laut Planung einen sehr hohen Effizienzstandrad aufweisen, sind deutliche Abweichungen vom erwarteten Energiebedarf nach oben keine Seltenheit. NutzerInnen und BewohnerInnen, Betreiber und Eigentümer, interne Hautechnik und Facility Management haben unterschiedliche Interessen und Bedürfnisse – hier ist gute Kommunikation eine Voraussetzung dafür, Konflikte zu lösen, Verständigungshindernisse zu überwinden und so energieeffiziente Technologien wirksam werden zu lassen.

Die Leistung von Beteiligung besteht hier darin, Menschen auf dem Weg in neue technologische Zukünfte mitzunehmen – ihnen Technologien und Dienstleistungen nahe zu bringen, die Scheu davor zu nehmen, sie in verständliche Sprache und alltagsnahes Handeln zu übersetzen, Komplexität zu reduzieren und den Nutzen erlebbar zu machen. Bewusstseinsbildung bei den Beteiligten ist ein willkommener Nebeneffekt – nicht nur im Hinblick auf Beteiligungsprozesse, sondern auch in fachlicher Hinsicht – mehr Wissen zu Energieeffizienz oder einzelnen Maßnahmen, neue Fertigkeiten im Umgang mit Technologien strahlen auch in private Lebensräume aus.

Mit Lebensstiländerungen die Energiewende mittragen

Eine Beteiligung an der Energiewende durch Änderung von Konsumgewohnheiten und Lebensstil ist vielfältig, sie umfasst das Handeln einer Einzelperson (zum Beispiel Einkauf von regionalen und saisonalen Lebensmitteln) ebenso wie zivilgesellschaftliche Initiativen (zum Beispiel PV-Gemeinschaftsanlagen) und die rasch wachsende Sharing-Economy (zum Beispiel Car-Sharing). Vor allem wenn es drum geht, gemeinsam Neues zu starten oder Lösungen für Probleme zu erarbeiten, können Methoden der Beteiligung, neue Formen der Kommunikation und Entscheidungsfindung großen Nutzen stiften.

Investitionen in die Energiewende

Nochmals eine Wende zu einer gänzlich anderen Form der – aber ebenfalls – Beteiligung: es ist davon auszugehen, dass Investitionen der öffentlichen Hand nicht ausreichen werden, um die Energiewende zu finanzieren. Auch scheitern viele Projekte im Bereich der Energieeffizienz und erneuerbaren Energien mit ihren Bemühungen eine Finanzierung auf die Beine zu stellen an den erhöhten Anforderungen der Banken für Sicherheiten. Die Aktivierung von privatem Kapital in Projekte und Initiativen der Energiewende ist daher eine der großen Herausforderungen der nächsten Jahre. Bürgerbeteiligungsmodelle im Bereich der Erneuerbaren gibt es seit langer Zeit und sind auch sehr erfolgreich – vom Windpark bis zu großen PV-Anlagen.

Die nächste große Aufgabe wird es sein, Investitionen auch in Energieeffizienz voranzutreiben und zu ermöglichen. Informationsmängel und das im Vergleich zu Erneuerbaren-Anlagen weniger attraktive „Energiesparen" oder „Effizienz steigern" sind bereits größere Hürden bei der Projektentwicklung. Für Projekte Geld zu bekommen, ist nochmals schwieriger, weil Investments in Energieeffizienz überwiegend Hardware betrifft, die nicht oder nur sehr eingeschränkt als Sicherheit für Geldgeber dienen kann. Was macht eine Bank mit 100en LED-Lampen? Oder isolierten Rohrleitungen aus dem Heizsystem? Könnten Effizienzprojekte ebenso wie erneuerbare Energieanlagen von vielen KleinanlegerInnen finanziert werden? Gelungene Pilotprojekte sagen ja.

Der Charakter der Beteiligung bleibt aber nicht beim finanziellen Aspekt stehen, die Finanzierung nachhaltiger Energieprojekte – in erneuerbare Energieanlagen ebenso wie in Energieeffizienzmaßnahmen – ist eine gesellschaftliche Anstrengung. So wie in der Nachkriegszeit der Ausbau der Stromproduktion ein gesellschaftliches Projekt war, damals überwiegend finanziert durch den Staat, muss das Bewusstsein dafür wachsen, dass die Energiewende in großem Umfang auch durch privates Kapital finanziert werden muss , das im Unterschied zu den 50er-Jahren auch vorhanden ist und für das in Niedrigzinszeiten ohnehin vernünftige Anlageformen gefragt sind. Viele Stakeholder – Unternehmen, Finanzierer, Dienstleister, Technologiehersteller, Energieversorger, Energieagenturen etc. – arbeiten bereits daran, die Rahmenbedingungen dafür zu schaffen. In Österreich gibt es bereits einige praktikable Bürgerbeteiligungs-Finanzierungsmodelle, die auch die entsprechende Rechtssicherheit bieten. Für eine finanzielle Bürgerbeteiligung bei Photovoltaik-Anlagen bietet sich zum Beispiel eine Sale-and-Lease-Back-Variante an. Hier verkauft der zukünftige Kraftwerksbetreiber den BürgerInnen PV-Module. Die Module mietet der Betreiber dann von den BürgerInnen zurück und als Gegenleistung erhalten die BürgerInnen Zinsen aus der Vermietung. Aber auch „Umwelt"-Sparbücher, wo die Einlagen direkt an zum Beispiel ein Energieeffizienzprojekt geknüpft sind, sind möglich. Eine weiteres Finanzierungsvehikel, das sich immer größerer Beliebtheit erfreut, sind Crowdinvesting-Plattformen. Hier können BürgerInnen bereits mit kleinen Beiträgen in ein Projekt investieren und erhalten eine Rendite, die sich zum Beispiel bei einem Kleinwasserkraftwerk aus den Stromerlösen ergibt. Derzeit erfolgt Crowdinvesting in Österreich meist als Nachrangdarlehen. Geregelt wird Crowdinvesting primär durch das im September 2015 in Kraft getretene Alternativfinanzierungsgesetz (AltFG). Eine von ÖGUT und Energy Changes im Rahmen eines EU-Projektes entwickelte Crowdinvesting-Plattform hat sich auf die Finanzierung von Energieeffizienz- und erneuerbare Energie-Projekten spezialisiert (www.crowd4energy.com). Sie bietet den BürgerInnen die Möglichkeit, Teil der Energiewende zu sein.

Öffentlichkeitsbeteiligung als Instrumente der Energiewende – ja bitte!

Von oben gegen Widerstand Verordnetes erzeugt ungelöste Konflikte, das gilt auch für die Energiewende. Das Ignorieren berechtigter Interessen oder Ängste führt langfristig zu Ohnmachtsgefühlen und bringt den gesellschaftlichen Zusammenhalt, der derzeit in den Demokratien Europas etwa durch Migrationsthemen und soziale Ungleichheit ohnehin schon auf die Probe gestellt wird, noch weiter unter Druck.

Beteiligung hingegen generiert Wertschätzung für andere Perspektiven, sozialen Zusammenhalt, Identifikation mit den Ergebnissen und Energie für die Umsetzung.

Es muss an vielen Stellschrauben gedreht werden, um eine nachhaltige (= ökologisch, sozial und wirtschaftlich verträgliche) Energiewende zu schaffen. Die Beteiligung derer, die zu einer Veränderung beitragen sollen beziehungsweise davon betroffen sind, ist eine wesentliche Voraussetzung für das Gelingen dieses gewaltigen Transformationsprozesses!

Werner Beutelmeyer

Industrieperspektiven: Wie Experten die Zukunft der österreichischen Industrie sehen

Durchaus kritisch gesehen wird die Entwicklung der internationalen Wettbewerbsfähigkeit der österreichischen Industrie. In einer im Frühjahr 2017 von market durchgeführten Expertenbefragung zum Themenkomplex „Zukunft der österreichischen Industrie" hat genau ein Viertel der Wirtschafts- und Industrieexperten einen Verlust an Wettbewerbsfähigkeit diagnostiziert. 19 Prozent, also ein knappes Fünftel sehen eine gestärkte Wettbewerbsfähigkeit. Die Differenz ist zwar nur leicht negativ, zeigt aber eine eher zunehmende Sorge um den Industriestandort Österreich. Die Mehrheit vermutet eine stabile, unveränderte Wettbewerbsfähigkeit, ob Stabilität in dieser Zukunftsthematik ausreicht, ist allerdings mehr als fraglich.

Auch die Antworten auf die zweite Frage: „Wie gut ist die österreichische Industrie im internationalen Vergleich aufgestellt?" zeigen ebenfalls ein differenziertes Bild. Völlig überzeugt von der internationalen Wettbewerbsfähigkeit der österreichischen Industriebetriebe sind nur 16 Prozent. Die überwiegende Mehrheit (77 Prozent) sieht Entwicklungs- beziehungsweise Verbesserungsbedarf in Sachen Wettbewerbsfähigkeit.

Was definiert die Wettbewerbsfähigkeit der Industriebetriebe nun im Detail? Insgesamt wurden den Experten 26 Kriterien zur Bewertung vorgelegt und die Verteilung der Antworten ergibt eine klare Hierarchie der Anforderungskriterien. Die Top Ten werden angeführt von der besseren Nutzung moderner digitaler Technologien. Das ist derzeit die prima causa der Industrie. An zweiter Stelle liegt das verstärkte Bemühen um eigene Kunden. Kundenbindung ist somit auch ein Thema der Industrie geworden, in einer Zeit, in der generell Bindungen eher abgebaut werden, die Kontakte also loser werden. Das ist ein genereller gesellschaftspolitischer Megatrend. Der Moraltheologe Paul Zulehner spricht in diesem Zusammenhang von der Entsolidarisierung, die auch die Kunden der Industrie betrifft. Als drittwichtigster Wettbewerbsfaktor wird die vermehrte Zusammenarbeit mit Wissenschaft und Forschung gesehen. Dies ist offenkundig zunehmend die Voraussetzung zur Stimulierung von Innovationen und zur Entwicklung neuer Produkte, die wiederum den Absatz anregen.

Mehr Professionalität im Vertrieb ist ebenfalls ein vorrangig eingestuftes

Wettbewerbsthema. Schulungen der Mitarbeiter sind deshalb zunehmend ein Gebot der Stunde. Das derzeit große politische Thema – die Flexibilisierung der Arbeitszeitmodelle- befindet sich an sechster Stelle im Ranking.

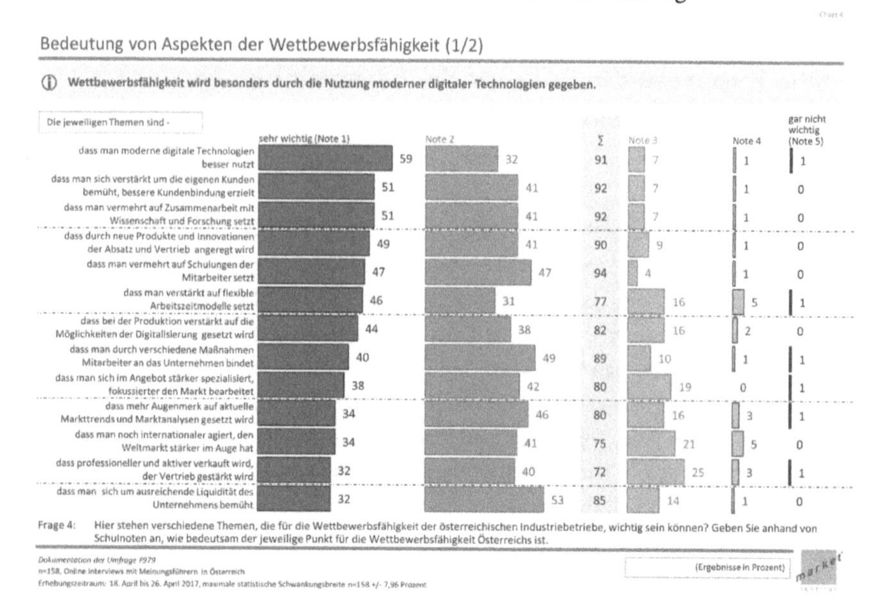

Welchen Inhalten wird eher weniger Auswirkung auf die Wettbewerbsfähigkeit zugeordnet? Am allerwenigsten führt die Nutzung von Leasingarbeit zur Wettbewerbsstärkung. Auch der Mitarbeiterabbau senkt zwar die Kosten, erhöht aber nicht die Wettbewerbsfähigkeit. Skepsis besteht auch, ob durch Zukaufen nachhaltiges Wachstum zu erzielen ist.

Das breitere oder verbreiterte Angebot löste per se nicht die Herausforderung Wettbewerbsfähigkeit. Interessant: dem Faktor zusätzliches Kapital wird ebenfalls eher weniger Bedeutung zugemessen, egal ob die Beschaffung über Börse oder Crowdfunding angedacht wird.

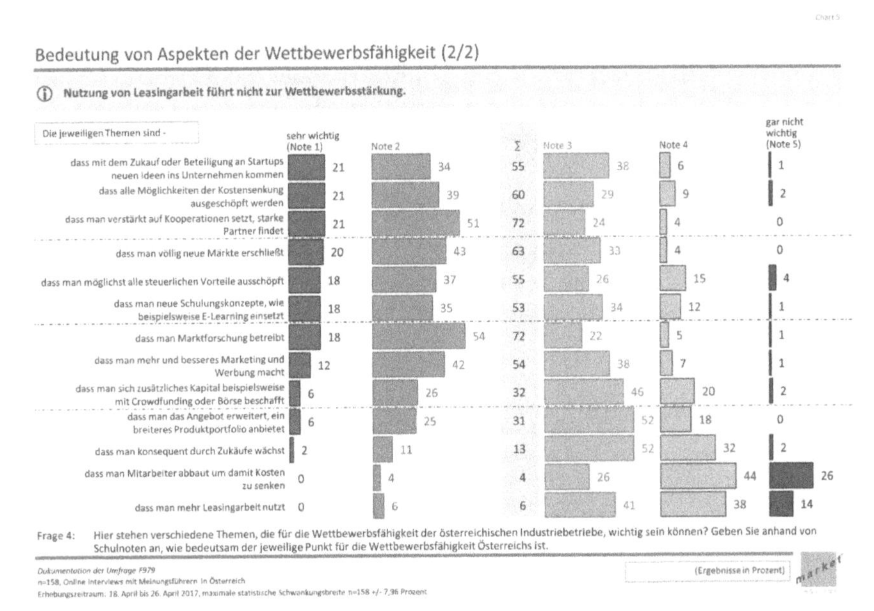

Interessant ist die Meinung zur Marktforschung: Auf der ersten Antwortkategorie kommt zwar nur eine verhaltene Zustimmung (18 Prozent), aber auf der zweiten Antwortskala findet sich eine massive Erwartungshaltung (54 Prozent) an die Marktforschung.

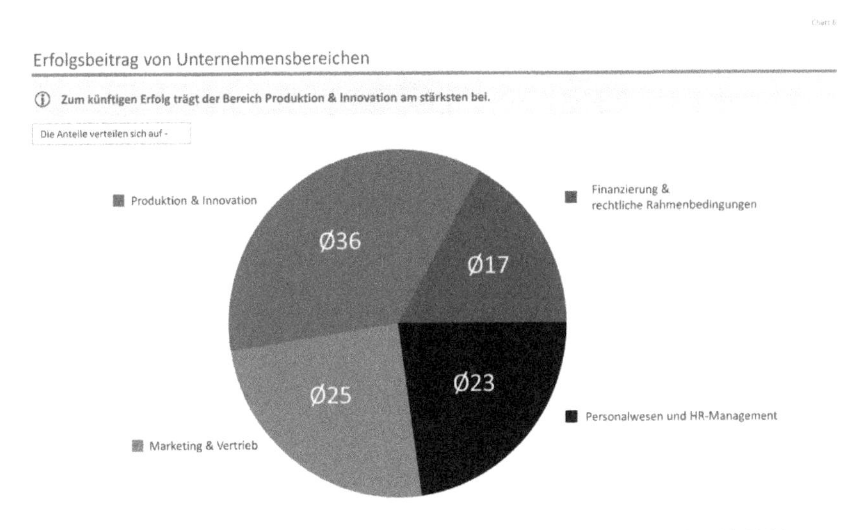

Zieht man das Fazit aus diesen vielen Punkten, dann sind Produktion und Innovation die Hauptträger des zukünftigen Erfolgs eines Industriebetriebes. An zweiter Stelle befindet sich Marketing und Vertrieb, gefolgt von HR-Management. Finanzierung und rechtliche Faktoren tragen am wenigsten zur Wettbewerbsfähigkeit bei.

Die Zukunftsthemen der Industrie sind enorm breit. Gedanklich beschäftigt am allermeisten derzeit die Digitalisierung, gefolgt von work-Life-Balance und E-Mobilität. Internet of Things sowie die Gentechnik rangieren nur im Mittelfeld. Metabolic Engineering oder die Organ-Chip-Technologie sind derzeit noch Randthemen.

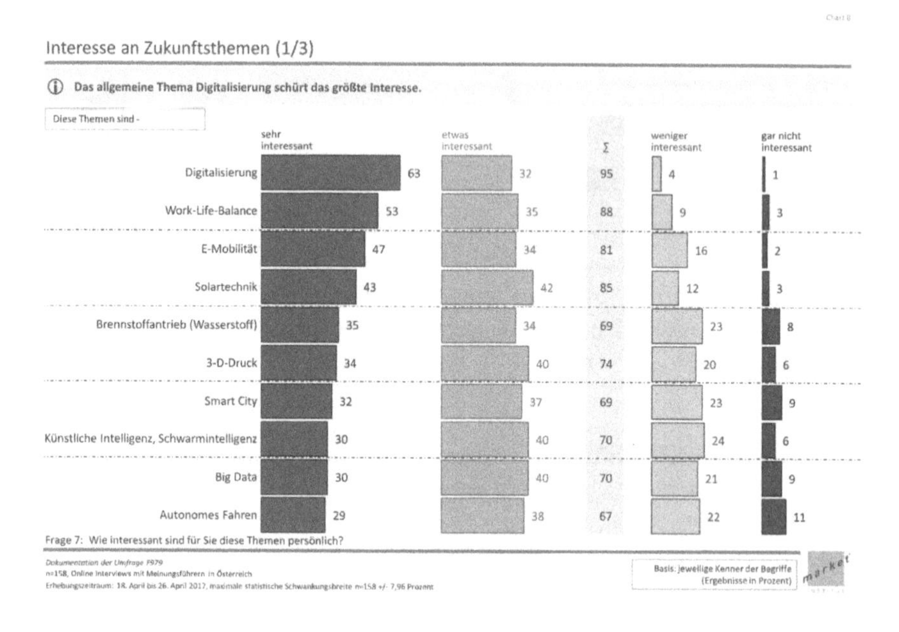

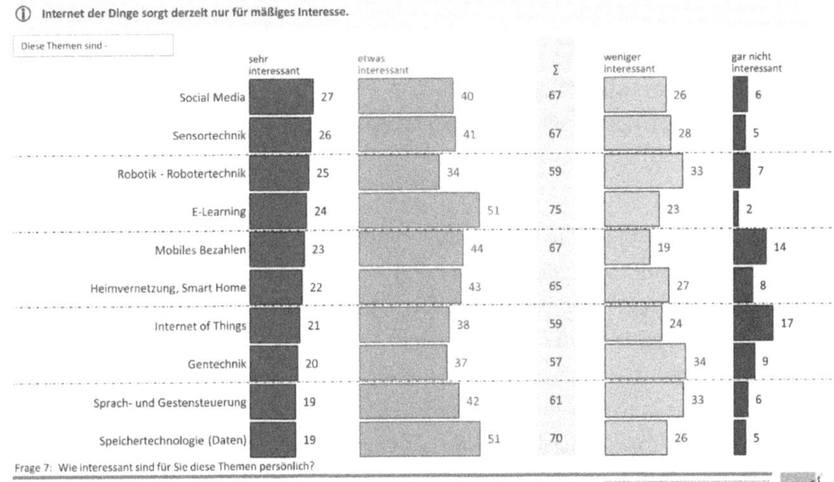

Interesse an Zukunftsthemen (3/3)

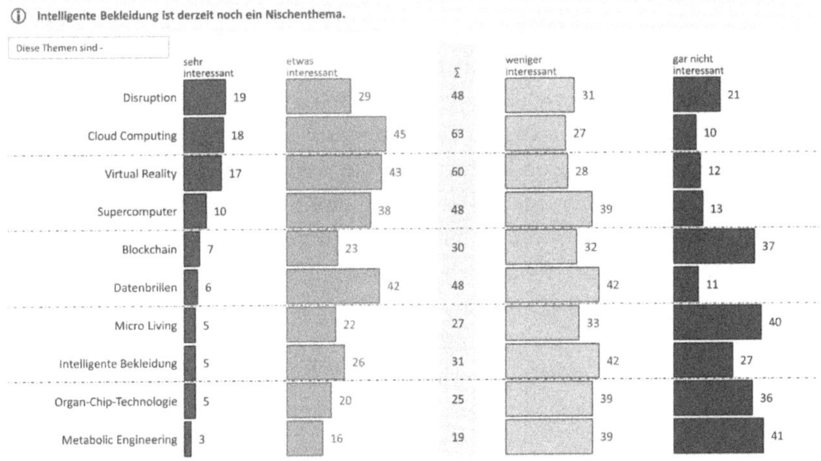

Wolfgang Katzian

Neue Arbeitswelten durch sozial-ökologische Erneuerungen

Erwerbstätigkeit und die Rahmenbedingungen unter denen Arbeit stattfindet, sind seit jeher einem stetigen Wandel unterworfen. Dieser wird meistens von kritischen Fragen darüber begleitet, wie die Arbeitswelt der Zukunft aussehen wird und ob nachfolgende Generationen gleiche, bessere oder schlechtere Lebensbedingungen erfahren werden als unsere Gesellschaft heute. Diese Art der Zukunftsängste ist nicht neu. So schrieb der britische Ökonom John Maynard Keynes in seinem Aufsatz über „Wirtschaftliche Möglichkeiten für unsere Kinder" in den 1930er Jahren, dass wir unter *„einem schweren Anfall von wirtschaftlichem Pessimismus leiden. [...] Sehr häufig hört man Leute sagen, dass die Epoche des enormen wirtschaftlichen Fortschritts vorüber sei; dass die schnelle Verbesserung des Lebensstandards sich nun verlangsamen würde; dass ein Rückgang des Wohlstands in dem vor uns liegenden Jahrzehnt wahrscheinlicher sei als eine Steigerung."* (Keynes, 1930) Wenngleich dieses vergleichbare Stimmungsbild nicht eingetreten ist, stellt sich die Frage, ob ein derartiger Pessimismus heute angebracht ist. Eine Antwort darauf kann natürlich nicht abschließend gegeben werden, fehlt uns doch der Blick in die oft zitierte Glaskugel, in der wir die Zukunft sehen. Gänzlich von der Hand zu weisen ist eine kritische Grundhaltung über die Wohlstandsentwicklung nicht. In jedem Fall führt sie dazu, uns mit der Frage auseinanderzusetzen, welche Weichen wir heute stellen müssen, um uns auf die Entwicklungen der Zeit angemessen vorzubereiten. Denn wenngleich Veränderung unsere Zukunft prägen wird, so können wir den gesellschaftlichen Wandel dynamisch mitgestalten. Mit einer klar definierten Zukunftsversion und Zielen über soziale, wirtschaftliche sowie ökologische Rahmenbedingungen wird es möglich sein, das Wohlstandsversprechen an unsere Enkelkinder einzulösen.

Eine langfristige Vision über sowie klar definierte Ziele für unsere gesellschaftliche Zukunft

Entwicklungen und zukünftige Rahmenbedingungen am Arbeitsmarkt aktiv zu gestalten statt lediglich passiv darauf zu reagieren, sind Basis einer erfolgreichen Zukunft. Dazu bedarf es zunächst einer grundlegenden Vision über die

Ziele unserer Gesellschaft. Das klingt zunächst sehr philosophisch, bedeutet aber verkürzt, eine Vision basierend auf ökologischen, sozialen und wirtschaftlichen Zielen zu formulieren. Dass diese Ziele in direkter Wechselwirkung stehen geht in Debatten oftmals unter. Ob die Gesellschaft der Wirtschaft oder die Wirtschaft der Gesellschaft dient, war und ist Gegenstand von ideologischen Debatten. Der Faktor „Ökologie" kommt in diesen Diskussionen oftmals zu kurz und wird, wenn überhaupt, hauptsächlich technisch diskutiert. Dabei stellt uns der anthropogen herbeigeführte Treibhausgaseffekt gleichermaßen vor technische, wirtschaftliche sowie soziale Herausforderungen. Bereits heute befindet sich die Beziehung zwischen Gesellschaft, Wirtschaft und ihrer natürlichen Umwelt in einer grundlegenden Krise, die selbstverständlich auch Auswirkungen auf die Arbeitswelt haben wird. In weiten Teilen der Welt ist das bereits heute Realität und macht an Ländergrenzen keinen Halt. Die Nutzung fossiler Brennstoffe ist ein wesentlicher Treiber des Klimawandels. Der Konsum und der Lebensstil in den westlichen Industriestaaten ist Treiber dieser Entwicklung. Die Auswirkungen der Erderwärmung verdeutlichen sich aber am stärksten in den ärmeren Gegenden der Welt.

Daher ist der Klimawandel stark mit der Frage nach Gerechtigkeit verbunden. Gerechtigkeit kann wiederum nur durch wirtschaftliche und soziale, und damit nicht zuletzt politische, Entscheidungen über unsere Lebensweise geschaffen werden. Im Zentrum unserer gesellschaftlichen Vision steht also die Frage, **wie gutes Leben für alle angesichts des Klimawandels geschaffen werden kann**. Diese Vision mit rein wirtschaftlichen Wachstumszielen und der Vermehrung von Reichtum umzusetzen, kann vor dem Hintergrund seiner immanenten Wechselwirkung zur Gesellschaft und ihrer natürlichen Umwelt also nicht funktionieren. Der Vision „ein gutes Leben für alle angesichts des Klimawandels schaffen" folgend, müsste man zunächst unser aktuelles System umbauen und eine sozial-ökologischen Wirtschaft etablieren, die Beschäftigung und steigende Lebensqualität für alle zum Ziel hat.

Das heute etablierte Ziel der Wirtschaftspolitik setzt seinen Fokus vor allem auf Wirtschaftswachstum, hat aber auch Vollbeschäftigung, Preisstabilität und ein außenwirtschaftliches Gleichgewicht zum Ziel. Will man nun den Fokus auf eine wohlstandsorientierte, ökologische Wirtschaftspolitik für alle Menschen lenken, so muss „Wachstum" durch die drei Oberziele „fair verteilter materieller Wohlstand"; „Lebensqualität" und „Einhaltung eines ökologischen Gleichgewichts" angereichert beziehungsweise unterfüttert werden. Gleichzeitig müsste das Ziel „Vollbeschäftigung" aufgewertet und um „gute Arbeit und Recht auf Weiterbildung" ergänzt werden. Der ehemalige Leiter des österreichischen Wirtschaftsforschungsinstituts (WIFO), Karl Aiginger, formulierte Empfehlungen für eine sich diesem Leitgedanken stark annähernde langfristige wirtschaftspolitische Vision für die Europäische Union (EU) im Rahmen des fachlich breit unterstützten Projekts „WWWforEurope". Darin beschreibt er ein Europa mit hoher Lebensqualität, einer dynamischen Wirtschaft sowie einer dekarbonisierten Energiebereitstellung (Energie, Verkehr, Gebäude). In dieser Vision sind wirtschaftliche Dynamik, soziale Inklusion und ein ökologisches Gleichgewicht drei gleichberechtigte und sich wechselseitig stimulierende Ziele, an denen sich die wirtschafspolitische Strategie zukünftig orientieren soll. Gleichzeitig empfiehlt Aiginger auch fiskalische Instrumente zu nutzen, um einnahmenseitig den Faktor Arbeit zu entlasten. Diese Entlastung sollte durch Einnahmen aus Vermögens-, Finanztransaktions- und Umweltsteuern sowie koordinierte Maßnahmen gegen die Steuerumgehung international agierender Unternehmen finanziert werden. Wenn diese zentralen Eckpunkte den strukturellen Wandel begleiten und ergänzen, kann das Wohlstandsversprechen an zukünftige Generationen eingelöst werden.

Unser Energiesystem: Klimasünde, Systemwandler und Treiber von Beschäftigung

Zentrale Handlungsfelder der langfristigen Vision „ein gutes Leben für alle angesichts des Klimawandels schaffen" sind die Reduktion der Arbeitslosigkeit; die Sicherung der öffentlichen Daseinsvorsorge; Verteilungsgerechtigkeit schaffen sowie die Dekarbonisierung der Energiewirtschaft. Dafür braucht es ausreichend Investitionen durch ein innovatives und effizientes Investitionsprogramm in die zentrale Infrastruktur – Anlagen, Netze, Verkehr, Gebäude – sowie in die Forschung und Entwicklung intelligenter und nachhaltiger Technologien und Lösungen. Wichtig ist auch, einen grenzüberschreitenden Fokus anzusetzen, damit Emissionen nicht einfach ins Ausland verlagert werden. In diesem Zusammenhang stellt uns der Klimavertrag von Paris nicht nur vor die Herausforderung, den Energieverbrauch und THG-Emissionen zu senken sowie fossile Energie durch erneuerbare Energieträger zu ersetzen. Die Klimakrise eröffnet uns damit auch die Möglichkeit, im Energiebereich nachhaltige Investitionen zu tätigen und damit positive Beschäftigungseffekte zu erzielen.

Die Steigerung der Energieeffizienz ist ein wichtiges Handlungsfeld für die Erreichung der Energie- und Klimaziele, da sie neben der Verringerung des THG-Ausstoßes viele weitere positive Effekte hebelt: Nämlich die Reduktion der Importabhängigkeit bei gleichzeitiger Steigerung der Versorgungssicherheit. Außerdem sinken die Energiekosten für die Endverbraucher. Haushalte steigern dadurch ihre Kaufkraft. Für Unternehmen bedeuten geringere Kosten eine höhere Wettbewerbsfähigkeit. Außerdem steigt die Nachfrage nach energieeffizienten Lösungen im Sinne von Produkten und Dienstleistungen, das im besten Fall wiederum Innovationen hervorruft.

Die Dekarbonisierung des Energiesystems sorgt jedenfalls mittelfristig dafür, dass die Bedeutung von erneuerbaren Strom zunehmen wird. Durch Elektrizität können brennstoffbetriebene Kraftfahrzeuge (fossil), durch effizientere E-Mobilitätsanwendungen substituiert werden. Auch eine stärkere Forcierung des elektrifizierten öffentlichen Nah- und Fernverkehrs trägt der THG-Reduktion Rechnung. Im Wärmebereich und bei industriellen Anwendungen könnte Strom – optimalerweise Überschussstrom aus Ökostromanlagen – durch die Produktion und den Einsatz von Wasserstoff oder synthetischem Methan eine immer größere Rolle spielen. Das führt vor allem in den Industrieländern zu mehr Beschäftigung, erhöht die Effizienz und die Innovationskraft. Schon alleine die Verstromung von erneuerbaren Energieträgern im Inland bewirkt zusätzliche Investitionen und mehr Beschäftigung in der Industrieproduktion von Wind, Wasser, Photovoltaik (PV) und Biomasse sowie deren Installation und deren Betrieb vor Ort, was gleichzeitig zu einem Mehr an regionaler Wertschöpfung führt.

Die zunehmende Verstromung von erneuerbaren Energieträgern bewirkt einen Wandel des Stromsystems, das durch eine dezentrale, volatile Erzeugungsstruktur gekennzeichnet ist. An diese veränderten Rahmenbedingungen müssen sich das Stromnetz und die Netzsteuerung sowie die Produkte zur Stabilisierung des Netzes anpassen. Der Masterplan des österreichischen Übertragungsnetzbetreibers rechnete bereits 2013 mit Investitionen in den Netzausbau von über 2 Mrd. Euro bis 2023. Das Übertragungsnetz ist primär für den Stromtransport über weite Strecken und den Ausgleich von ungeplanten Lastflüssen durch die volatile Einspeisung zuständig. Letzteres gewinnt zunehmend an Bedeutung. Auch der Ausbau des Verteilnetzes ist für den Ausbau und die Integration von Ökostromanlagen essenziell, an welches ein Großteil der Wind- und PV-Anlagen angeschlossen sind. Neben dem Ausbau des Netzes sind noch zusätzlich Investitionen in dessen Intelligenz, also die bidirektionale Kommunikation, zu tätigen, um Energie effizienter zu übertragen und zu verteilen. Die Arbeiterkammer schätzt, dass jährlich 600 bis 800 Millionen Euro – das sind 0,2 Prozent des österreichischen Bruttoinlandprodukts (BIP) – in Netzinfrastrukturinvestitionen fließen werden, die direkten Einfluss auf Wachstum und Beschäftigung sowie den Innovationsfaktor in Österreich haben werden. Im Bereich der Netzinfrastruktur ist der heimische Wertschöpfung besonders hoch. Heimische Wertschöpfung bedeutet wiederum einen höheren Beschäftigungseffekt im Inland, weil einerseits direkt Arbeit anfällt und andererseits Materialien bei Zulieferfirmen im Inland beschaffen werden. Laut Schätzungen der TU-Graz liegt der Anteil der inländischen Wertschöpfung beim größten Netzausbauvorhaben der APG in Salzburg bei 80 Prozent. Ähnliche Effekte gelten natürlich auch für den

Ausbau der öffentlichen elektrifizierten Verkehrsinfrastruktur. Der Verkehrssektor ist ein starker Treiber der österreichischen Treibhausgasemissionen. Vergleicht man die Veränderungen der Emissionen zwischen 1990 und 2013 nach Sektoren, so hat der Verkehr im Gegensatz zur Industrie sowie der Energie-, Abfall- und Landwirtschaft und dem Gebäudesektor signifikant zugenommen (Umweltbundesamt, 2015).

Arbeit im Wandel der Zukunft

Der strukturelle Wandel in der Energiewirtschaft und die Entwicklungen in der Zulieferindustrie sind vor allem durch den technologischen Wandel, also die Digitalisierung und die Automatisierung gekennzeichnet. Diese Entwicklung betreffen aber praktisch alle Bereiche der Wirtschaft. Daher stellt sich natürlich die Frage, in wie weit Arbeitsplätze durch die Digitalisierung und die Automatisierung geschaffen werden können oder wegfallen beziehungsweise ob das Delta zu Gunsten von zusätzlichen Arbeitsplätzen ausfällt oder nicht. Tatsache ist, dass Maschinen schon heute konventionelle Arbeitstätigkeiten übernehmen und damit Arbeitsplätze wegfallen.

Wie auch immer sich die Beschäftigungslage am Ende des Tages entwickelt, besteht heute Handlungsbedarf und das bringt die Notwendigkeit einer Arbeitszeitverkürzung auf die politische Agenda, die unter bestimmten Voraussetzungen und der Möglichkeit der Reorganisation tatsächlich zu mehr Beschäftigung verhelfen kann. Nicht zuletzt zählt die kontinuierliche Veränderung der Wochenarbeitszeit zum gesellschaftlichen und wirtschaftlichen Wandel Europas seit dem letzten Jahrhundert. Die erfolgreiche Einführung der Freizeitoption in Kollektivverträgen, die vor allem jüngere Arbeitnehmerinnen und Arbeitnehmer (gegenüber älteren Arbeitnehmerinnen und Arbeitnehmern mit einem höheren Lohnniveau) in Anspruch nehmen, zeigt, dass Arbeitszeitverkürzung nicht nur zur quantitativen Steigerung von Beschäftigung beitragen kann, sondern auch den neuen Bedürfnissen jüngerer Generationen an die Qualität der Arbeit Rechnung trägt. Nämlich, dass der Faktor Freizeit und damit Lebensqualität gegenüber dem Lohnniveau zukünftig eine stärkere Rolle einnimmt.

Fazit

Die Dekarbonisierung unseres Energiesystems leistet einen wesentlichen Beitrag zur Senkung der globalen Treibhausgasemissionen und kann durch Investitionen zusätzlich Beschäftigung schaffen. In der Debatte um zukünftige Arbeitswelten geht es jedoch nicht nur um positive Beschäftigungseffekte im quantitativen Sinne. Es geht auch darum, dass die Arbeitsplätze der Zukunft an die Anforderungen der Arbeitnehmerinnen und Arbeitnehmer angepasst werden; Die Rede ist von „guten Arbeitsplätzen“. Der Strukturwandel in der Energiewirtschaft und die Dynamik der digitalen und automatisierten Arbeitswelt müssen jedenfalls unserer Zukunftsvision Rechnung tragen und damit wirtschaftliche-, soziale- und ökologische Ziele gleichberechtigt verfolgen. Das bedeutet, dass Unternehmen neue Geschäftsfelder erschließen und Effizienzpotentiale nutzen sollen. Das bedeutet aber auch, dass Wertschöpfung wieder in die Realwirtschaft reinvestiert werden muss, um gesellschaftlichen Wohlstand zu maximieren und individuelle Teilhabe an den technischen Errungenschaften zu sichern. Der strukturelle Wandel muss zudem mit entsprechenden Weiterbildungsmöglichkeiten – auch in den Betrieben – erfolgen, damit sich die Arbeiterinnen und Arbeiter und Arbeitnehmerinnen und Arbeitnehmer auf die sich verändernden Anforderungen am Arbeitsmarkt einstellen und dahingehend qualifizieren können. Das erhöht wiederum die Attraktivität des Wirtschaftsstandortes, der dessen Wettbewerbsfähigkeit sich zukünftig immer weniger durch den Kostenfaktor als den Innovationsfaktor auszeichnen wird. Gleichzeitig darf dynamisches Wirtschaftswachstum und (fair verteiltes) Wohlstandswachstum zukünftig nicht zu Lasten des ökologischen Gleichgewichts gehen.

Verwendete Literatur:

Biermayr Peter et al.: Innovative Energietechnologien in Österreich Marktentwicklung 2016. Berichte aus Energie- und Umweltforschung. Bundesministerium für Verkehr, Innovation und Technologie. Wien. 2017

Bundesministerium für Arbeit und Soziales: Weißbuch Arbeiten 4.0.. Berlin. 2017

Feigl, Georg: Aus der Krise lernen. Wohlstand der Zukunft. ÖGB-Verlag. Wien. 2017

Feigl, Georg/ Wukovitsch Florian: Öffentliche Investitionen als zentrales Element einer sozial-ökologischen Erneuerung. Wohlstand der Zukunft. ÖGB-Verlag. Wien. 2017

Görg, Christoph: Weltklimapolitik ist eine sozial-ökologische Herausforderung. Wohlstand der Zukunft. ÖGB-Verlag. Wien. 2017

Höglsberger, Heinz: Der Verkehrsbereich – Achillesferse von Österreichs Klimaschutzpolitik. Wohlstand der Zukunft ÖGB-Verlag. Wien. 2017

Streissler, Christoph: Dekarbonisierung des Wirtschaftssystems – Traum und Wirklichkeit. Wohlstand der Zukunft. ÖGB-Verlag. Wien. 2017

Thoman, Josef: Ambitionierte Energiepolitik als Hebel für Investitionen und Beschäftigung. Wohlstand der Zukunft. ÖGB-Verlag. Wien. 2017

Thier, Jenni: Mensch gegen Maschine. Frankfurter Allgemeine Zeitung. 2016. Abgerufen in:
http://www.faz.net/aktuell/beruf-chance/arbeitswelt/arbeitswelt-4-0-mensch-gegen-maschine-14333156.html

Walterskirchen, Ewald: Solidarische Wirtschaftspolitik. Wohlstand der Zukunft. ÖGB-Verlag. Wien. 2017

Sylvia Leodolter

Die soziale Dimension der Dekarbonisierung in den Mittelpunkt stellen – Beispiel öffentlicher Verkehr

Vorbemerkung

Wenn es darum gehen soll, in der durch den Klimawandel erforderlichen Dekarbonisierung des Wirtschaftssystems auch Chancen zu identifizieren und zu verwirklichen, dann ist auch die Frage zu stellen, für wen sich Chancen ergeben können und wie Chancen und Belastungen gerecht zu verteilen sind. Maßnahmen und Anstrengungen zur Verringerung der Treibhausgasemissionen und zu einem grundlegenden Umbau von Produktion, Energieerzeugung, Mobilität und Konsum dürfen nicht davon ablenken, dass es ungleiche Machtverhältnisse und eine sehr ungleiche Verteilung von Einkommen auf nationaler und globaler Ebene gibt. Der Klimawandel ist nicht in erster Linie eine ökologische Frage, er ist vor allem eine soziale Frage. Heute ist schon sichtbar, dass der Klimawandel weltweit Verteilungskonflikte verschärft.

Nicht nur im Faktencheck Energiewende wird darauf hingewiesen, dass „sozial Benachteiligte eher unter den Folgen der Klimaveränderung zu leiden [haben]. Insbesondere das Zusammentreffen verschiedener Faktoren (niedriges Einkommen, geringer Bildungsgrad, wenig Sozialkapital, prekäre Arbeits- und Wohnverhältnisse, Arbeitslosigkeit, eingeschränkte Handlungsspielräume) macht weniger privilegierte Bevölkerungsgruppen verwundbar für Folgen des Klimawandels.“[1]

Die Interessengegensätze zwischen Industrien und Gruppen, die die Nutzung fossiler Brennstoffe vorantreiben, und klimafreundlicheren Sektoren und Lebensstile, lassen sich nicht durch moralische Appelle aus der Welt schaffen. Verteilungsfragen sind eng mit Fragen der Gerechtigkeit verbunden, denn betroffen von den Klimafolgen sind oftmals nicht die Profiteure aus der Nutzung fossiler Energien, sondern in erster Linie ärmere Bevölkerungskreise, die weniger zum Klimawandel beitragen. Die Diagnose, dass Armut der wesentlichste Risikofaktor für negative Betroffenheit durch den Klimawandel ist, muss Konsequenzen

1 http://www.faktencheck-energiewende.at/klimaveraenderung_als_soziales_risiko

haben. Wenn allerdings die reichsten zehn Prozent der Weltbevölkerung, die es sich auch in einer viel wärmeren Welt gemütlich einrichten können, die Klimapolitik allein bestimmen, dann werden sie nur ihre eigenen Chancen im Auge haben. Das gilt auch für die nationale Ebene: Nur eine Klimapolitik, die Kosten und Belastungen gerecht verteilt und für einen solidarischen Ausgleich sorgt, kann eine Chance für alle bieten. Eine Dekarbonisierung der Wirtschaft braucht einen umfassenden sozial-ökologischen Wandel, der Arbeitnehmerinnen und Arbeitnehmer nicht bevormundet und allein lässt, sondern ihnen – auf allen Etappen des Wandels – konkrete Alternativen für ihre Probleme und Mitgestaltungsmöglichkeiten bei der Entwicklung von Maßnahmen anbietet.

Die neoliberale Logik hat in der Debatte um den Klimawandel nicht nur ein eigenes Vokabular erzeugt, sondern setzt auch verstärkt auf sogenannte marktorientierte Instrumente. Im Mittelpunkt dieses Vokabulars steht das Versprechen auf weiteres ungebremstes Wirtschaftswachstum bei gleichzeitiger Lösung der Klimaprobleme. Die Vereinbarkeit von Wachstum und Klimaschutz soll durch marktbasierte Klimaschutzinstrumente und einen Technologieschub in Richtung „green growth" gesichert werden. Auch wenn technischer Fortschritt und Effizienzsteigerungen sinnvoll und wichtig sind, sie können weder Lösung noch Ersatz für Verteilungsgerechtigkeit sein. Die Dekarbonisierung erfordert einen grundlegenden Wandel des Produktions- und Konsumsystems, der nicht konfliktfrei verlaufen, sondern drohende und national und global bereits stattfindende Verteilungskämpfe verschärfen wird. Um dies zu vermeiden, muss die soziale Dimension in der Mitte der Klimapolitik ankommen und müssen menschenwürdige und faire Arbeits- und Lebensbedingungen zu einem Kernziel aller Maßnahmen werden.

Dekarbonisierte Mobilität – eine echte Chance für den Öffentlichen Verkehr

Einen Ansatz dafür, wie soziale und ökologische Herausforderungen gemeinsam gedacht und bewältigt werden können, bietet der Verkehrssektor[2]. Dieser hatte 2014 einen Anteil von 28,5 % an den Treibhausgas-Emissionen Österreichs. Um den Klimavertrag von Paris zu erfüllen, muss dieser Bereich entlang eines Reduktionspfades bis 2050 weitgehend dekarbonisiert werden. In diesem Zusammenhang kommt dem öffentlichen Verkehr auch angesichts der Bevölkerungsentwicklung eine neue Rolle zu. Er kann als Teil der öffentlichen Daseins-

2 Dieser Artikel basiert auf einem ähnlichen Artikel in einer Falterbeilage in Kooperation mit der AK Wien mit dem Titel „Eine neue Rolle für den Öffentlichen Verkehr": https://media.arbeiterkammer.at/wien/PDF/studien/falterbeilagen/Falter_Beilage_2017.pdf; Seite 40, 41

vorsorge einen langfristig orientierten, ökologisch und sozial begründeten Gegenentwurf zur fossilen, individualisierten Mobilität bieten.

Die bequeme Beförderung von A nach B – ohne Umsteigen, ohne Reservierung oder komplizierte Ticketsysteme – auch außerhalb der Ballungsräume und unabhängig von der Witterung ist bis heute in vielen Regionen nur mit dem Pkw sicherzustellen. Die Ergebnisse der jüngsten Mobilitätserhebung[3] zeigen, dass rund zwei Drittel aller Bewohnerinnen und Bewohner Österreichs über 17 Jahren jederzeit ein Auto zu ihrer Verfügung haben. Dass aber auch diese Mobilität öffentlich zur Verfügung gestellte Infrastruktur – vom Straßenbau bis hin zur Schneeräumung – benötigt, wird gerne übersehen.

Mobilität ist kein Selbstzweck, sondern dient als Mittel zur Erfüllung dahinterliegender Grundbedürfnisse. Wer nicht mobil ist, kann am sozialen und öffentlichen Leben kaum teilnehmen. Neben der Frage der Erreichbarkeit des Arbeitsplatzes geht es auch um soziale Kontakte, Nahversorgung, Bildung, Erholung und um Lebensqualität. Daraus ergibt sich, dass die Sicherstellung der Mobilität für alle Teil der öffentlichen Daseinsvorsorge ist.

Das Prinzip der Daseinsvorsorge reicht historisch bis zu den Anfängen moderner Staatlichkeit zurück. Es beschreibt Leistungen, die der Staat in Form von öffentlichen Dienstleistungen für die gesamte Bevölkerung im Interesse des Gemeinwohls erbringt. Im Zusammenhang mit dem Bedürfnis nach Mobilität spielt ein für alle leistbares, flächendeckendes und qualitativ hochwertiges Angebot im öffentlichen Verkehr, das auch faire Arbeitsbedingungen für die Beschäftigten im Sektor bietet, eine zentrale Rolle.

In den letzten beiden Jahrzehnten hat sich laut den neuen Daten der Mobilitätserhebung der Zugang zu einem Pkw deutlich verbessert. In peripheren Bezirken verfügen 45 Prozent aller Haushalte über mindestens zwei Pkw, 14 Prozent sogar über drei oder mehr – und auch ältere Personen und Frauen haben häufiger einen Pkw zur Verfügung. Ist der öffentliche Verkehr als Daseinsvorsorgeleistung also überflüssig und antiquiert? Dem stehen schwerwiegende soziale und ökologische Argumente eindeutig entgegen.

Soziale und ökologische Dimension der Mobilität

Die Ausgaben für Verkehr und Mobilität spielen für die österreichischen Haushalte eine große Rolle. Laut Konsumerhebung 2014/15 von Statistik Austria[4] stellen

3 http://www.oesterreich-unterwegs.at

4 http://www.statistik.at/web_de/statistiken/menschen_und_gesellschaft/soziales/verbrauchsausgaben/konsumerhebung_2014_2015/index.html

die Mobilitätskosten nach den Ausgaben für Wohnen und Energie (26,1%) mit 14,2% den zweitgrößten Ausgabenposten dar, wobei für den öffentlichen Verkehr im Schnitt nur 0,8%, für den Kfz-Verkehr jedoch 13,3% (5,9% für die Anschaffung, 7,6% für variable Kosten wie Treibstoff, Reparatur etc.) ausgegeben werden.

Die aktuellen Verkehrsausgaben der Haushalte sind stark von der Bevölkerungsdichte abhängig. In ländlichen Regionen gibt ein durchschnittlicher Haushalt für sein(e) Kraftfahrzeug(e) monatlich etwa 545 Euro, für den öffentlichen Verkehr nur 15 Euro aus, in Wien hingegen nur 270 Euro fürs Kfz und 41 Euro für den öffentlichen Verkehr. Ein wesentlicher Faktor für eine geringere Belastung mit Mobilitätsausgaben ist daher ein gut ausgebautes Netz an Öffentlichen Verkehrsmitteln.

Die Konsumerhebung zeigt auch ganz deutlich, dass der Besitz eines Pkw sehr stark mit dem Einkommen zusammenhängt[5]. Während bei den Haushalten mit den niedrigsten Einkommen rund 40% kein Kraftfahrzeug besitzen, sind es im Quartil mit den höchsten Einkommen nur 11%. Die größten Herausforderungen für den Ausstieg aus der fossilen Energie liegen daher vor allem darin, der Bevölkerung in den ländlichen Regionen Österreichs leistbare und attraktive Angebote zum Umstieg auf den öffentlichen Verkehr zu bieten. Und dies so zu gestalten, dass es zu keinen negativen verteilungspolitischen Effekten kommt und die Abwanderung nicht zusätzlich verstärkt wird.

Vor dem Hintergrund des Klimawandels und der ambitionierten Ziele zur Senkung der Treibhausgasemissionen erhält der öffentliche Verkehr neben seiner sozialen auch eine neue, ökologisch motivierte Rolle. Dass abgesehen vom Rad- und Fußverkehr die unterschiedlichsten Formen des öffentlichen Verkehrs aus umweltpolitischer Sicht eindeutig besser abschneiden, beweist unter anderem ein Blick auf die Energieeffizienz der verschiedenen Verkehrsarten im Personenverkehr (Energieverbrauch pro Personenkilometer). Laut Umweltbundesamt benötigen die öffentlichen Verkehrsmittel U-Bahn, Straßenbahn, Bus und Zug 0,02 bis 0,19 kWh pro Personenkilometer. Der PKW ist mit einem Energieverbrauch von durchschnittlich 0,56 kWh pro Personenkilometer das energetisch ineffizienteste Verkehrsmittel.[6]

Ein Ausstieg aus der fossilen Energie ist in sozialverträglicher Form nur mit einem gut funktionierenden und flächendeckenden ÖV-System denkbar. Wenn der Ausstieg gelingen soll, ist dies im offentlichen Verkehr nicht mit „darf's a bisserl mehr sein" getan, sondern es braucht eine „Revolution" im Verkehrsangebot.

Das Prinzip der Daseinsvorsorge, das ursprünglich nur kurzfristigen, betriebswirtschaftlichen Entscheidungen ein gesellschaftspolitisches Kalkül entgegenge-

5 Siehe auch https://media.arbeiterkammer.at/wien/SWSAktuell_2014_06.pdf
6 Siehe http://www.umweltbundesamt.at/umweltsituation/energie/effizienz/effizienzverkehr/

setzt hat, wird im Sinne der Nachhaltigkeit um die Reflexion ihrer langfristigen sozialen und ökologischen Auswirkungen erweitert und damit neu begründet.

Bevölkerungsentwicklung als Herausforderung für mehr und anderen ÖV

Österreich wächst, aber das Wachstum der Bevölkerung verläuft in unterschiedlichen Dimensionen. Das stärkste Wachstum findet sich aktuell – und auch in den Prognosen bis 2030 – in Wien und in der Ostregion sowie in den Bundesländern Tirol und Vorarlberg und in allen Landeshauptstädten. Periphere, ländliche Regionen vor allem im Süden Österreichs und inneralpine Räume dünnen hingegen aus. In Österreich leben 65 % der Bevölkerung in Ballungsräumen. In Summe befinden sich 71 % aller Arbeitsplätze in diesen Gebieten. Periphere Gebiete verbuchen jedoch starke Bevölkerungsrückgänge. Eisenerz beispielsweise hat ein Drittel seiner Bevölkerung verloren, ähnliches gilt auch für Teile Kärntens oder das Waldviertel.

Ein zweiter Trend, der sich auf die Mobilitätsbedürfnisse auswirkt, ist die Alterung der Gesellschaft. In den Ballungsräumen nahm das Durchschnittsalter zwischen 2002 und 2011 um 1,3 Jahre zu; in der Peripherie sogar um 2,8 Jahre. Österreichweit wird die Zahl der Bevölkerung im Alter von 65 und mehr Jahren bis zum Jahr 2030 um 37 % ansteigen.

Daraus ergeben sich unterschiedliche Herausforderungen für den öffentlichen Verkehr und die Verkehrsinfrastruktur. Während in den Ballungsräumen die teilweise schon jetzt überlastete Infrastruktur und das Angebot an öffentlichen – und vor allem barrierefreien – Verkehrsdiensten weiter ausgebaut werden muss, stellt sich für periphere Regionen mit einer alternden Bevölkerung die schwierige Frage, wie hier ein finanzierbares öffentliches Verkehrsangebot überhaupt erst entwickelt und zur Verfügung gestellt werden kann. Neue Formen des Mikro-ÖV und der Elektromobilität im ländlichen Raum sind ein positiver Ansatz, wenn sie auch zur Erhaltung und Schaffung von Arbeitsplätzen in der Region genutzt – und nicht durch unbezahlte „Freiwillige" erbracht – werden. Auch dazu braucht es jedoch die entsprechende materielle und immaterielle Infrastruktur.

Öffentlicher Verkehr und Arbeitsbedingungen

Die soziale Nachhaltigkeit des öffentlichen Verkehrs hängt nicht nur davon ab, ob es gelingt, die Mobilitätsbedürfnisse der Menschen leistbar und flächendeckend zu erfüllen, sondern letztlich auch davon, welche und wie viele Beschäftigungschancen der öffentliche Verkehr eröffnet. Insgesamt beschäftigt der öffentliche Verkehr derzeit rund 90.000 Menschen. Gemeinsam mit den Investitionen in Infrastruktur und Fahrzeuge sichert der öffentliche Verkehr rund 170.000 Arbeitsplätze. Problematisch ist hier jedoch der steigende Druck auf die Arbeitsbedingungen und Löhne[7], der vor allem aus der Liberalisierung des Verkehrssektors resultiert. Seit der Pflicht zu wettbewerblichen Ausschreibungen im öffentlichen Busverkehr ist klar zu erkennen, dass der Wettbewerb fast ausschließlich über die Lohnkosten geführt wird. Dies führt zu sinkenden Löhnen und immer schlechteren Arbeitsbedingungen. Die Bemühungen der Gewerkschaften und der Arbeiterkammer zur Verankerung verpflichtender Sozialkriterien bei Ausschreibungen oder zu einer Regelung des Personalübergangs, bei dem Einkommen und Rechte der Beschäftigten auch bei Betreiberwechsel erhalten bleiben, waren bisher von wenig Erfolg gekrönt. Die Besteller des öffentlichen Verkehrs – vor allem die Länder – setzen auf Kostenreduktion und fördern so die Schwächung größerer, etablierter Busunternehmen mit einigermaßen fairen Arbeitsbedingungen.[8]

Im Schienenverkehr ist aufgrund der europäischen Rahmenbedingungen im Personennahverkehr noch die Direktvergabe, im Bereich der städtischen Verkehrsunternehmen die In-House-Vergabe möglich. Allerdings steigt auch in diesem Sektor, in dem die meisten Beschäftigten tätig sind, der Druck in Richtung wettbewerblicher Ausschreibungen beziehungsweise in Richtung Verschlechterung der Arbeitsbedingungen und Arbeitsplatzabbau.

Die Förderung und der Ausbau des öffentlichen Verkehrs als ökologische Alternative zum Individualverkehr müssen daher – um auch sozial nachhaltig zu sein – über die Fokussierung auf Sozial- und Qualitätskriterien bei der Bestellung von Verkehrsdiensten für faire Einkommen und gute Arbeitsbedingungen sorgen.

Liberalisierung – ungeeignetes Modell für eine nachhaltige Daseinsvorsorge

„Konzessionsentzug wegen fürchterlichem Angebot“, „Zwangsverstaatlichung aufgrund horrender Unfallzahlen“, „teuerste Bahnen Europas“ sind nicht

7 Einen Überblick über die sozialen Herausforderungen in der europäischen Transportwirtschaft bietet die AK-Publikation „Grenzenlose Mobilität – grenzenlose Ausbeutung“: https://media.arbeiterkammer.at/wien/Grenzenlose_Mobilitaet_-_Grenzenlose_Ausbeutung_-Studie_2016.pdf

8 Nachhaltige Vergaben im öffentlichen Verkehr sind möglich – mehr dazu in einer Publikation des VCÖ: https://www.vcoe.at/files/vcoe/uploads/News/VCOe-Factsheets/2016-04%20-%20Nachhaltige%20Vergaben%20im%20Oeffentlichen%20Verkehr/FS516_BusAusschreibung_finLR.pdf

gerade Schlagzeilen eines gelungenen Projektes. Sie stammen aus Großbritannien. Gemeinsam mit den Schweden sind die Briten die Pioniere der Liberalisierung in Europa. Beide Länder zeigen eines deutlich: Die anfangs gemachten Versprechungen, wie Qualitätssteigerung mit günstigeren Tickets und niedrigeren öffentlichen Kosten, sind nicht eingetreten, die meisten bisherigen Liberalisierungen sind sowohl finanziell als auch verkehrspolitisch gescheitert.

Bereits 2004, nur wenige Jahre nach der Bahn-Liberalisierung war klar, dass der britische Weg ein Irrweg war: Enorm gestiegenen Subventionen standen nur mäßige Erfolge gegenüber. Im Grunde wurde schon damals viel mehr Steuergeld für eine höhere, aber letztendlich unbeständigere Anzahl von Zügen ausgegeben, die zwar neuer, aber weniger pünktlich waren. Die Briten zahlen zudem die teuersten Tickets in ganz Europa. Berechnungen von Just Economics[9] zufolge würden sich die britischen Bahnreisenden 5,3 Milliarden Euro pro Jahr sparen, wenn die Ticketpreise auf dem gleichen Niveau wären wie in Frankreich.

Gleichermaßen wurden in Schweden die Erwartungen der Eisenbahnliberalisierung nicht erfüllt. Wie aktuelle Untersuchungen zeigen, war das schwedische Modell aus wirtschaftlicher Sicht nur kurzfristig erfolgreich. Eines der zentralen Ziele der Liberalisierung, die Senkung der Kosten, konnte nicht erreicht werden. Im Gegenteil sind der Subventionsbedarf durch die öffentliche Hand und die Ticketpreise signifikant gestiegen. Auch die schwedischen Steuerzahlerinnen und Steuerzahler müssen sowohl für den liberalisierten Bahnsektor als auch für die Fahrkarten weit mehr zahlen als zu Zeiten der staatlichen Bahn.

Die verkehrspolitischen Auswirkungen der Liberalisierung sind problematisch. Es profitiert eine kleine Kunden- (und Unternehmens-)gruppe, die zumeist schon vor der Öffnung für den Wettbewerb bestens versorgt war. Im Sinne des „Rosinenpickens“ werden ausschließlich profitable Bereiche (wie in Österreich die Westbahnstrecke) heiß umkämpft, der bisherige Ausgleich von den Hauptstrecken zum Regionalverkehr wird verhindert. Die Folgen sind Kostensteigerungen für die Regionalstrecken, Personalabbau und Verschlechterung der Arbeitsbedingungen im Wettbewerb. Alles in Allem ein Beispiel mehr für die „Privatisierung der Gewinne und Sozialisierung der Verluste“. Auch in Österreich hat der (freiwillig ermöglichte und nicht durch die EU vorgeschriebene) Wettbewerb auf der Westbahnstrecke dazu geführt, dass jede Bestellung von neuen Verbindungen in einen Rechtsstreit mündet und sich Pendlerinnen und Pendler entscheiden müssen, ob sie flexibel im Verkehrsverbund fahren oder sich ein Extraticket für die Westbahn GmbH kaufen wollen.

9 https://www.justeconomics.co.uk/rmt-report/ – Martin Cottingham (Hrsg) : A Fare Return: Ensuring the UK's railways deliver true value for money

Öffentlicher Verkehr der Zukunft – kundenorientiert, ökologisch und fair für die Beschäftigten

Auch wenn Liberalisierung und Wettbewerbszwang keine Lösung für einen besseren öffentlichen Verkehr darstellen, bedeutet das nicht, dass unter dem Deckmantel der Daseinsvorsorge oder des öffentlichen Eigentums die Qualität des Verkehrsangebots, die Transparenz oder die demokratische Legitimation vernachlässigt werden dürfen. Konkret bedeutet das eine systematische und konsequente Kundenorientierung, Transparenz von Leistungsverträgen und Grundlagen der Tarif- und Gebührengestaltung. Dazu gehören aber auch die Einbeziehung und Partizipation der Öffentlichkeit in längerfristige Planungsvorhaben, transparente Systeme des Qualitätsmonitoring und die Anwendung von strengen Sozialkriterien und Mitgestaltungsrechten für die Beschäftigten zur Sicherung der Arbeitsplätze und menschenwürdiger, fairer Arbeitsbedingungen. Nur so ist auch die Akzeptanz der Bevölkerung und letztlich der politische Rückhalt für die Sicherung der Daseinsvorsorge entgegen dem neoliberalen Mainstream längerfristig denkbar.

Investitionen in den öffentlichen Verkehr als Chance für mehr und faire Jobs[10]

Zunächst ist es wichtig, die direkten Beschäftigungseffekte eines flächendeckenden, attraktiven ÖV mit einem integrierten, aufeinander abgestimmten Taktsystem zu sehen. Stark wachsende Fahrgastzahlen rund um die Ballungszentren, Netzergänzungen und neue Micro-ÖV-Systeme in peripheren Regionen, bessere Kundeninformation und -betreuung erfordert mehr und gut geschulte Beschäftigte im öffentlichen Verkehr. Es muss klar sein, dass deutlich mehr öffentlicher Verkehr mit weniger Personal und schlechten Arbeitsbedingungen absolut undenkbar ist.

Wie viele zusätzliche Arbeitsplätze nötig sind, ist schwer abzuschätzen. Vorsichtige Schätzungen rechnen allein aufgrund des Bevölkerungswachstums in der Ostregion und einer Fortschreibung der bisherigen Fahrgastzuwächse mit einer Steigerung des Passagieraufkommens von rund 20% bis 2030. Dabei sind noch keine stärkeren Veränderungen des Mobilitätsverhaltens einberechnet. Auch wenn dies nur grob die Richtung vorgeben kann, würde eine Steigerung

10 Basiert auf einem Beitrag im Arbeit & Wirtschaft Blog: http://blog.arbeit-wirtschaft.at/investitionen-in-den-oeffentlichen-verkehr-als-element-einer-sozial-oekologischen-erneuerung/

der Beschäftigten um 20% im selben Zeitraum 18.000 Jobs mehr im öffentlichen Verkehr bedeuten.

Die Beschäftigungswirkung von Investitionen im Bereich der nachhaltigen Mobilität kann ein wesentliches, unterstützendes Element für einen sozial-ökologischen Umbau darstellen. Infrastrukturmaßnahmen für den nicht-motorisierten Verkehr (Fußgängerzonen, Radwege, Verkehrsberuhigung) weisen bis zu doppelt so hohe Beschäftigungseffekte auf wie der Autobahnbau und auch Investitionen in die Bahn und in die städtische Nahverkehrsinfrastruktur liegen deutlich darüber.

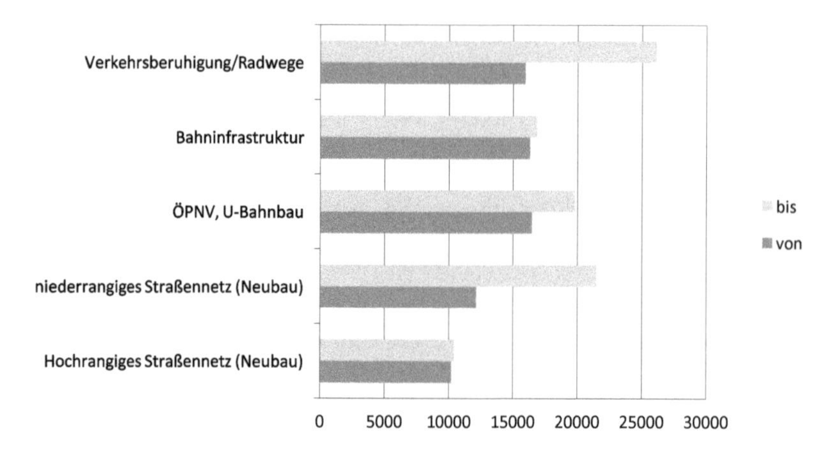

Beschäftigungseffekte durch nachhaltige Verkehrsinfrastrukturinvestitionen (gesamt) (in Personenjahre/Mrd Euro)
Quelle: Haller, Reinhard: Beschäftigungseffekte von Verkehrsinfrastruktur-Investitionen, Diplomarbeit 2005[11]; eigene Zusammenstellung

Raumordnung und Fahrzeugindustrie – ungelöste Fragen

Abschließend gilt es noch zwei Anmerkungen festzuhalten: Im Verkehrsbereich stellt das Vermeiden von Wegen und langen Distanzen die umweltverträglichste Form der Mobilität dar. Dies wird am besten durch Verkehr vermeidende Raumplanung und Infrastrukturen erreicht. Auch diese Investitionen schaffen deutlich mehr Arbeitsplätze als jene im Straßenbau. Hier sind vor allem die Länder gefragt, denn eine Rahmenkompetenz des Bundes für die Raumordnung fehlt in Österreich im Gegensatz zu anderen Staaten bedauerlicherweise nach wie vor. Ein zweiter Aspekt ist ebenfalls noch zu ergänzen: Auch die Förderung

11 Siehe http://repositum.tuwien.ac.at/obvutwhs/content/titleinfo/1562788

der Elektromobilität erfordert Investitionen. Sowohl im Bereich der Forschung und Entwicklung, als auch im Bereich der Infrastruktur, die Beschäftigungseffekte im Sinne einer zukunftsfähigen Mobilität generieren können.

Aber Achtung: Den Chancen, die sich rund um alternative Antriebe für Pkw und Lkw ergeben, stehen Gefahren vor allem im Bereich der herkömmlichen Automobilindustrie gegenüber. Die Fahrzeugindustrie[12] beschäftigt aktuell rund 33.000 Menschen und ist einer der Kernbereiche der österreichischen Industrie mit einem besonderen Fokus im Bereich der Motorenfertigung (2,4 Mio Motoren und Getriebe wurden 2016 erzeugt). Mit der Zulieferindustrie, den Kfz-Werkstätten, der Produktion und dem Vertrieb von Mineralölprodukten sowie dem Kfz-Handel haben in Österreich insgesamt rund 170.000 Beschäftigte rund um das Automobil ihren Arbeitsplatz. In den letzten 15 Jahren ist dieser Sektor auch noch überproportional gewachsen. Dekarbonisierung kann nur dann sozialverträglich gelingen, wenn auch für diesen Sektor rechtzeitig bewältigbare Ziele und Maßnahmen unter intensiver Einbindung der Gewerkschaften und Beschäftigten entwickelt und umgesetzt werden.

12 Daten Fachverband Fahrzeugindustrie, WKO; http://www.fahrzeugindustrie.at/zahlen-fakten/wirtschaftsfaktor-automobil/

Anhang: sozialwissenschaftliche Daten, Bibliografie

Bernhard Fürnsinn

Auswahlbibliographie zum Thema „Das Pariser Klimaabkommen und die Industrie“

Die vorliegende Auswahlbibliographie wurde im Auftrag der Arbeitsgemeinschaft für wissenschaftliche Wirtschaftspolitik (WIWIPOL) erstellt.

Sie orientiert sich an Kapiteln dieses Buches und bietet eine Grundlage zur weiteren vertiefenden Beschäftigung mit dem Thema. Es wurde ausschließlich neueste Literatur (ab 2015) sowie Links zu facheinschlägigen Artikel und Institutionen berücksichtigt. Die Wiedergabe erfolgt nach den Zitierregeln der sozialwissenschaftlichen Fachzeitschrift „SWS – Rundschau“.

Das Pariser Abkommen auf dem Prüfstand

Bang Guri/Hovi Jon/Skodvin Tora (2016) *The Paris Agreement: Short Term and Long Term Effectiveness.* In: Politics and Governance (ISSN: 2183-2463) 2016, Volume 4, Issue 3, Pages 209-218.

Bodansky Daniel (2016) *The Legal Character of the Paris Agreement.* In: Review of European, Comparative & International Environmental Law.

Dröge Susanne/Oliver Geden (2016) *Nach dem Pariser Klimaabkommen: neue Herausforderungen für eine Vorreiterrolle der EU.* In: SWP-Aktuell.

Edmont Charlotte (2017) *5 places relocating people because of climate change.* World Economic Forum.

Europäische Kommission (2017) *Zusammenfassung der Pariser Klimaziele.*
Verfügbar unter:
https://ec.europa.eu/clima/policies/international/negotiations/paris_de#tab-0-0 , 20.06.2017

Varro Laszlo (2017) *Das Klimaabkommen von Paris aus Sicht der IEA.* Verfügbar unter: https://blog.omv.com/de/klimaabkommen-paris-sicht-der-iea/.

Schloss Miguel (2016) *Climate Change: Moving the Paris Agreement from Words to Deeds.* In: Journal of Business vol. 1, issue 3, pages 37-42.

Stavins Robert/Stowe Rober (2016) *The Paris Agreement and Beyond: International Climate Change Policy Post-2020.* Harvard Project on Climate Agreements – Belfer Center.
Verfügbar unter:
http://www.belfercenter.org/publication/paris-agreement-and-beyond-international-climate-change-policy-post-2020.

Die Dekarbonisierung des Wirtschaftssystems als Chance

Brik Patrick (2017) *First Solar Stock Needs to Clear These Hurdle* In: 05/17Renewableenergyworld.com.
Bizz Energy (2017) *Start-ups fordern mehr Freiräume. Verfügbar unter:* http://bizz-energy.com/start_ups_fordern_mehr_freiraeume.
Bizz Energy (2017) *Trotz Trump: China setzt weiter auf Klimaschutz.* Verfügbar unter: http://bizz-energy.com/trotz_trump_china_setzt_weiter_auf_klimaschutz.
Gaddy Benjamin et al. (2017) *Venture Capital and Cleantech: The wrong model for energy innovation.* Energy Policy - Volume 102 Pages 385–395.
Hannon Eric et al. (2017) *The future of mobility - How cities can benefit.* McKinsey & Company.
Höhne Niklas/Takeshi Kuramochi/Sterl Sebastian/Röschel Lina (2016) *Was bedeutet das Pariser Abkommen für den Klimaschutz in Deutschland?.* Greenpeace Deutschland - Köln.
Schreurs Miranda (2016) *The Paris Climate Agreement and the Three Largest Emitters: China, the United States, and the European Union.* In: Politics and Governance (ISSN: 2183-2463), Volume 4, Issue 3, Pages 219-223.
Sudmant Andrew et al. (2016) *Low carbon cities: is ambitious action affordable?.* Springer Verlag – Climate Change Volume 138, Issue 3–4, pp 681–688.
Wirtschaftskammer Österreich (2017) *Was trägt die Mineralölwirtschaft heute schon zu einer bezahlbaren und effizienten Energiewende bei?. In:* WKO Minerölindustrie.

Industrie im Wandel – die historische Dimension der aktuellen Umbrüche

Brand Ulrich/Flemming Jana (2017) *Positionen Internationaler Gewerkschaften in der Klimapolitik.* Kammer für Arbeiter und Angestellte Wien.
Conrad Christian (2017) *Quo vadis OMV? – Die Zukunft der Energieversorgung.* Verfügbar unter: https://blog.omv.com/de/quo-vadis-omv/.
Hermwille Lukas (2017) *Auf dem Weg zu einer globalen gerecht Energietransformation?.* Friedrich Ebert - Stiftung. Wuppertal.
Leger Sebastian/Vahlenkamp Thomas (2015) *Beyond the storm – value growth in the EU power sector.* McKinsey & Company.
Mai Farid/Keen Michael et al. (2016) *After Paris: Fiscal, Macroeconomic, and Financial Implications of Climate Change.* IMF Staff Discussion Note 16/01.
Ross Lee/Arrow Kenneth et al. (2016) *The Climate Change Challenge and Barriers to the Exercise of Foresight Intelligence.* In: Oxford Academics - BioScience 66 (5): 363-370.
Price Water House Coopers (2016) *The Low Carbon Economy Index.* Verfügbar unter: https://www.pwc.co.uk/services/sustainability-climate-change/insights/low-carbon-economy-index.html.

Energieinfrastruktur für die Industrie von morgen

Bocca Roberta (2016) *3 trends transforming the energy sector.* World Economic Forum.
Bizz Energy (2017) *Digitalisierung schlägt Effizienz.* Verfügbar unter: http://bizz-energy.com/digitalisierung_energieeffizienz.

Joshau Blecha et al. (2017) *Green Tariffs: Attracting New Loads with Sustainable Options.* In: 06/17 Renewableenergyworld.com.

Neuhoff Karsten et al. (2016) *Eine Option für den Emissionshandel nach 2020: Einbeziehung des Konsums emissionsintensiver Materialien.* DIW Berlin.

Koo Bonsang (2017) *Preparing hydropower projects for the post-Paris regime: An econometric analysis of the main drivers for registration in the Clean Development Mechanism.* Renewable and Sustainable Energy Reviews, 2017, vol. 73, issue C, 868-877.

Nyquist Scott/Manyika James (2016) *Renewable Energy: Evolution, not revolution.* McKinsey & Company.

Nyquist Scott (2015) *Lower oil prices but more renewables?.* McKinsey & Company.

Synwoldt Christian (2016) *Dezentrale Energieversorgung mit regenerativen Energien.* Springer Verlag.

„Green Industry" – Wegweisende neue Technologien

Arnout de Pee/Florian Küster/Andreas Schlosser (2017) *Winds of Change? Why offshore wind might be the next big thing.* McKinsey & Company

Balfour John (2017) The Race to the Bottom — Accelerating PV Insolvency.

In: 06/17 Renewableenergyworld.com.

Bizz Energy (2017) *„Die Digitalisierung ist die DNA unseres Geschäftsmodells".*

Verfügbar unter http://bizz-energy.com/die_digitalisierung_ist_die_dna_unseres_modells.

Bizz Energy (2017) *Mit der Drohne in den Windpark.* Verfügbar unter: http://bizz-energy.com/mit_der_drohne_den_windpark.

Bizz Energy (2017) *Forscher vermitteln Solarfrieden.* Verfügbar unter: http://bizz-energy.com/forscher_vermitteln_solarfrieden.

Delony Jennifer (2016) *Top 10 Renewable Energy Trends to Watch in 2017.*

In: 12/16 Renewableenergy.com.

Frankel David/Wagner Amy (2017) *Battery Storage: The next disruptive technology in the power sector.* McKinsey & Company.

Hultman Martin et al. (2016) *Unsustainable societies – sustainable businesses? Introduction to special issue of small enterprise research on transitional Ecopreneurs.* Small Enterprise Research. Volume 23 – Issue 1.

Molinaroli Alex (2016) *What does digital mean for the future of energy?.* World Economic Forum.

Parkhurst Maggie (2017) *Corporate Social Responsibility — How Renewables Have Expanded the Field.* In: 05/17 Renewableenergyworld.com

Reinhold Gutschik

Umweltschutz und Klimawandel aus der Sicht der Bevölkerung

Der folgende Beitrag informiert über Einstellungen der österreichischen Bevölkerung zu grundlegenden Fragen des Umweltbewusstseins. Ein besonderer Fokus liegt auf der aktuellen Problematik des Klimawandels.

Dazu werden Daten aus zwei Quellen versammelt:

- auf österreichischer Ebene Umfragen der Sozialwissenschaftlichen Studiengesellschaft (SWS) einer wissenschaftlichen Einrichtung mit Sitz in Wien;
- auf europäischer Ebene Eurobarometer-Umfragen, die im Auftrag der Europäischen Kommission in den Mitgliedsländern der EU durchgeführt wurden.

Bedeutung des Umweltschutzes

„Wie wichtig ist Umweltschutz für Sie persönlich?"[1]

	Österreich	EU
Sehr wichtig	53	53
Ziemlich wichtig	38	42
Nicht sehr wichtig	7	4
Überhaupt nicht wichtig	2	1
Weiß nicht / Keine Angabe	0	0

2014 bezeichneten bei einer Eurobarometer-Umfrage über 90% der Österreicher Umweltschutz als sehr wichtig oder ziemlich wichtig. Diese Werte gleichen annähernd jenen der EU insgesamt.

1 Europäische Kommission (2014): Special Eurobarometer 416: "Attitudes of European citizens towards the environment"; http://ec.europa.eu/commfrontoffice/publicopinion/index.cfm/ResultDoc/download/DocumentKy/57874.

Welche Themen den Menschen in diesem Zusammenhang die größten Sorgen bereiten, zeigt die folgende Tabelle:

„Bitte nennen Sie anhand dieser Liste die fünf Umweltthemen, über die Sie sich die meisten Sorgen machen.“ (Maximal 5 Nennungen)[2]

	Österreich	EU
Raubbau an den natürlichen Ressourcen	40	36
Unsere Konsumgewohnheiten	24	24
Die wachsende Abfallmenge	49	43
Verlust oder Aussterben von Arten und ihren Lebensräumen sowie von natürlichen Ökosystemen (Wälder, fruchtbare Böden)	29	26
Trinkwassermangel	26	27
Wasserverschmutzung (Ozeane, Flüsse, Seen, Grundwasser)	52	50
Verschmutzung in der Landwirtschaft (durch den Einsatz von Pestiziden, Düngemitteln und so weiter)	30	29
Bodendegradation	14	13
Flächenverbrauch (d. h., dass mehr Flächen zum Bau von Straßen oder Städten genutzt werden und dass sich Städte in das Umland ausbreiten)	15	15
Gesundheitsbelastung durch den Einsatz von Chemikalien in alltäglichen Produkten	44	43
Luftverschmutzung	53	56
Lärmbelastung	20	15
Probleme in den Städten (Stau, Verschmutzung, fehlende Grünflächen und so weiter)	21	23
Die Verbreitung schädlicher, nicht einheimischer Pflanzen und Tiere (invasive Arten)	17	11
Sonstige	1	1
Nichts davon	1	1
Weiß nicht / Keine Angabe	0	0

Auch hier ähneln sich die Ergebnisse in Österreich und in der gesamten EU. In beiden Populationen werden Luft- und Wasserverschmutzung am häufigsten genannt. Zwischen den einzelnen Ländern besteht mehr Einigkeit über die Luftverschmutzung mit einer Bandbreite von 47% Nennungen (Estland, Irland) bis zu 68% (Ungarn). Bei der Wasserverschmutzung reicht das Spektrum von 37% (Polen) bis zu 67% (Finnland).

2 Europäische Kommission (2014): Special Eurobarometer 416: “Attitudes of European citizens towards the environment”; http://ec.europa.eu/commfrontoffice/publicopinion/index.cfm/ResultDoc/download/DocumentKy/57874.

Information über Umweltthemen

„Fühlen Sie sich im Allgemeinen über Umweltthemen sehr gut, eher gut, eher schlecht oder sehr schlecht Informiert?“[3]

	Österreich	EU
Sehr gut	13	8
Eher gut	51	54
Eher schlecht	30	31
Sehr schlecht	5	6
Weiß nicht / Keine Angabe	1	1

Die Informationslage erscheint zwar überwiegend gut, mit über einem Drittel der Befragten, das sich als eher schlecht oder gar sehr schlecht informiert bezeichnet, aber durchaus ausbaufähig. Am besten informiert sehen sich die Menschen in den skandinavischen Ländern (Finnland, Schweden, Dänemark), doch auch Slowenien schneidet hier gut ab.

3 Europäische Kommission (2014): Special Eurobarometer 416: “Attitudes of European citizens towards the environment”; http://ec.europa.eu/commfrontoffice/publicopinion/index.cfm/ResultDoc/download/DocumentKy/57874.

„Nennen Sie mir bitte die fünf wichtigsten Themen von dieser Liste, über die Sie Ihrer Einschätzung nach besonders wenig wissen.“[4]

	Österreich	EU
Raubbau an den natürlichen Ressourcen	28	28
Unsere Konsumgewohnheiten	11	15
Die wachsende Abfallmenge	19	23
Verlust oder Aussterben von Arten und ihren Lebensräumen sowie von natürlichen Ökosystemen (Wälder, fruchtbare Böden)	34	25
Trinkwassermangel	19	22
Wasserverschmutzung (Ozeane, Flüsse, Seen, Grundwasser)	27	28
Verschmutzung in der Landwirtschaft (durch den Einsatz von Pestiziden, Düngemitteln und so weiter)	33	28
Bodendegradation	29	29
Flächenverbrauch (d. h., dass mehr Flächen zum Bau von Straßen oder Städten genutzt werden und dass sich Städte in das Umland ausbreiten)	27	20
Gesundheitsbelastung durch den Einsatz von Chemikalien in alltäglichen Produkten	47	39
Luftverschmutzung	21	27
Lärmbelastung	16	17
Probleme in den Städten (Stau, Verschmutzung, fehlende Grünflächen und so weiter)	23	15
Die Verbreitung schädlicher, nicht einheimischer Pflanzen und Tiere (invasive Arten)	38	28
Sonstige	3	1
Nichts davon	2	4
Weiß nicht / Keine Angabe	1	2

Die größten Wissensdefizite werden in Österreich ausgemacht bei:

- der Gesundheitsbelastung durch den Einsatz von Chemikalien in alltäglichen Produkten;
- der Verbreitung schädlicher, nicht einheimischer Pflanzen und Tiere;
- dem Verlust oder Aussterben von Arten und ihren Lebensräumen sowie von natürlichen Ökosystemen.

Bei diesen drei Themen orten die Österreicher auch deutlich öfter Wissenslücken als die EU-Bürger insgesamt.

4 Europäische Kommission (2014): Special Eurobarometer 416: “Attitudes of European citizens towards the environment”; http://ec.europa.eu/commfrontoffice/publicopinion/index.cfm/ResultDoc/download/DocumentKy/57874.

Einschätzung des Klimawandels

Speziell nach der Gefahr durch den Klimawandel fragte die Sozialwissenschaftliche Studiengesellschaft anlässlich der UN-Klimakonferenz in Paris 2015.

„Hauptthema der Klimakonferenz ist der Klimawandel und seine Folgen für die Erde. Was ist Ihre Einstellung? Halten Sie den Klimawandel eher für eine akute Gefahr oder eher nicht für eine akute Gefahr?“[5]

Halte ihn für eine akute Gefahr	Halte ihn nicht für eine akute Gefahr	Weiß nicht / Keine Angabe
64	27	8

Aus einer weiteren SWS-Umfrage ein Monat später stammen die folgenden Daten:

„Welche Bedeutung hat Ihrer Meinung nach in Zukunft ... ?“[6]
a. ... der Klimawandel
b. ... die Energieversorgungssicherheit

	große Bedeutung	mittlere Bedeutung	geringe Bedeutung	keine Bedeutung	Weiß nicht / Keine Angabe
Klimawandel	60	27	8	4	2
Energieversorgungs-sicherheit	48	35	9	5	3

Demnach messen die Österreicher dem Klimawandel ebenso wie der Frage der Energieversorgung große Bedeutung bei, knapp zwei Drittel (64%) erleben ihn auch als akut bedrohlich.

Allerdings wird in einem sinnvollen Umgang mit diesen beiden Problemfeldern auch konstruktives Potenzial in erheblichem Maße ausgemacht:

5 Sozialwissenschaftliche Studiengesellschaft (2015a): Telefonumfrage Nr. 236.
6 Sozialwissenschaftliche Studiengesellschaft (2015b): Fragebogen Nr. 408: Trendmonitoring.

„Inwieweit stimmen Sie den folgenden Aussagen zu oder nicht zu? Die Bekämpfung des Klimawandels und eine effizientere Energienutzung können die Wirtschaft und den Arbeitsmarkt in der EU ankurbeln.“[7]

	Österreich	EU
Stimme voll und ganz zu	34	37
Stimme eher zu	42	44
Stimme eher nicht zu	15	9
Stimme überhaupt nicht zu	4	2
Weiß nicht	5	8

Die österreichische Bevölkerung ist dabei etwas skeptischer als jene der gesamten EU. Erhebliche Unterschiede bestehen bei dieser Frage zwischen den einzelnen Mitgliedsländern. Am wenigsten Zustimmung äußern die Befragten in Estland und Lettland, während in Portugal 44% „eher“ und 50% sogar „voll und ganz“ zustimmen.

Lösungsansätze

„Wer ist Ihrer Meinung nach innerhalb der EU für die Bekämpfung des Klimawandels verantwortlich?“ (Mehrfachnennungen möglich)[8]

	Österreich	EU
Nationale Regierungen	41	48
Die Europäische Union	43	39
Regionale und lokale Behörden	29	19
Wirtschaft und Industrie	53	41
Sie persönlich	26	25
Umweltschutzgruppen	30	19
Sonstige	3	1
Alle davon	27	10
Nichts davon	1	1
Weiß nicht	1	4

7 Europäische Kommission (2015): Special Eurobarometer 435: „Climate change“; http://ec.europa.eu/commfrontoffice/publicopinion/index.cfm/ResultDoc/download/DocumentKy/69083.

8 Europäische Kommission (2013): Special Eurobarometer 409: „Climate change“; http://ec.europa.eu/commfrontoffice/publicopinion/index.cfm/ResultDoc/download/DocumentKy/57629.

In Österreich werden von der Bevölkerung in erster Linie Wirtschaft und Industrie in die Pflicht genommen, EU-weit hingegen eher die jeweiligen nationalen Regierungen. Fasst man die verschiedenen Kategorien mit politischen Akteuren zusammen, sehen freilich auch die Österreicher zuerst die Politik gefordert. Sich selbst bezeichnen im Vergleich dazu nur wenige Befragte als verantwortlich. Angesichts eines eher komplexen Problems sowie des jeweils geringen individuellen Beitrags dazu erscheinen Werte von 25% beziehungsweise 26% allerdings beachtlich.

„Welche der folgenden Möglichkeiten wären Ihrer Meinung nach am wirksamsten zur Lösung von Umweltproblemen?" (Maximal 2 Nennungen)[9]

	Österreich	EU
Mehr Informationen über Umweltfragen	28	31
Bessere Durchsetzung des geltenden Umweltrechts	34	30
Höhere Geldstrafen für Umweltsünder	34	40
Strengeres Umweltrecht	25	25
Stärkere finanzielle Anreize (z. B. Steuererleichterungen, Fördermittel) für Industrie, Unternehmen und Bürger garantieren, die zum Umweltschutz beitragen	38	33
Besteuerung oder höhere Besteuerung von umweltschädlichen Aktivitäten	19	18
Sonstiges	1	1
Nichts davon	1	1
Weiß nicht / Keine Angabe	1	2

Was die – insbesondere politischen – Maßnahmen zur Lösung ökologischer Probleme betrifft, präsentiert sich das Meinungsbild in Österreich mit Zustimmungsraten von 19% bis 38% relativ ausgewogen. Auffallend ist, dass doppelt so viele Befragte (38%) positiven steuerlichen Anreizen den Vorzug gegenüber (höheren) Steuern für umweltschädliche Aktivitäten (19%) geben.

9 Europäische Kommission (2014): Special Eurobarometer 416: "Attitudes of European citizens towards the environment"; http://ec.europa.eu/commfrontoffice/publicopinion/index.cfm/ResultDoc/download/DocumentKy/57874.

Eigene Handlungsbereitschaft

„Haben Sie im letzten Monat aus Umweltgründen eines oder mehrere der folgenden Dinge getan?“ (Mehrfachnennungen möglich)[10]

	Österreich	EU
Eine umweltfreundlichere Art des Reisens gewählt (zu Fuß, mit dem Fahrrad, mit öffentlichen Verkehrsmitteln)	55	35
Den Müll reduziert, indem Sie z. B. unnötig beziehungsweise übertrieben verpackte Produkte gemieden und Produkte mit einer längeren Lebensdauer gekauft haben	49	33
Den größten Teil Ihres Abfalls für die Wiederverwertung getrennt	75	72
Ihren Wasserverbrauch gesenkt	28	37
Ihren Energieverbrauch gesenkt, indem Sie z. B. die Klimaanlage oder Heizung heruntergefahren, Haushaltsgeräte nicht im Standby gelassen oder energieeffiziente Haushaltsgeräte gekauft haben	48	52
Mit einem Umweltzeichen gekennzeichnete umweltfreundliche Produkte gekauft	44	21
Lokale Produkte gewählt	61	35
Ihr Auto weniger benutzt	26	20
Sonstiges	1	1
Nichts davon	3	4
Weiß nicht / Keine Angabe	0	0

Im Vergleich zu den EU-Daten fällt auf, dass die Österreicher insgesamt in wesentlich höherem Umfang angeben, ihr Handeln an Umweltgründen zu orientieren. Lediglich beim Senken des Verbrauchs von Wasser und Energie hinkt Österreich hinterher. Dies mag mit der relativ leichten Verfügbarkeit von Wasser und Wasserkraft hierzulande zusammenhängen.

Ansonsten weisen die Werte eine große Bandbreite auf: Mülltrennen etwa ist für viele Menschen bereits Teil ihrer selbstverständlichen Alltagsroutine, während ohne ein Auto auszukommen vielen schwer fällt.

10 Europäische Kommission (2014): Special Eurobarometer 416: "Attitudes of European citizens towards the environment"; http://ec.europa.eu/commfrontoffice/publicopinion/index.cfm/ResultDoc/download/DocumentKy/57874.

Die Autorinnen und Autoren
(in alphabetischer Reihenfolge)

Franz M. Androsch ist Forschungsleiter der voestalpine.

Monika Auer ist Generalsekretärin der Österreichischen Gesellschaft für Umwelt und Technik (ÖGUT).

Brigitte Bach ist Head of Energy Department am Austrian Institute of Technology (AIT).

Den Beitrag zum vorliegenden Buch verfasste sie gemeinsam mit Christoph Mayr, Tanja Tötzer, Ralf-Roman Schmidt, Helfried Brunner und Michael Hartl, Mitarbeiter des AIT.

Christiane Brunner ist ehem. Energiesprecherin der Grünen im Nationalrat.

Werner Beutelmeyer ist Geschäftsführer des Meinungsforschungsinstituts „market" (www.market.at).

Astrid Bonk ist Mitglied der Studierendenorganisation oikos Vienna und Mitarbeiterin der winnovation consulting gmbh.

Gerhard Christiner ist Technischer Vorstandsdirektor der Austrian Power Grid AG (APG).

Elisabeth Engelbrechtsmüller-Strauß ist Geschäftsführerin der Fronius International GmbH.

Bernhard Fürnsinn ist Projektmitarbeiter der Arbeitsgemeinschaft für wissenschaftliche Wirtschaftspolitik (WIWIPOL).

Martin Graf ist Vorstandsdirektor der Energie Steiermark. Den Beitrag zum vorliegenden Buch verfasste er mit Philipp Irschik, Head of Strategy der Energie Steiermark.

Reinhold Gutschik ist Sozialwissenschafter in Wien.

Sabine Herlitschka ist Vorstandsvorsitzende der Infineon Technologies Austria AG.

Wolfgang Hesoun ist Generaldirektor der Siemens AG Österreich.

Wolfgang Katzian ist Energiesprecher der SPÖ im Nationalrat.

Claudia Kemfert ist Energieökonomin am Deutschen Institut für Wirtschaftsforschung (DIW).

Manfred Klell ist Geschäftsführer der HyCentA Research GmbH.

Angela Köppl ist wissenschaftliche Mitarbeiterin für Umwelt, Landwirtschaft und Energie am Österreichischen Institut für Wirtschaftsforschung (WIFO).

Peter Koren ist Vize-Generalsekretär der Industriellenvereinigung.

Sylvia Leodolter ist Leiterin der Abteilung Umwelt und Verkehr der Arbeiterkammer Wien.

Josef Lettenbichler ist ehem. Energiesprecher der ÖVP im Nationalrat.

Li Yong ist Generaldirektor der United Nations Industrial Development Organization (UNIDO).

Christoph E. Mandl ist Privatdozent an der Universität Wien und Unternehmensbertaer (Mandl, Lüthi & Partners).

Markus Mitteregger ist Generaldirektor der RAG Rohöl-Aufsuchungs Aktiengesellschaft.

Stefan Moidl ist Geschäftsführer der IG Windkraft Österreich.

Wilhelm Molterer, Vizekanzler a.D., ist geschäftsführender Direktor des European Fund für Strategic Investments (EFSI).

Peter Püspök ist Präsident des Dachverbandes Erneuerbare Energie Österreichs.

Barbara Schmidt ist Generalsekretärin von Oesterreichs Energie.

Herwig W. Schneider ist Geschäftsführer des Industriewissenschaftlichen Institutes (IWI).

Sabine Seidler ist Rektorin der Technischen Universität Wien. Den Beitrag zum vorliegenden Buch verfasste sie gemeinsam mit Günther Brauner, emeritierter Universitätsprofessor der Technischen Universität Wien.

Rainer Seele ist Generaldirektor der OMV AG.

Horst Steinmüller ist Geschäftsführer des Energieinstituts an der Johannes Kepler Universität Linz. Den Beitrag zum vorliegenden Buch verfasste er gemeinsam mit Simon Moser, Projektleiter am Energieinstitut an der Johannes Kepler Universität Linz.

Theresia Vogel ist Geschäftsführerin des Klima- und Energiefonds

Marion A. Weissenberger-Eibl, Lehrstuhlinhaberin für Innovations- und Technologie-Management am Karlsruher Institut für Technologie (KIT), leitet das Fraunhofer-Instituts für System- und Innovationsforschung (ISI). Den Beitrag zum vorliegenden Buch verfasste sie gemeinsam mit Wolfgang Eichhammer (ISI) und Harald Bradke (Universität Kassel).

Gabriele Zuna-Kratky ist Direktorin des Technischen Museums Wien.

Korrektorat:

Nina Horvath

Die Herausgeberinnen und Herausgeber

Theresia Vogel ist Geschäftsführerin des Klima- und Energiefonds.

Patrick Horvath ist Generalsekretär der Arbeitsgemeinschaft für wissenschaftliche Wirtschaftspolitik (WIWIPOL).

Ein Projekt von WIWIPOL im Auftrag des Klima- und Energiefonds

WIWIPOL
Arbeitsgemeinschaft für wissenschaftliche Wirtschaftspolitik
Heiligenstädter Straße 32 / 103
1190 Wien
Telefon Büro: 01 / 3194447
office@wiwipol.at
http://www.wiwipol.at

Klima- und Energiefonds
Gumpendorferstr. 5/22
1060 Wien, Österreich
Tel.: (+43 1) 585 03 90
Fax: (+43 1) 585 03 90 11
office@klimafonds.gv.at
http://www.klimafonds.gv.at